寶梵寺壁畫

数字化勘察测绘报告

北京国文琰信息技术有限公司
蓬溪县文物局 编著

DIGITAL SURVEYING AND MAPPING FOR THE MURAL OF BAOFAN TEMPLE

Beijing Guo Wenyan Conservation Science and Information Technology Co., Ltd.
Pengxi County Cultural Relics Bureau

文物出版社

图书在版编目（CIP）数据

宝梵寺壁画数字化勘察测绘报告 / 北京国文琰信息技术有限公司，蓬溪县文物局编著. — 北京：文物出版社，2018.3

ISBN 978-7-5010-5125-0

Ⅰ. ①宝… Ⅱ. ①北… ②蓬… Ⅲ. ①寺庙壁画—数字化—调查报告—蓬溪县 Ⅳ. ①K879.415

中国版本图书馆CIP数据核字（2017）第153129号

寶梵寺壁畫 数字化勘察测绘报告

编　著	北京国文琰信息技术有限公司 蓬溪县文物局
责任编辑	王　戈
责任印制	陈　杰
责任校对	安艳娇
装帧设计	北京雅昌设计中心·杨玲艳
出　版	文物出版社
地　址	北京市东直门内北小街2号楼
邮　编	100007
网　址	http://www.wenwu.com
邮　箱	web@wenwu.com
印　刷	北京雅昌艺术印刷有限公司
经　销	新华书店
开　本	787mm×1092mm　1/8
印　张	26.5
版　次	2018年3月第1版
印　次	2018年3月第1次印刷
书　号	ISBN 978-7-5010-5125-0
定　价	880.00元

《宝梵寺壁画数字化勘察测绘报告》编委会

序

中国古代建筑中的壁画蕴藏着丰富的历史、艺术、科学价值，是中华民族古代文化遗产的重要组成部分，保护好这些瑰宝则是文物保护工作者义不容辞的责任。

精确完整的档案资料是科学保护的前提，是编制保护方案的基础。近年来，随着计算机应用和三维激光扫描技术的普及，各种精细测量技术逐步应用在壁画勘察测绘领域，使得壁画勘测进入数字化时代。

北京国文琰信息技术有限公司壁画、彩塑数字化勘察测绘研究项目组，以壁画病害调查为重点，利用非接触式测量方式快速、准确、多方位的特点，忠实、精确、安全获取壁画表面三维信息，客观记录壁画保存现状，做到信息最大化保留。项目组克服了传统勘测方式很难获得壁画完整的形貌、色彩和病害信息的困难，为壁画勘测工作开辟了新途径。

受国家文物局委托，项目组以四川蓬溪明代宝梵寺壁画为实例，采用数字化综合勘测、三维激光扫描、高清晰摄影、近景摄影、多光谱及高光谱摄影等技术记录了壁画现状信息，识别病害的同时还精确统计各种病害面积，分析其分布特点及产生的原因，明确壁画制作工艺及材料信息，为编制保护方案提供了数据支撑；为壁画保存现状评估及病害长期监测提供了对比依据，并拟定相应的保护建议。同时，形成了一套技术标准及操作规范，为广泛开展壁画数字化勘察测绘制定了流程和技术指标，奠定了宝梵寺壁画保护的科学基础。

《宝梵寺壁画数字化勘察测绘报告》例证典型，有实用价值。该项成果对于完善壁画科学记录档案体系及科学保护有深远意义。数字化技术在文化遗产保护工作中发挥了重要作用，也将在文化遗产保护工作中得到发展。

项目组成员在艰苦环境中工作，不辞辛苦，耐住寂寞，潜心研究，圆满完成任务，在数字化勘察测绘方面有所创新，令人佩服。

王丹华

2017 年 11 月 17 日

目录

大雄殿

图版目录

前言

彩塑、壁画作为我国文化遗产中的艺术瑰宝，广泛分布在古建筑、古遗址、古墓葬、石窟寺中，尽管它们大部分以附属文物的定义出现，但由于其极高的艺术价值，往往是保护单位中最为核心的价值载体。根据已公布的第一至第六批全国重点文物保护单位（以下简称“国保单位”）的相关资料，有两百余处国保单位包含有彩塑、壁画，涵盖了从南北朝至清代较为连续的朝代序列，分布在我国二十二个省、自治区和直辖市，主要保存在寺庙、石窟、塔等建筑类型中。同时，在墓葬和会馆、祠堂中也有较多遗存。其中约有半数国保单位的彩塑、壁画在物质遗存中占有重要地位，是这些保护单位中最为重要的保护对象，例如麦积山石窟泥塑、永乐宫壁画、平遥双林寺彩塑等等。随着第三次全国文物普查的完成和第七批全国重点文物保护单位的公布，更多的彩塑、壁画物质遗存被发现，有的彩塑、壁画还被纳入了国家文物保护单位的序列，但仍然有部分彩塑、壁画由于分布零散、遗存不完整等原因，仅仅能进行简单的登记而暂未被纳入保护序列。

我国彩塑、壁画保护历史久远，但以前仅限于保管、看护，防止自然灾害和盗窃行为破坏。彩塑、壁画的科学保护工作的展开是在1949年以后。20世纪50年代是我国对彩塑、壁画保护进行探索的阶段，引进了国外的先进技术，并针对我国彩塑、壁画的实际情况进行了改进，取得了很好的效果。然而，受国外彩塑、壁画保护潮流和我国经济实力的制约，当时彩塑、壁画的保护以挪移、揭取入藏博物馆保存为主。“文化大革命”结束后，随着国家的重视、经济的发展、保护观念的更新，以及先进科学技术在彩塑、壁画保护领域的应用，对彩塑、壁画的制作材料和工艺及病害产生的机理所进行的探究，标志着我国的彩塑、壁画保护进入了一个新的阶段。现阶段的彩塑、壁画保护工作更多从历史、艺术、科学、社会、文化等价值出发，多方考察研究，确定需要保护的重点。从壁画的制作材料和工艺入手，了解壁画结构层理、材质种类和性能、绘制技法，结合赋存环境调查的结果和维护、使用历史沿革，再综合多方面影响因素找出病害产生的原因，针对病因进行保护设计，在充分论证的基础上实施保护，力求从根本上消除隐患。但由于彩塑、壁画属于多材质复合文物，在赋存环境多种因素的长期作用下，无论是否进行过保护修复，总是会出现材质的逐步老化和病变，故而保护工作具有长期性和持续性的特点。因此对彩塑、壁画赋存环境和本体的状况进行监测，不仅有利于及时处理新出现的问题，也有利于制定长期的彩塑、壁画预防性保护措施，延缓病变损毁速度。

完整的档案资料是科学保护的前提。囿于记录手段的限制，以往的保护项目完成后多数没有保存翔实的资料，难以满足后期监测、展示及研究所需。建立详细精确的彩塑、壁画保护档案资料是一项重要的基础性工作，有关彩塑、壁画的历史资料、发表物、历史照片、历史上影响到保存状况的大事记以及价值评估、现状评估、管理评估、病害调查资料、制作材料和制作工艺的研究资料、保护修复的方法、材料的记录、修复前后的对比资料、环境监测数据、日常维护工作记录、详尽的保护报告等都应收录到保护档案中。彩塑、壁画保护档案是一个不断充实的信息资料库，需要保持其完整性和时效性[1]。而在这些档案资料中，彩塑、壁画的测绘资料是基础。在彩塑、壁画的保护程序中，从病害评估到编制保护方案，再到实施保护方案，以及保护工程竣工以后的监测和展示，均需要以测绘资料作为工作的前提条件。

彩塑、壁画的勘察测绘，是指对彩塑、壁画的形状、大小、空间位置、纹理、画面、色彩、病害分布等外在信息进行数据测定，对其材料、结构、工艺、改易情况等内在信息进行分析，对环境影响因素进行勘察测定，对病害原因进行综合探究，并以二维图纸、三维模型及数据列表等多种形式进行表现。彩塑、壁画的勘察测绘是编制保护方案、实施保护修复的依据，也是对彩塑、壁画进行长期监测的基础。其成果在文化遗产展示利用中，对帮助人们更深入地认识彩塑、壁画的价值和现状，建立更为一致的保

[1] 中国文化遗产研究院编．中国文物保护与修复技术［M］．科学出版社，2009.

护共识，具有重要作用。

我国早期以保护为目的针对彩塑、壁画进行的勘察测绘，主要是通过简单的手工测绘工具量取轮廓尺寸，再加以手绘图纸。随着摄影技术的发展与普及，摄影记录很快被应用到彩塑、壁画的测绘记录工作中。但在相当长一段时间内，摄影技术仅仅是作为图像留存及展现需要应用在测绘中，较为精确的摄影测量技术是在近十年来才逐步应用到彩塑、壁画的测绘实践中，且发展迅速。与此同时，各类精细测量工具的发展也推动了彩塑、壁画的测绘记录水平。从平板仪、测距仪到全站仪，各类测绘工具的应用一次次带来彩塑、壁画测量、测绘方式的革新。特别是计算机技术的普及和近年三维激光扫描技术的应用，将彩塑、壁画的勘察测绘带入数字化时代。数字化勘察测绘水平的不断提高，近景摄影测量、光栅三维扫描、三维激光扫描的飞速发展，注定将为彩塑、壁画的勘察测绘注入新的活力。

随着我国文化遗产保护工作逐步进入信息化时代，文化遗产保护、管理、监测档案、研究以及展示利用，都面临向数字动态化的转变。尤其对于彩塑、壁画等信息密集、保存状态脆弱的文物，结合科学勘察，对其进行数字记录，成为当前此类文物保护工作的重要基础。国家文物局根据文化事业发展的需要，将彩塑、壁画类文物保护列为当前工作的重点之一，先后开展了山西彩塑、壁画保护工程专项和全国重点文物保护单位彩塑、壁画保护状况调研等工作。鉴于数字化勘察测绘技术，特别是近十年来三维激光扫描技术和近景摄影测量技术在彩塑、壁画保护方面的应用发展，需要进一步探索其在文物保护、资料留存、展示利用等多方面的应用，国家文物局启动了全国重点文物保护单位彩塑、壁画数字化勘察测绘试点工程，将在国内不同地区选取具有代表性的彩塑、壁画进行数字化勘察测绘试点，积累经验，验证效果，建立相关工作标准后再行推广。将多处试点工程项目作为一个整体，各项目的工作内容包括了彩塑、壁画的前期勘察研究及基础记录，勘察测绘相关技术手段的标准制定，勘察测绘成果汇总数据库的搭建，以及重点成果的数字化展示。项目具体目标如下。

第一、实现数字技术在文物保护方面的探索。

近年来，随着计算机技术的不断发展，将数字技术运用于文化遗产的保护成了热门研究课题。数字化技术为文物保护、考古、古人类学的研究开辟了新的途径，推动了文化遗产保护的科学化、现代化进程，为文化遗产保护、开发与展示提供了新的发展契机，同时也改变了传统的文化遗产保护方式，是一次由科技发展带来的技术变革。用传统的测量方式，很难获得彩塑、壁画完整的形貌、色彩和表面残损状况等信息。同时，在测量过程中频繁接触彩塑、壁画表面也容易对文物造成二次伤害。三维激光扫描结合近景摄影，采用非接触式的测量记录方式，具有快速、准确、多方位、“所见即所得”等特点，可以既忠实又安全精确地获取彩塑、壁画表面三维信息并永久保存。数字化的基础数据可以最大限度地减少研究过程中对文物的直接接触，数字信息既便于传递和交流，又可以使用虚拟复原让展览展示更加生动。

目前，我国传统的文物保护工程技术蓬勃发展，而科技保护尽管在技术探索上有较大突破，但相比之下，这些技术手段的扩展应用却略显不足。特别是针对彩塑、壁画这类艺术性强、文物价值高、脆弱易损的文物，亟待科技保护的广泛应用。

第二、数字化展示和相关产品的开发。

当前，我国绝大部分彩塑、壁画仍然停留在直接开放展示的阶段，这为文物本身以及参观者、研究者等均带来了不利因素。一方面，由于许多遗产地所处地理位置偏远或交通不便，且彩塑、壁画所处空间大多狭小、昏暗，尽管其中的彩塑、壁画十分精美，但前来参观的人数十分有限，专家研究也极为不便；

另一方面，出于对彩塑、壁画的保护，参观人数亦不宜过量。在当前数字技术飞速发展的时代，借助数字化勘察测绘与展示，上述文物保护与教育研究之间的悖论可以得到妥善解决。通过彩塑、壁画的数字化工作，可以将文物信息最大化保留，不限地域、不限次数地进行展示，共享资料信息。同时，对彩塑、壁画进行数字化展示的过程中，还可带动数字博物馆及彩塑、壁画复制品、纪念品等相关产业的发展。

第三，为彩塑、壁画监测与修复提供相应数据。

当人们观察到彩塑、壁画出现残损时，其病症的发展往往已经经过了很长的周期，出现了整体性的衰变。故亟须对彩塑、壁画进行定期的科学监测，以类似于 CT 监测人体病变发展的客观监测记录手段，利用三维激光扫描、数字近景摄影技术、多光谱摄影技术以及紫外荧光摄影等技术相结合的方式，建立彩塑、壁画客观的现状记录档案，为今后长期的彩塑、壁画健康状况监测提供比对依据。利用不同时间进行的数字化记录可对彩塑、壁画进行监测，尽早干预可能发生或已经发生的病害。对于在近期有可能需要实施保护干预工作的彩塑、壁画对象，数字化的勘察测绘将为其提供最为准确的原始信息记录。

第四、形成一套技术标准与操作规范。

数字化勘察测绘在我国彩塑、壁画保护方面的应用已经有了多年经验。近年来，数字化勘察测绘在彩塑、壁画保护工程中有加速扩展的趋势，大量彩塑、壁画保护项目在申报过程中都提出要进行相关数字化勘察测绘的应用。但当前我国彩塑、壁画数字化勘察测绘仍然面临一些问题，如新的数字化勘察测绘技术的应用缺乏标准，成果不统一、不通用；缺少审核环节，绝大部分文物行政主管部门作为项目委托方，很难对项目成果进行判断；缺乏预算定额标准等等。通过实施本项试点工程，有助于推动并制定相应的壁画、彩塑数字勘察标准及预算控制，便于国家及各级行政部门统筹彩塑、壁画资源调查及保护、展示、监测工作。

四川蓬溪宝梵寺壁画数字化勘察测绘是全国重点文物保护单位彩塑、壁画数字化勘察测绘试点工程之一。宝梵寺大雄殿内保存了 9 幅绘制于正统至成化年间（1436 ~ 1487 年）的明代壁画和一幅清代晚期的壁画，观音殿内保存了附近定静寺移来的 4 幅绘制于景泰二年（1451 年）的明代壁画。这些壁画是四川乃至全国现存寺观壁画的珍品。其幅面尺寸大，人物数量多，造型丰富，用笔、设色及画面布局具有极高水平，可称为“蜀中明代壁画的代表作”。通过此次数字化勘察测绘，我们厘清了宝梵寺壁画创作和修复的历史.在现场详细勘察及实验室检测分析的基础上，充分认识了壁画的制作工艺和材料。对壁画本体和作为壁画载体的建筑墙体及整个木构建筑，通过数字化的技术手段进行科学精细的测量测绘，综合分析壁画本体和载体面临的各类病害，并结合壁画材质工艺本身特点和环境因素调查，从内、外两方面剖析了壁画病害的成因，准确绘制了宝梵寺壁画的病害图。此项工作不仅为宝梵寺壁画留存了精确的数字档案，实现了壁画的数字化保护，而且还为壁画的进一步研究及保护提供了数据依据。同时，在对壁画病害定性、定位、定量的基础上，也提出了相应的保护建议。

第一章 壁画数字化勘察测绘概述

1.1 项目任务

为了切实做好宝梵寺壁画的保护工作，完整真实地记录和保存其遗产价值，维护文物的安全，为相关的保护工作奠定基础，并推动其遗产价值在地区的可持续发展中发挥更为积极的作用，北京国文琰信息技术有限公司受地方文物主管部门的委托，依据国家文物局批复的《宝梵寺壁画数字化勘察测绘技术方案》（文物保函〔2014〕551号），利用三维激光扫描、数字近景摄影技术、多基线高清数字摄影技术、多光谱数字影像采集等多种技术，开展宝梵寺壁画的数字化勘察测绘。

1.2 项目目标

本项目的目标是在相关文字记载和实地踏勘的基础上，采用数字化勘察测绘手段对宝梵寺壁画进行精确测绘记录，为其建立数字化档案。同时对壁画保存现状进行评估，对威胁其长期稳定保存的相关因素进行深入勘察分析，形成勘察测绘报告，为宝梵寺壁画的保护、监测、养护工作提供基础数据支撑。

本项目测绘及研究成果一方面通过数字化平台的展示，加强宝梵寺壁画历史、艺术、科学等价值研究，促进公众对宝梵寺壁画的价值认识；另一方面，经过多方面的尝试，结合项目本身的特殊性和共通性，在实施数字化勘察测绘的同时，探索制定该项工作相应的操作和技术标准，为今后更为广泛地开展壁画数字化勘察测绘提供操作流程和技术指标依据。

1.3 项目性质

本项目为全国重点文物保护单位彩塑、壁画数字化勘察测绘记录项目，属彩塑、壁画彩画的前期勘察研究及基础记录工作。

1.4 工作范围

此次工作范围包括两部分：其一，大雄殿内明代壁画9幅、清代壁画1幅、殿内栱眼壁壁画及平綦彩绘，共计157.89平方米；其二，从附近定静寺迁移而来的明代壁画《诸天朝贡》，共4幅，计26.36平方米，现陈列于观音殿内。

1.5 工作内容

采用现代数字化的勘察测绘手段，精确获取宝梵寺壁画形、色、质等多方面的数据信息，结合现场勘察和实验室分析结果，在综合勘察研究的基础上，全面解析宝梵寺壁画的历史、艺术、科学价值。从壁画结构、材料、工艺、保存环境、病害等众多方面展开研究，揭示宝梵寺壁画所携带的各方面信息。从考古学、建筑学、测量学、文物保护学等多个角度针对宝梵寺壁画进行评估分析，实现对这一珍贵文化遗产的综合阐释。

1.6 技术路线

第一，所有壁画采用高清晰摄影技术进行泛射光成像记录。根据壁画的历史艺术价值、画面纹理细致程度、病害调查及修缮保护需要等条件，使用不同的分辨率和拍摄方式。同时，针对部分壁画病害记录的需要，使用侧射光成像记录，提取壁画各类病害并绘制相应的病害图纸，为修缮保护提供基础数据。

第二，采用三维激光扫描技术在宝梵寺内进行数字化勘察测绘记录工作。采用中程三维激光扫描设备在宝梵寺院落、建筑内外进行扫描，获取对象的三维彩色点云。通过对建筑点云数据的分析，判断建筑结构的形变对壁画可能引起的和已经造成的病害，并基于以上勘察测绘成果提出相应的保护修复建议。通过对三维彩色点云的处理加工，为壁画数字化虚拟展示提供展示内容和展示环境。

第三，进行病害识别与提取。采用高精度三维测量臂设备对壁画表面龟裂和起甲严重的部分进行三维数据采集。此种设备采集壁画的点云精度高，可通过后期处理，识别模型上壁画起甲龟裂的区域、计算分布面积，实现对壁画进行长期监测的目的 。

第四，使用多光谱与高光谱影像采集。多光谱影像采集可对红外、紫外等不可见光成像，利用这一技术可以透过表层颜料遮盖，获取清晰的改易稿信息；高光谱扫描为壁画中每个信息像元提供一条连续的光谱响应曲线，结合已有光谱库联合分析这些曲线信息，可以分辨出壁画颜料的物质成分。这两种信息采集方式无须接触壁画本体，有效地克服了传统壁画调查手段的缺点，为文物的保护工作提供了新的方法。

第五，本体信息记录。根据壁画后续保护及监测需要，进行深入探查及取样分析。通过现场观察、探测以及实验室分析检测的方法，揭示壁画的结构、构造、材料及工艺等信息，为下一步修缮保护提供依据。

第六，数字化展示。建立壁画所在的整体建筑空间的数字化模型，将采集到的壁画三维数据汇集其中，建立以空间为单位的壁画信息数据库，为壁画的数字化虚拟修复、长期保护监测等提供基础，并为壁画数字化博物馆及数字化相关文化产品开发提供基础数据。

1.7 勘察测绘结论

结合数字化勘察测绘数据与实验室检测分析结果，得出以下结论。

大雄殿壁画

第一，大雄殿现存 10 幅壁画中，9 幅壁画绘制于明正统至成化年间（1436 ~ 1487 年），绘制工艺精湛、技法高超，是现存宝梵寺大雄殿壁画基础。约在清康熙三十八年至乾隆二十四年之间（1699 ~ 1759 年），曾对这些壁画进行过一次较大规模的补绘，补绘工艺相对粗糙，绘画水平略有降低。清代晚期在大雄殿南壁东端增绘了 1 幅壁画。

第二，大雄殿壁画绘制使用的颜料大多为矿物颜料，其中红色为朱砂与铅丹，蓝色为石青，绿色为石绿，黑色为炭黑，白色为铅白，黄色为铅黄，存在纯色颜料混合形成的间色，局部大量使用沥粉贴金工艺。

第三，大雄殿壁画的支撑体为编竹夹泥墙体。由于壁画所依托建筑存在明显的基础沉降，以及柱网偏移走闪，同时壁画支撑体竹编夹泥墙中的木框和竹篾出现了一定程度的糟朽，导致其表面的壁画出现严重的整体变形、空鼓、裂隙等病害。

第四，大雄殿壁画存在共计 12 种病害，多种病害叠压相伴发生，其中空鼓和裂隙等病害与壁画墙体结构变形存在较为密切的关系。颜料层脱落、泥渍、划痕等病害虽然在病害量中占有一定比例，但病害已稳定不再继续发展。而起甲、龟裂、盐霜等病害与壁画所在的潮湿环境密切相关，且是在不断发展中的病害。此类病害的面积占整个大雄殿壁画面积的 16.8%，亟待实施保护修缮，以防止病害继续恶化。

观音殿壁画

第一，观音殿壁画属定静寺迁入可移动壁画，基本结构包括木龙骨＋玻璃钢支撑体、原壁画地仗层（黏土粗泥层）、石膏白粉层、颜料层。

第二，观音殿壁画绘制使用颜料大多为矿物颜料，红色有朱砂、铅丹和铁红，蓝色为石青，绿色为石绿，黑色为炭黑，白色为铅白，黄色为铅黄，存在纯色颜料混合形成的间色，用金部分为描金工艺。

第三，观音殿壁画主要病害包括颜料层卷翘起甲、龟裂、地仗层脱落、历史干预、裂隙等。颜料层卷翘起甲和龟裂病害的发生，均与壁画表面使用大量胶矾水有关，同时环境温湿度变化也是造成现阶段观音殿壁画保存状况较差的主要原因。

1.8 保护建议

根据宝梵寺壁画勘察调研结果，针对壁画现存病害特点，提出以下保护建议：

第一，大雄殿壁画的保护首先需要解决大雄殿建筑本身由于基础沉降带来的柱网歪闪、墙体裂隙、编竹夹泥支撑墙体糟朽及强度减弱等问题，只有在对壁画所在墙体进行较为彻底的稳定性加固工程以后，方可实施壁画本体的保护修缮。建议对大雄殿先期进行基础沉降观测，确定沉降是否继续发生，并且在大雄殿建筑修缮工程的方案编制及实施过程中着重考虑解决基础沉降、柱网歪闪和壁画墙体稳定性问题。

第二，大雄殿周围护墙实现了对壁画墙体的保护作用，但同时导致了壁画所在墙体通风不畅，加速了壁画表面病害的持续发展。建议在大雄殿修缮工程中针对护墙进行改造，改善通风环境。

第三，大雄殿和观音殿壁画当前活动性病害仍然较为严重，起甲、龟裂、盐霜等活动性病害面积占壁画总面积比例大于36%，且仍处于不断发展的状态。建议在谨慎开展宝梵寺壁画局部保护修复实验的基础上，尽快开展壁画保护修缮工作，防止病害继续恶化。

第四，观音殿壁画长期悬挂陈列，木龙骨＋玻璃钢支撑体存在形变，建议修复过程中对其进行校正。

第五，观音殿壁画起甲面积占壁画总面积的80.65%，起甲壁画韧性很差，卷翘严重，很容易脱落。建议对此处壁画进行抢救性修复，保护修缮完成前停止开放，以防参观人流造成的空气流动加速壁画病害的发展。

第六，建议安装温湿度、污染气体监测设备，更准确获取壁画所在空间小气候环境变化的特点，并在监测数据的基础上，制定详尽的壁画养护措施，改善因壁画保存环境管理不善而造成的病害持续性变化，加强预防性保护措施。

奉
佛喜捨功德信士青福泰 室人趙氏大
男青用春 青惠春 青迎春一家等
喜捨金資繪綠
達磨祖師一位更祈見存者福樂

第二章 宝梵寺及其壁画概况

2.1 概况

2.1.1 历史及建筑格局

“宝梵寺”位于蓬溪县城西 15 公里的宝梵镇。始建于北宋，称为罗汉堂。治平元年（1064 年）宋英宗赵曙敕赐今名，意为“佛中之圣，梵中之宝”。但历经战祸，至明代殿宇“莽莽芜没，气象不振”。明谭缵《宝梵寺修造记》记载：“正统丁巳（1437 年），僧海舟率徒人开山驻扎，建大雄殿、观音阁，妆塑金人丈六者三。成化丙戌（1466 年），僧清澄、徒净元，再建经楼、左右廊庑、山门；昆仲净瑄、净勋、净印等，染塑诸罗汉，图画西方境……”

据《宝梵寺修造记》记载：“正德戊辰（1508 年），悟僧领兹寺事……添塑天王、金刚像，修葺周围垣墉阶台、前后丹墀梯道，增置田地……”，说明正德年间（1506 ~ 1521 年）宝梵寺亦有较多修建。其后，清代和民国对寺庙皆有修葺，大山门增列社稷坛、土地祠，天王殿增塑布袋罗汉，殿后增塑护法韦陀，空坝立碑林。清代在大雄殿内增绘壁画 1 幅，合成 10 幅，增绘大雄殿平棊彩绘。

1950 年，川北行署发出布告保护宝梵寺全部建筑，但殿宇仍被充作粮棉仓库和供学校使用。“文化大革命”中，全部佛像被捣毁，碑林被推倒，至今仅存天王殿、大雄殿、观音殿（毗卢殿）、东西厢房和大雄殿内壁画 10 幅及宋淳熙十一年（1184 年）《宝梵院显公修造碑》。

宝梵寺现存建筑 8 处，平面布局为两进四合院，建筑面积 1648 平方米（图 2–1）。

寺内主体建筑具体修建年代以及面积整理如表 2–1 所示。

表 2–1　宝梵寺建筑名称、面积、修建年代一览表

序号	名称	面积（m^2）	建筑年代
1	山门	10	20 世纪 80 年代改建
2	天王殿	280	明正德三年（1508 年）
3	大雄殿	250	明景泰元年（1450 年）
4	观音殿（毗卢殿）	456	明成化二年（1466 年）
5	东厢房	128	清乾隆四十五年（1780 年）
6	西厢房	70	
7	后东厢房	254	
8	后西厢房	200	

2.1.2 使用管理情况

1949 年以前，宝梵寺一直是佛教寺庙，为宗教活动场所。

1953 年蓬溪县文物管理所（以下简称“文管所”）成立后即派专人保护管理宝梵寺。后文管所并入文化馆，宝梵寺由文管所委托的当地干部或学校教师管理。其间，宝梵寺曾被学校、生产队保管室、生产队孤老院等占用，作为学校教室和教师寝室。

1985 年，蓬溪县文管所恢复，逐步正式全面接手管理宝梵寺至今。其间，1986 年由县文化局设立“宝梵寺文物管理处”。

1986 年，定静寺明景泰二年（1451 年）《诸天朝贡》壁画被搬迁至宝梵寺，陈列于观音殿。

1988 年，县编委确认“宝梵寺文物管理处”工作机构。

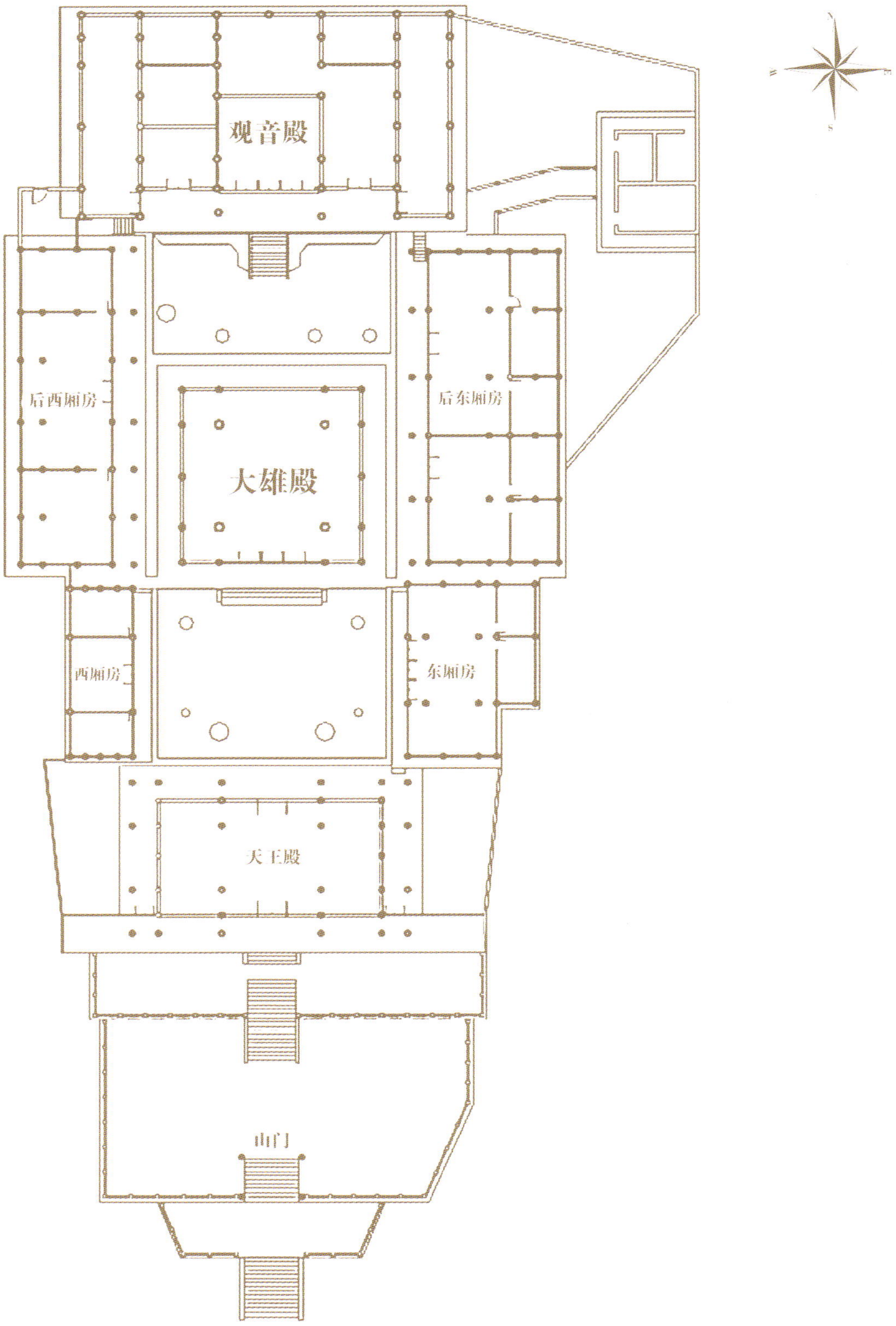
观音殿
后西厢房
大雄殿
后东厢房
西厢房
东厢房
天王殿
山门

图 2-1 宝梵寺总平面图

1988 年，遂宁市人民政府外事办公室确定宝梵寺为对外开放参观点。

2.1.3 修缮历史

1973 年，增建大雄殿墙体内外保护性石质护墙。

1978 年，维修大雄殿门窗，铺设大殿内石质地坪，用砖加高 1973 年修建的护墙。

1983 年，在观音殿内隔建工作人员住房、游客参观休息室。

1986 年 4 ~ 6 月，由四川省考古研究所技术队组织施工，完成定静寺壁画的揭取与搬迁工程。

1986 年 11 ~ 12 月，由四川省考古研究所技术队组织施工，完成定静寺壁画的复原工程。

1987 ~ 1991 年，由蓬溪县文物管理所组织施工，陆续维修、建设了宝梵寺山门、山门堡坎、天王殿堡坎。

1992 年 5 ~ 6 月，由四川省考古研究所技术队组织施工，修复大雄殿壁画颜料层龟裂、起甲病变。

1992 年 3 ~ 7 月，由蓬溪县文物管理所组织施工，对天王殿落架大修，同期完成了大雄殿周围排水沟渠工程。

1998 年 3 ~ 6 月，由蓬溪县文物管理所组织施工，完成了观音殿修缮工程。

2003 年 10 ~ 12 月，由蓬溪县文物管理所组织施工，完成宝梵寺厢房排危工程，同期完成了寺内室内外地坪铺设工程。

2.2 壁画保存现状

2.2.1 大雄殿壁画

大雄殿位于宝梵寺中轴线上，木构单檐歇山顶，三间四椽抬梁式结构。殿平面呈正方形，通进深

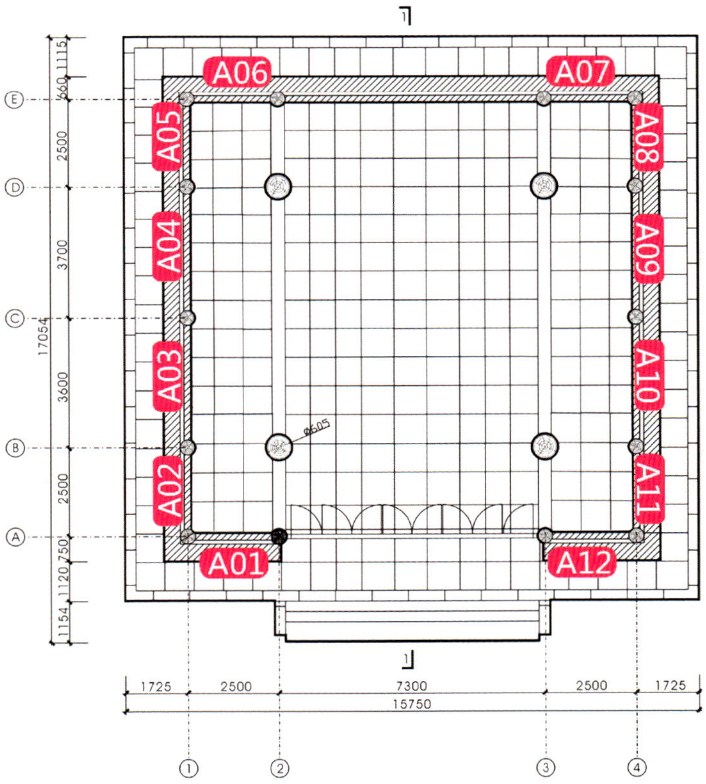

图 2-2a 大雄殿壁画调研编号位置示意图

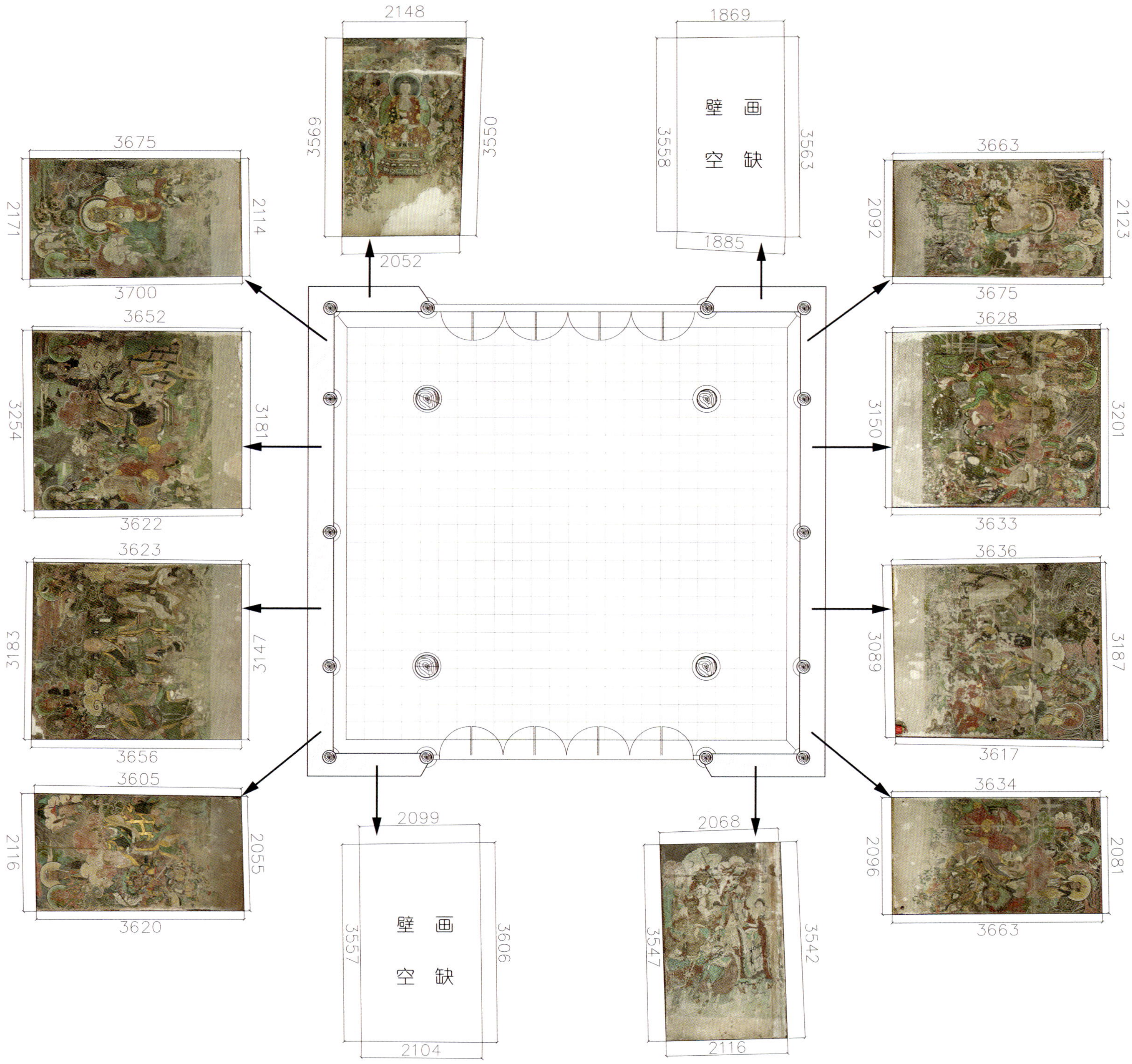
2148
3569
3550
2052
1869
壁画空缺
3558
3563
1885
3675
2171
2114
3700
3663
2092
2123
3675
3652
3254
3181
3622
3628
3150
3201
3633
3623
3183
3147
3656
3636
3089
3187
3617
3605
2116
2055
3620
3634
2096
2081
3663
2099
壁画空缺
3557
3606
2104
2068
3547
3542
2116

图 2-2b 大雄殿壁画分布示意图

图 2–3　大雄殿壁画现状

和通面阔均为 12.3 米，通高 8.5 米。六铺作用假昂，内部施平棊，板上施彩绘，梁下及脊槫下有墨书题记。

大雄殿原有壁画 12 幅（图 2–2a、2b），东西壁各 4 幅，南北壁各 2 幅。现缺北壁东端 1 幅（A07）及南壁西端 1 幅（A01）。尚存壁画 10 幅，除南壁东端 1 幅（A12）为清代补绘外，其余 9 幅均为明代原作。壁画每幅高 3.6 米，宽度不等，东西壁中间的两幅均宽 3.2 米，两端的两幅及南北壁均宽 2.1 米（图 2–3）。壁画总面积 91.79 平方米，其中明代壁画 84.35 平方米。

壁画共计绘法像 103 人，主绘《法住记》中记述的十六罗汉 [1]，与前称“罗汉院”题名相呼应；其他皆以菩萨为主。

殿内壁画绘画技艺超群，色彩浓重饱满、绚丽夺目 [2]，且《西方境》画题鲜明 [3]，成画有据。其中从西墙起分别讲述《议赴佛会》《地藏说法》《雷音供奉》《达摩朝贡》[4]《准提接引》等 10 个故事，内容翔实，故事连贯 [5]。

另外，壁画上方栱眼壁壁画现存 9 幅，每幅画面高约 0.8 米，宽 1.4 ~ 3.1 米，总面积 13.62 平方米。木板平棊彩绘连环故事画 64 幅（图 2–4），每幅约 0.82 平方米，总面积 52.48 平方米。内容取材于《西游记》连环故事 [6]，从入殿左横向排列，叙述从《点化石猴》至《老妪驱狼》止。现存内容识别可见，故事与原著存在情节差异 [7]。

大雄殿殿内壁画因立柱走闪发生形变，现已出现明显凸起和横向裂隙，支撑柱网存在虫蛀糟朽，这些结构性病害严重威胁壁画的保存。地仗层存在酥碱病害，壁画表面冬季会出现盐霜。颜料层大面积存在龟裂、起甲病害，严重处已引起颜料层片状脱落。同时，因建筑漏雨而引发的泥渍、动物活动造成的损害、人为

[1] 范丽娜．蓬溪宝梵寺明代壁画罗汉图像考察[J]．故宫博物院院刊，2011，04:36–70+160．

[2] 李雅梅，佘艳君．蓬溪宝梵寺壁画艺术特征探析[J]．重庆大学学报（社会科学版），2014，04:171–174．

[3] 李全民，刘新尧．宝梵壁画添新篇[J]．四川文物，1989，01:78．

[4] 刘显成．宝梵寺明代壁画《西方境》的艺术特色[J]．文艺争鸣，2011，04:102–104．

[5] 刘新尧．宝梵寺古建及壁画初考[J]．四川文物，1993，04:31–37．

[6] 夏焰．宝梵寺壁画的艺术特色[J]．四川职业技术学院学报，2008，02:30–31．

[7] 刘新尧．宝梵寺古建及壁画初考[J]．四川文物，1993，04:31–37．

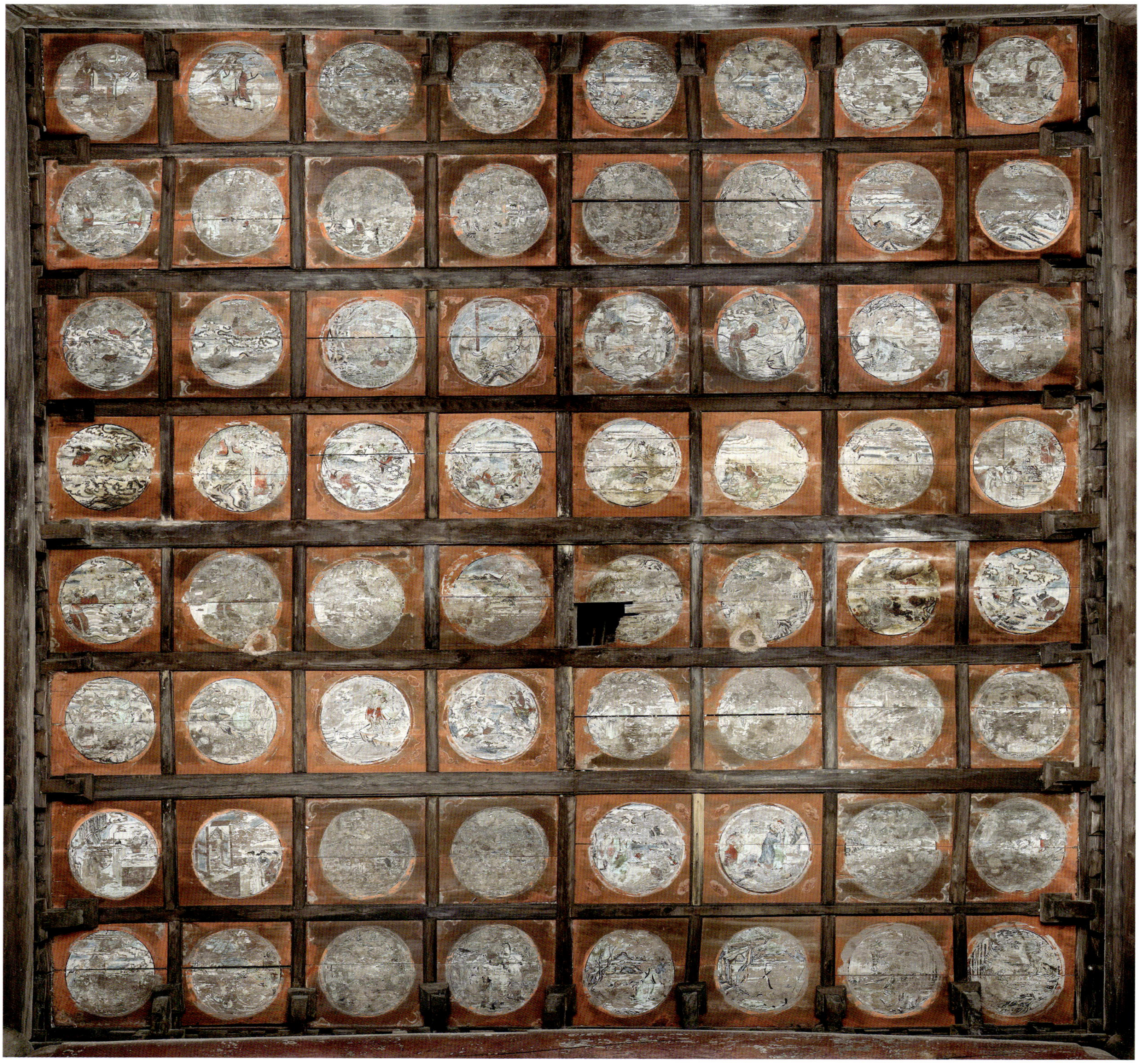

图 2-4　大雄殿木板平棊彩绘

不当的历史修补等问题，均阻碍壁画展陈和研究。

2.2.2 观音殿壁画

观音殿即毗卢殿，与大雄殿同时期建成，为单檐歇山式建筑，面阔五间，进深三间。殿内漏雨严重，2012 年进行过建筑本体维修。

观音殿内陈列壁画为 1986 年由附近的定静寺迁移至此，绘于明景泰二年（1451 年）。壁画内容为道教题材，绘二十四诸天，共 4 幅，计 26.36 平方米（图 2–5）。

观音殿内所陈列壁画残损现象严重，遍布起甲、龟裂、地仗脱落等病害。壁画起甲严重，参考过往资料，大部分壁画早先还能看到画面内容，如今颜料层起甲卷翘严重，且起甲部分极其脆弱，轻触即掉，

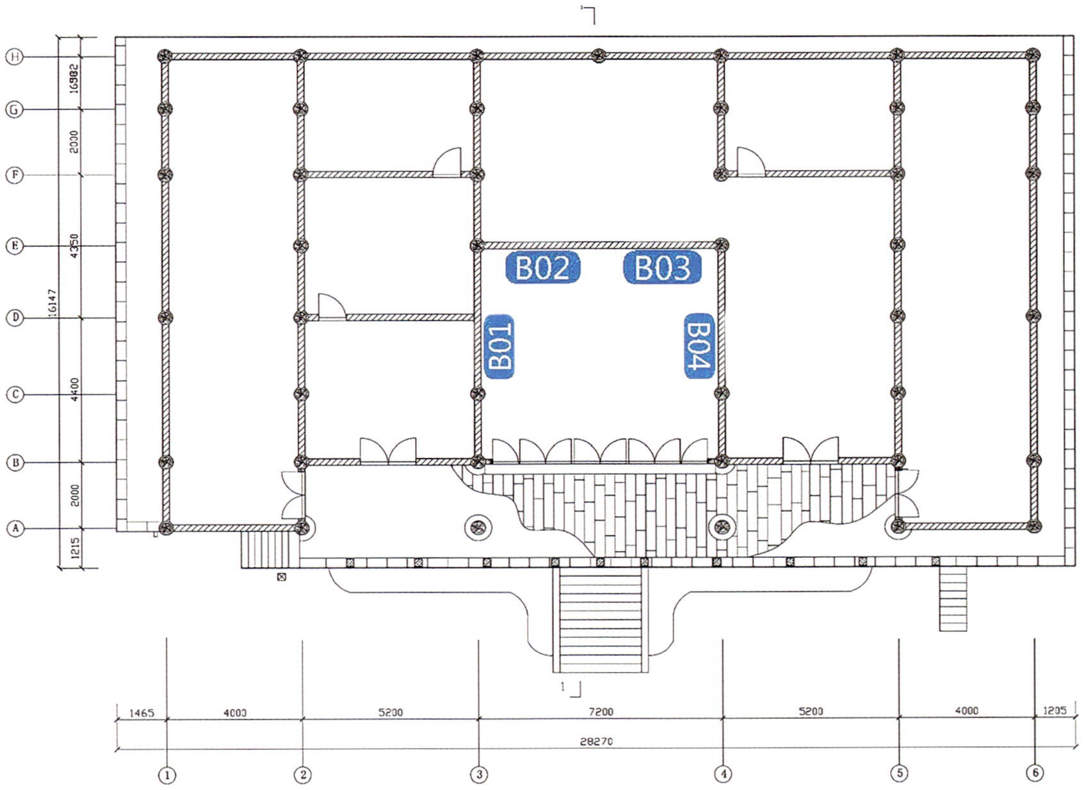

图 2–5 观音殿壁画位置示意图

图 2-6　观音殿 B02 现状

白粉层和地仗层大面积裸露。画面上存在积尘，使得壁画整体呈现土色，严重影响其长期安全保存、研究、展陈效果（图 2–6）。

2.3 壁画保存环境

2.3.1 地理位置

宝梵寺位于四川省遂宁市蓬溪县城西 15 公里的宝梵镇宝梵村，地处四川盆地中部偏东，北纬 30°43'27"~30°43'31"，东经 105°38'47"~105°38'549"，属四川盆地高丘、低山区向盆缘中丘区过渡地带。

2.3.2 气候情况

宝梵寺所在的遂宁市属亚热带湿润季风气候，全年气候温和，光照较少，雨量充沛，四季分明。遂宁市多年年平均气温为 17.4℃，1 月份温度最低，常年 1 月份的月平均温度为 6.5℃，1~8 月气温逐月升高，8 月份温度最高，常年 8 月份的月平均温度为 27.2℃，9 月至次年 1 月气温逐月降低。

全市多年年平均降雨量是 930 毫米左右，2~7 月雨量逐月递增，8 月至次年 1 月雨量逐月递减。6 ~ 8 月是一年中雨量较多的月份，降雨集中，约占年降水量的一半，多大雨和雷暴雨，易发生洪涝。但雨量在时间和地区分布上不均匀，又常有伏旱发生，呈现出旱涝交错的灾害天气。9~10 月雨量逐渐减少，但雨日增多，容易形成绵绵秋雨天气。1 月雨量最少，月降雨量少于 15 毫米。

2.4 壁画价值分析

现存宝梵寺为明景泰元年（1450 年）重建，是四川修造历史较早、规模较大的一处寺庙建筑。重建至今，历经多次维修，但寺内壁画的布局基本保持了明代的原貌。在技法上，壁画既讲究西方的仙佛凡人化，又讲究中国画的气韵生动；既讲究西画的光色对比，又强调中国绘画中的线条运用。画中人物穿戴模拟唐、明两代僧衣和宫廷及民间服饰。在色彩渲染上，壁画浓墨重彩并衬以底色，重要线条皆走沥粉，以增强立体感。在用色上，采用金属材料和石色材料为主的 20 余种颜色，既考虑其相互协调，又强调其厚重光艳。宝梵寺壁画在艺术思想、艺术手法和艺术造诣方面堪称一绝，具有很高的艺术价值，被评价为“蜀中明代壁画的代表作”。

第三章 壁画本体勘察

作为珍贵的古代实物遗存，了解宝梵寺壁画绘制历史、制作工艺、结构及材料，对其进行深入探查，不仅可以完善壁画所处地域在历史演进中工艺的发展传承脉络，也可以将之与同一时期四川地区乃至全国范围内的壁画制作工艺和使用材料进行区别梳理，寻找壁画的共性与特性所在。除此之外，更完备地提取壁画从外在形色到内在本质的资料，尽可能详细地解读宝梵寺壁画从创作至今所携带的历史、艺术、科学、经济、人文等信息，也为之后研究宝梵寺壁画制定合理的保护措施，提供更科学谨慎的数据支持。本次数字化勘察测绘采用了多种技术手段，对宝梵寺壁画进行了精细的数字化测绘及勘察，对壁画的绘制历史、制作工艺以及绘制材料进行了深入的研究。

3.1 壁画绘制历史勘察

过往研究认为，宝梵寺大雄殿壁画主要分为两期，南壁西端壁画的风格与其他各幅明显不同，被认为是清代晚期绘制的。但通过此次数字化勘察测绘仔细探查，被认为是明代绘制的壁画中存在大量重绘、重描的细节，可以推测大雄殿壁画在明代壁画初绘至清代晚期最后一幅壁画绘制完成之间，还经历过至少一次大规模的补绘与重新妆彩。根据此次调查，大雄殿壁画的绘制与修补可以分为三个主要时期。

第一期是宝梵寺大雄殿创建初期即明正统至成化（1436 ~ 1487 年）年间，完成了大雄殿的建造，并“染塑诸罗汉，图画西方境”，奠定了大雄殿壁画的基础。现存的 9 幅明代壁画即为当时的作品。尽管后期在这 9 幅壁画上有过较多的重描及补色甚至重新贴金，但很多地方仍然显示出明代原作在细节上的功力。此次数字化勘察测绘借助高清晰的图像记录以及多光谱和高光谱等科技探测手段，展现了这些明代原作的细节。例如图 3–1、3–2 所示，在 A10、A03 壁画禅凳屏风上，保留有精细的明代风格的龙凤纹样和缠枝西番莲纹样。

图 3–1　A10 主尊罗汉禅凳上的明代风格龙凤花纹

图 3-2　A03 主尊罗汉禅凳上明代风格花纹

另如 A03 壁画中间下方老虎（图 3-3），因为周身采用丝毛法绘制，如果重绘只能将画面全部覆盖再重新拓线稿、勾线、画绒毛，后期画师可能觉得难度较大而放弃重绘这只老虎，所以老虎的颜色与周边后期补绘色彩差别较大。

第二期是大约在清康熙三十八年（1699 年）至乾隆二十四年（1759 年）之间，距离壁画初绘已有二百余年。由于壁画年久失修，漫漶不清，寺内僧人聘请画师对壁画进行了较大规模的补绘及重绘。这一期的重绘基本形成了我们今天看到的大雄殿壁画的大部分现状。这一次修缮在 A03 壁画一处被覆盖的榜题中留下了时间线索，通过多光谱探测，清晰地看到了被覆盖的榜题文字："清己卯年本山释子叩化"（图 3-4）。清代干支纪年中己卯年共有五个，具体见下表：

表 3-1　清代己卯年干支纪年统计表

干支纪年	公元纪年	庙号（皇帝）	年号纪年
己卯	1639 年	太宗（皇太极）	崇德四年
己卯	1699 年	圣祖（玄烨）	康熙三十八年
己卯	1759 年	高宗（弘历）	乾隆二十四年
己卯	1819 年	仁宗（颙琰）	嘉庆二十四年
己卯	1879 年	德宗（载湉）	光绪五年

图3-3　A03下方老虎与周边色差、老虎身上所用丝毛法细节

图 3-4　A05 红外光谱下的文字榜题

从壁画风格上看，该榜题周边壁画和第三期绘制差异较大，年代不会太接近，应早于光绪五年（1879年）和嘉庆二十四年（1819 年），而太宗崇德四年（1639 年）清军并未控制四川地区，故重绘时间应当在第二期，即康熙三十八年（1699 年）至乾隆二十四年（1759 年）之间。

这一期壁画画师没有改变明代壁画的构图，大致依据第一期的颜色重新填色勾线，局部绘制工艺相对粗糙。

现存大雄殿壁画重绘痕迹颇多，例如 A03 左侧罗汉腹部团花在前期绘制中本为白底黑色，粗墨线勾填花纹，但重绘中，前期墨线褪色变为浅灰色，画师直接将原来黑色花纹的周边空白区域用浓墨填上，变成黑底白花（图 3–5）。

图 3–5　A03 左侧罗汉腹部花纹及局部

图 3-6　A05 右下角多闻天王局部（可见光拍摄）

图 3-7　A05 右下角多闻天王局部（红外光拍摄）

通过多光谱红外拍摄，发现了 A05 多闻天王腰部衣裙的红色上出现了肉眼不可见的较深颜色的花纹，还有在衣裙上方折线条下，出现了被覆盖的线描，在线条的拐角处可以发现两条线的错位关系，而这些在可见光状态下无法观察出来（图 3-6、3-7）。

图 3-8　A02 左上角侍僧局部
（可见光拍摄）

图 3-9　A02 左上角侍僧局部（红外光拍摄）

同样通过多光谱红外拍摄，在 A02 左上角侍僧的鼻头、内眼角、鼻唇沟以及远处脸的轮廓线上，可以发现第一期壁画的朱线与第二期重绘时勾画朱线的错位关系，清晰地体现了第二期重绘与第一期初绘之间的细微差异（图 3-8、3-9）。

第二期壁画的绘制水平相对于第一期明代原作偏低，部分工艺较为粗糙。例如滥用沥粉贴金且工艺相当粗糙，在原本很多应当描金或描暗花的区域使用沥粉贴金。在一些地仗受损区域，画师没有修复地仗后再贴金，而是直接在受损的地仗上贴金，导致贴金区域出现一块凹陷的粗糙面。此外，还有一些早期沥粉贴金区域的沥粉线条部分脱落，重绘的画师既没有按照剩余的图案风格补齐缺失的线条，也没有将沥粉线条铲干净重新沥粉，而是硬生生在原沥粉上滥接无关花纹后直接贴金（图 3–10、3–11）。

图 3–10　A04 主尊罗汉左侧腿部沥粉

图 3–11　A04 左侧罗汉腿部滥接花纹

第三期壁画即为 A12，画面构图和配色与其他壁画有较大差别，应为晚清作品。现存 A12 壁画画风稍显稚嫩，勾线绵软无力，线条疏密关系较差，多数神将面部较为扭曲，极不对称。配色多用石青、曙红、赭石，极少用沥粉贴金，与其他壁画配色差别较大。画面中花纹用较为写意的笔法完成。根据画面中人物服饰特征与同时期绘画类作品的风貌相比较可判断，该幅壁画为清代晚期绘制（图 3–12、3–13）。

图 3-12　A11 壁画（明及清代补绘）

图 3-13　A12 壁画（清晚期绘制）

3.2 壁画制作材料及工艺分析

通过现场观察、现场调研数据和实验室分析，宝梵寺壁画作为传统的建筑壁画，基本结构类同于四川地区寺观壁画的制作方法。其结构包括支撑体、地仗层和颜料层。

3.2.1 大雄殿壁画

（1）结构分析

从宏观上看，壁画属于多层、多材质结构文物，主要组成为支撑体、地仗层、准备层、颜料层（包括镶嵌物）和表面涂层。

① 支撑体

大雄殿建筑属于传统的梁柱木结构建筑，殿内壁画墙体被建筑立柱分成 12 幅，支撑墙体构造采用巴蜀地区常见的编竹夹泥墙（图 3–14）。由于壁画墙体较高，每一幅墙面距地三分之二高度处设置构造性木梁以分割编竹墙面，保障墙体构造稳定。宝梵寺在作为学校使用期间，为防止人为破坏墙体，管理方在殿墙体外侧修建保护性砖墙（图 3–15），用于保护单薄的竹编夹泥墙和壁画。砖墙距离壁画墙体 500 ~ 600mm，之间形成五面围合空间，仅上部开敞通风。

② 地仗层

宝梵寺壁画地仗分为两层，粗泥层为当地红色黏土添加麦秸秆制作，厚 30 ~ 50mm。其上采用石灰添加棉或麻丝制作壁画的白色细泥地仗层，厚 2 ~ 3mm（图 3–16、3–17）。

图 3–14　壁画支撑体结构

图 3–15　壁画支撑墙体外观

图 3–16　壁画地仗层厚度

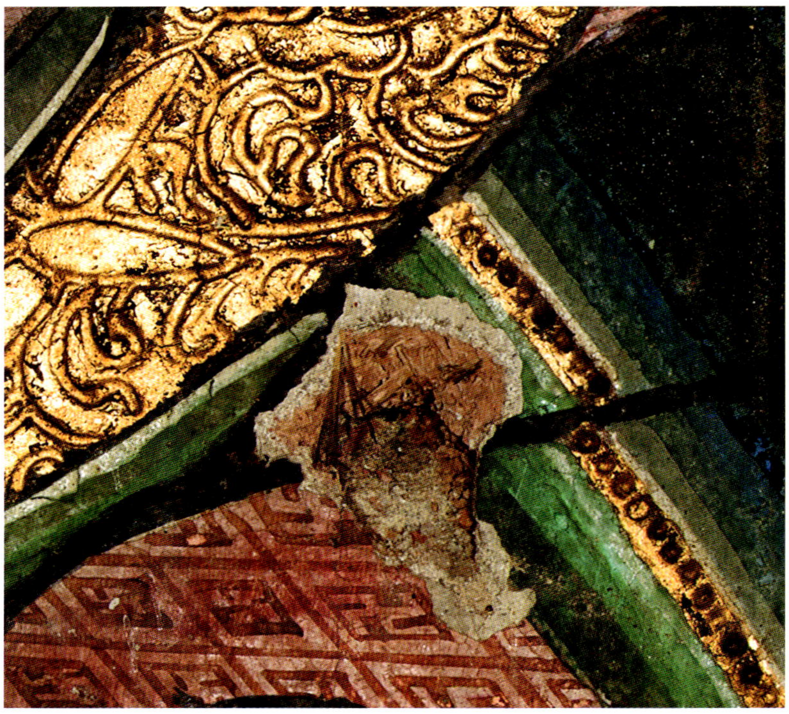

图 3-17　壁画白色地仗层厚度

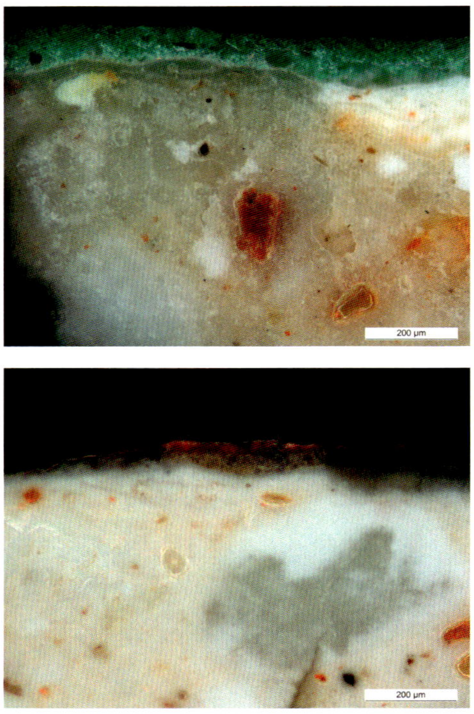

图 3-18　大雄殿壁画绿色和红色样品显微剖面（100×）

③ 颜料层

大雄殿壁画构图饱满，用色以青绿为主，间以红、黄、白、金等多种色彩，混色手法的使用使画面整体灵动。采集破损处绿色、红色样品，树脂包埋后，对壁画颜料层的结构进行 LeicaDM4000M 金相显微镜观察。绿色与红色颜料层厚度有所差异（图 3-18）。

大雄殿内壁画饰金区域较多，工艺包括了沥粉贴金和平贴两种手法，具体情况见图 3-19。对沥粉层进行剖面观察，其上使用了大漆。大漆作为底漆可以填充地仗上粗糙的气孔、沙眼，使表面光洁平整，贴出的金箔反光率高，显得金碧辉煌。而加入红色颜料做底色衬底，则使金箔的颜色稳重，不因泛白而显得颜色发飘。经观察量测，大雄殿壁画所贴金箔厚度为 0.01mm 左右，依赖于大漆良好的粘接性，均平整密实。

图 3-19　大雄殿贴金及样品显微剖面（100×）

（2）颜料成分分析

壁画颜料层是其绘制精髓所在，通过构图、颜料成分等方面的研究可以帮助了解其所处时代的制作工艺和历史脉络。

针对矿物颜料成分特点，现采用高光谱、X 射线荧光光谱分析、X 射线衍射、激光拉曼对大雄殿壁画颜料进行分析检测。

① 现场成分检测

壁画为不可移动文物，为了最大限度减少对文物本身的干预，本次工作采用高光谱仪对壁画颜料层进行成分分析。这种非接触的无损检测，可最大程度保持文物原状，减少样品采集量。仪器设备信息如下：

VNIR400H 高光谱相机　光谱范围 400 ~ 1000nm；视场角 30°；正对口径（光圈）F/2.4；相机类型 CCD/SONY ICX285AL；镜头焦距 23mm。

T-FPS2500 高光谱相机　光谱范围 800 ~ 2500nm；视场角 30°；正对口径（光圈）F/2；相机类型 MCT Detector；镜头焦距 25mm。

红色颜料 A

大雄殿壁画上有大量的红色区域，层次分明多变，明暗相间。为了明确其材料是否存在差异，选取了不同红色区域的颜料进行比较分析（图 3-20）。

较深的红色多出现在衣饰之上，面积较大，选取其中一处进行高光谱分析。通过光谱匹配，得知此种色彩所使用材料为朱砂（图 3-21）。

红色颜料 B

部分区域的红色颜料很淡，只有隐约的红色显现（图 3-22）。这部分颜料经过光谱分析推测，可能是赭红（图 3-23）。

图 3-20　红色颜料区域

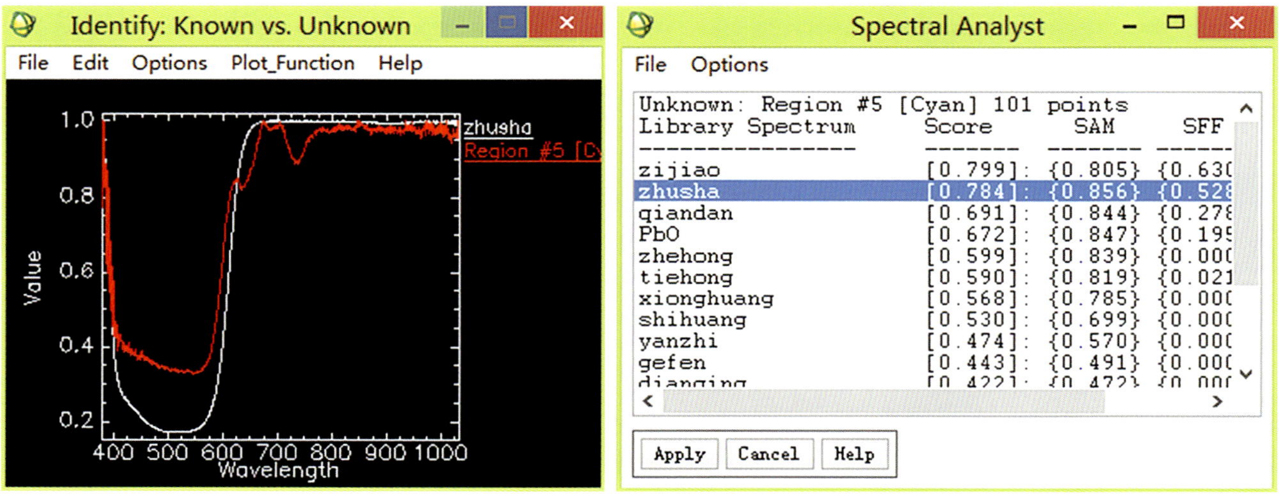

图 3-21　深红色颜料光谱曲线对比与光谱分析得分

图 3-22　浅红色颜料区域

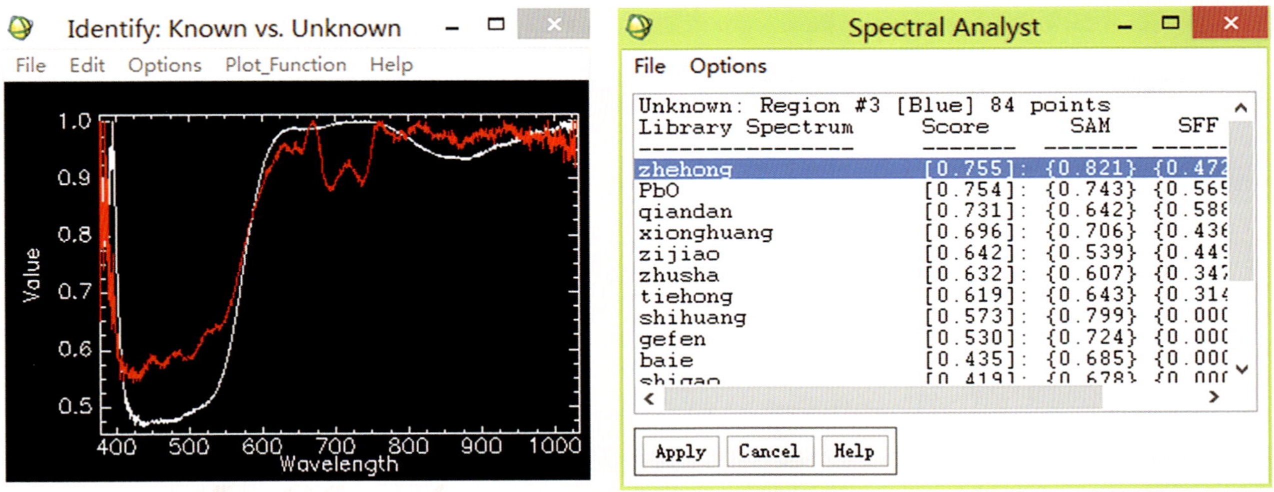

图 3-23　浅红色颜料光谱曲线对比与光谱分析得分

图 3–24　绿色颜料比较分析

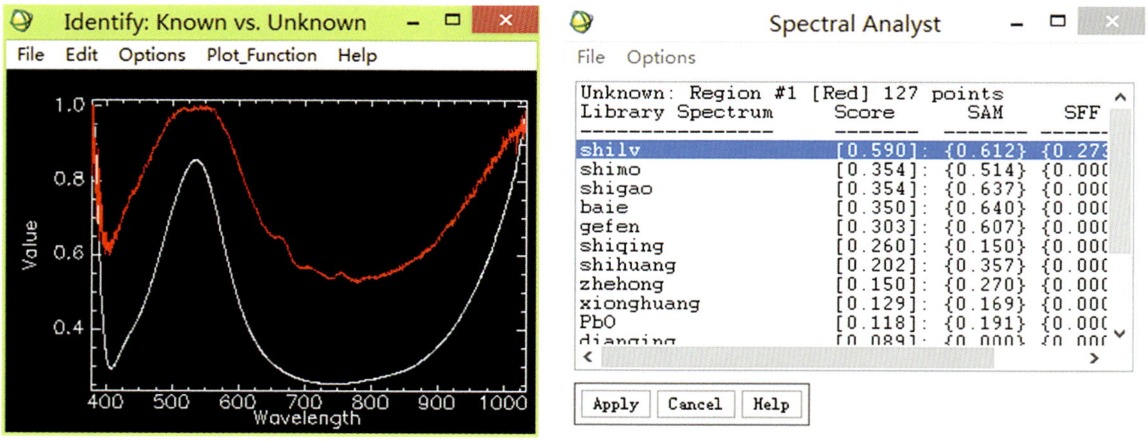

图 3–25　浅绿色颜料光谱曲线对比与光谱分析得分

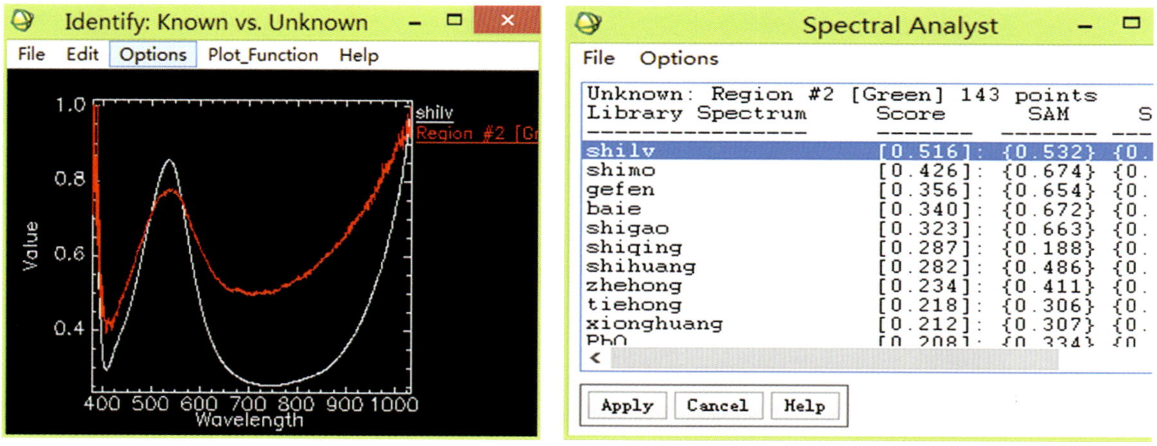

图 3–26　深绿色颜料光谱曲线对比与光谱分析得分

图 3-27　黄色颜料检测位置

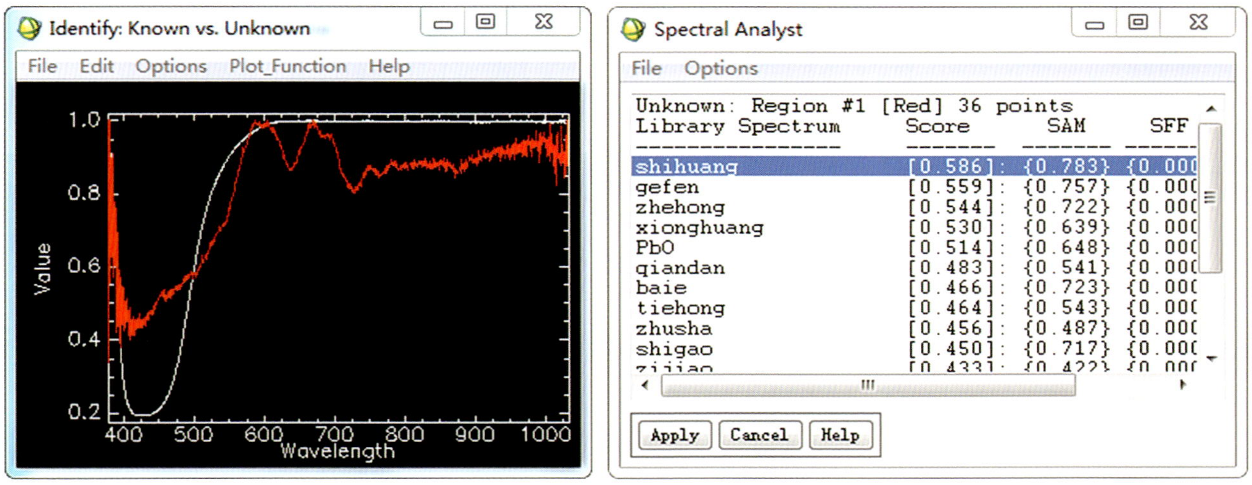

图 3-28　黄色颜料光谱曲线对比与光谱分析得分

绿色颜料

绿色颜料在壁画上也占很大比例，比较分析深、浅绿色，可知其均为石绿（图 3–24 至 3–26）。

黄色颜料

黄色颜料所占画幅区域较小，选取方框区域检测（图 3–27）。

提取方框内黄色区域的高光谱样本数据，并与颜料样本库数据进行高光谱曲线对比。样品曲线与石黄和铅黄样本高光谱曲线十分相似，但在 600 ~ 700nm 波长附近表现出波峰波谷反复的特征（图 3–28），初步判断该颜料与铅黄更为接近，部分干扰可能源于壁画表面轻微积尘等杂质覆盖。

② 实验室分析检测

在现场实验检测结果的基础之上，对存疑的颜料进行微量取样，全面解析壁画制作材料。分别采用能量散射 X 射线荧光分析仪对其元素含量进行检测，X 射线衍射对试样物相结构进行解析，激光拉曼补充检测无定型物质和部分有机物。

实验仪器与分析条件如下：

A. 能量散射 X 射线荧光分析仪（EDXRF）

SHIMADZU EDX-800HS 型能量散射 X 射线大腔体荧光分析仪，测量电压为 50kV，测量时间为 100s，Rh 靶。

B. X 射线衍射仪（XRD）

Rigaku D/max 2200 型 X 射线衍射仪，工作管压和管流分别为 40kV 和 40mA，Cu 靶。发散狭缝、防散射狭缝和接收狭缝分别为 1° 、1° 和 0.15mm。

C. 显微共聚焦激光拉曼光谱（RAM）

Thermo Nicolet Almega 型显微共聚焦激光拉曼光谱仪，激光器为 532nm 与 780nm，配有 Olympus 光学显微镜，测试使用物镜为 50× 长焦，仪器的空间分辨率 1μm，光谱分辨率为 $2cm^{-1}$。

针对大雄殿壁画绘制特点，每种色彩和地仗层分别采集了样品。取样位置和分析方法见表 3-2。

对采集样品进行能量散射 X 射线荧光分析仪检测，分析各自的元素含量，可以为判断物质成分提供参考（表 3-3）。

由初步实验结果可知，绿色颜料中铜（Cu）元素含量较高；蓝色颜料中同样铜（Cu）含量较高；红色颜料中汞 Hg 与铅 Pb 元素含量较高；白色颜料中铅 Pb 元素为主要元素；黄色颜料中铅 Pb 含量较高；石灰地仗中钙 Ca 元素为主要成分；粗泥地仗中黏土矿物成分硅 Si、铝 Al 元素含量较高。

将上述样品研磨成粉末，进行 X 射线衍射分析（表 3-4）。

此外，选取片状试样进行激光拉曼测试，协助判定颜料物相结构（表 3-5）。

（3）小结

综合以上检测结果可知，大雄殿壁画中绿色为石绿；红色为朱砂与铅丹，与文献中记载相符合；蓝色为石青，混有少量石膏；白色为铅白；黄色为铅黄；白灰层主要为白垩和石英；地仗中含有白垩、石英以及黏土矿物蒙脱石。

表 3-2　大雄殿壁画采集样品信息表

样品编号	颜色	取样位置照片	位置索引	测试内容
D-green	绿色			EDXRF、XRD、RAM
D-red	红色			EDXRF、XRD、RAM
D-blue	蓝色	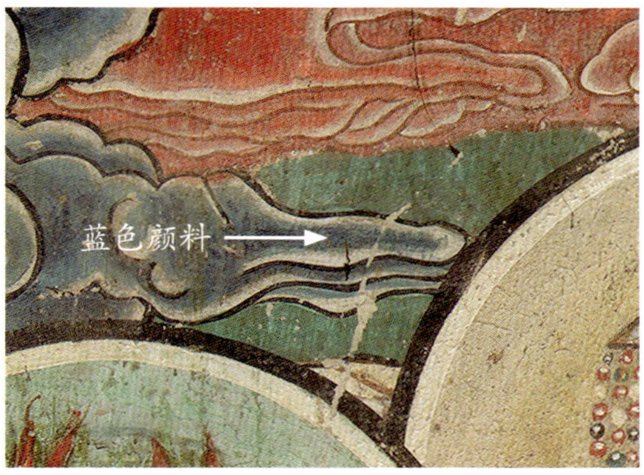		EDXRF、XRD、RAM
D-jin	金层			EDXRF
D-white	白色			EDXRF、XRD、RAM

续表 3-2

样品编号	颜色	取样位置照片	位置索引	测试内容
D-yellow	黄色	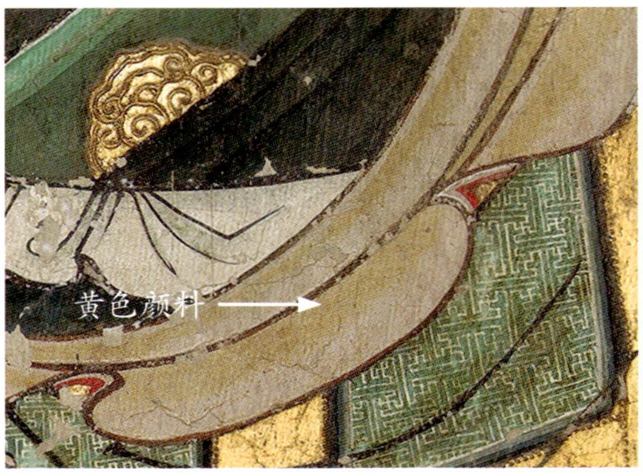		EDXRF、XRD、RAM
D-black	黑色	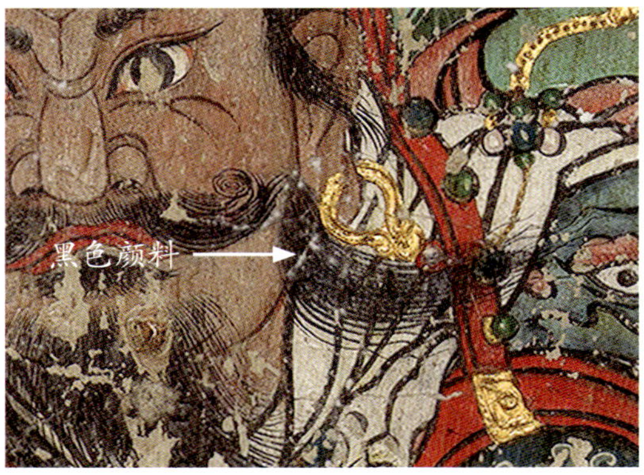		EDXRF、RAM
D-baifen	白粉层			EDXRF、XRD
D-dizhang	地仗层			EDXRF、XRD

表 3-3　大雄殿壁画 EDXRF 分析结果（wt%）

样品编号	Ca	Si	Cu	Hg	S	Pb	Fe	K	As	P	Au	Mn	Ti	Al
D-green	18.95	13.57	50.27	—	12.96	2.81	0.84	0.59	—	—	—	—	—	—
D-red	27.44	6.66	0.13	24.32	22.97	17.01	0.90	0.59	—	—	—	—	—	—
D-blue	40.35	10.38	29.17	0.33	1.76	0.67	5.80	0.78	1.69	9.06	—	—	—	—
D-jin	16.62	27.86	1.74	—	15.62	0.89	25.34	6.67	—	—	3.19	0.56	1.42	—
D-white	5.28	—	0.16	—	—	92.82	—	—	—	1.75	—	—	—	—
D-yellow	4.79	12.68	0.19	—	—	78.49	2.85	1.01	—	—	—	—	—	—
D-black	21.09	9.32	20.21	—	—	44.36	1.57	0.80	—	2.66	—	—	—	—
D-baifen	81.54	9.21	0.68	—	2.86	—	3.68	1.40	—	—	—	—	0.47	—
D-dizhang	7.49	53.08	—	—	0.83	—	11.52	4.97	—	—	—	0.21	1.02	20.85

—表示该样品中未检测出相应元素。

表 3-4　大雄殿壁画 XRD 分析结果

样品编号	颜色	分析结果
D-green	绿色	石绿 $Cu_2CO_3(OH)_2$、白垩（$CaCO_3$）、石英（SiO_2）
D-red	红色	朱砂（HgS）、铅丹（Pb_3O_4）、白垩（$CaCO_3$）
D-blue	蓝色	石青 $2CuCO_3 \cdot Cu(OH)_2$、石膏（$CaSO_4 \cdot 2H_2O$）、石英（SiO_2）
D-white	白色	水白铅矿 $Pb_3(CO_2)_2(OH)_2$
D-yellow	黄色	水白铅矿 $Pb_3(CO_2)_2(OH)_2$
D-baifen	白粉层	白垩（$CaCO_3$）、石英（SiO_2）
D-dizhang	地仗层	白垩（$CaCO_3$）、石英（SiO_2）、蒙脱石 $KAl_2(SiO_3Al)O_{10}(OH)F_2$

表 3-5　大雄殿壁画拉曼分析结果

样品编号	颜色	分析结果	备注
D-green	绿色	石绿 $Cu_2CO_3(OH)_2$	同 XRD
D-red	红色	朱砂（HgS）	未检出铅丹
D-blue	蓝色	石青 $2CuCO_3 \cdot Cu(OH)_2$	同 XRD
D-white	白色	石膏（$CaSO_4$）	不同于 XRD
D-yellow	黄色	白垩（$CaCO_3$）	未检出显色物质
D-black	黑色	炭黑（C）	XRD 无法检出

图 3–29　观音殿壁画陈列方式

图 3–30　观音殿壁画玻璃钢后背

图 3–31　观音殿壁画粉层

3.2.2 观音殿壁画

前文所述，观音殿壁画源于定静寺壁画搬迁，虽年代上与大雄殿壁画相接近，但在制作工艺上可能存在些许差异。故对其采用与大雄殿检测相同的方法，即现场调研和实验室分析。

（1）结构分析

① 支撑体

观音殿壁画为定静寺的壁画揭取后搬迁至此，悬挂于殿内墙壁上展示（图 3–29）。底层采用 20 世

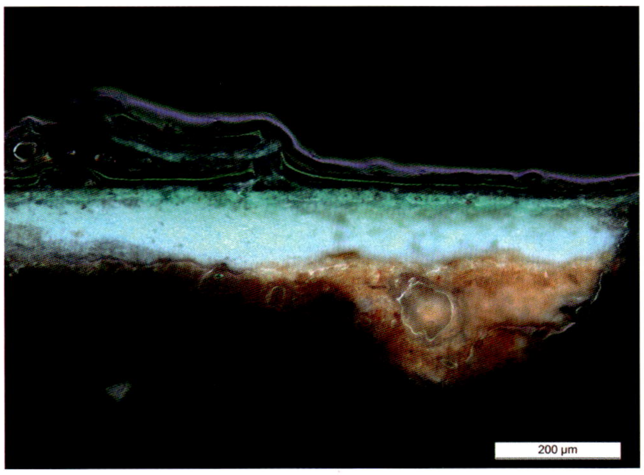

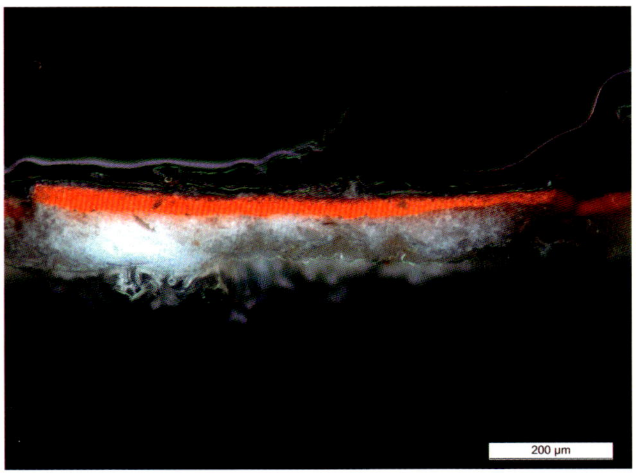

图 3–32　观音殿壁画绿色和红色颜料样品显微剖面（100×）

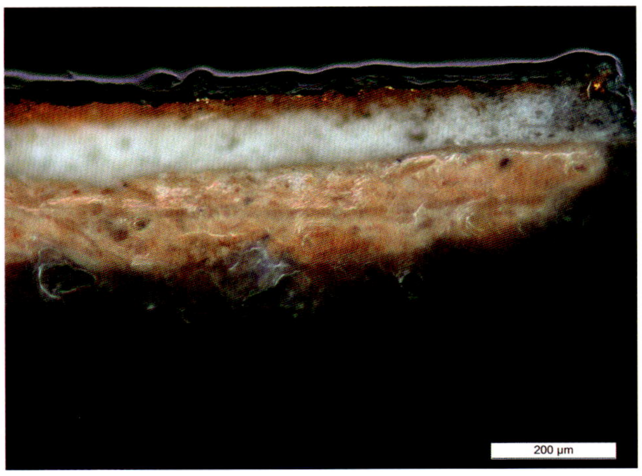

图 3–33　观音殿壁画用金及样品显微剖面（100×）

纪 80 年代国内常用的壁画揭取后修复方法，即保留原壁画地仗 20mm 左右，加固之后，采用环氧树脂粘贴玻璃纤维的方式制作壁画地仗加强层，并以木龙骨做支撑体（图 3–30）。

② 地仗层

观音殿壁画地仗层工艺和大雄殿相似，也包括了红色泥质粗泥层和白粉层。红色地仗层由于经过近代揭取迁移，原始厚度已无法判断；而白粉层厚度不足 1mm，且材质明显不同于大雄殿壁画的白色细泥地仗层，也无棉或者麻丝纤维物质加入（图 3–31）。

③ 颜料层

观音殿壁画同样以层次多变的青绿为主，间有红、白、黑以及多种混色。颜料层厚度因为色彩的不同也存在着细微的差别，如图所示（图 3–32）。

观音殿内壁画使用金的区域较少，多为人物发冠、项饰及耳饰等位置。由现场观察和实验室剖面观察结果可以得知，其使用了与大雄殿贴金不同的描金工艺，金层比大雄殿的更厚，约 0.05mm，表观上看金的颜色发黄、发白，且不发亮（图 3–33）。

（2）颜料成分分析

观音殿壁画制作材料分析过程与大雄殿相一致，现场采用高光谱分析仪对颜料进行初步判定，后选

图 3-34　白色颜料区域

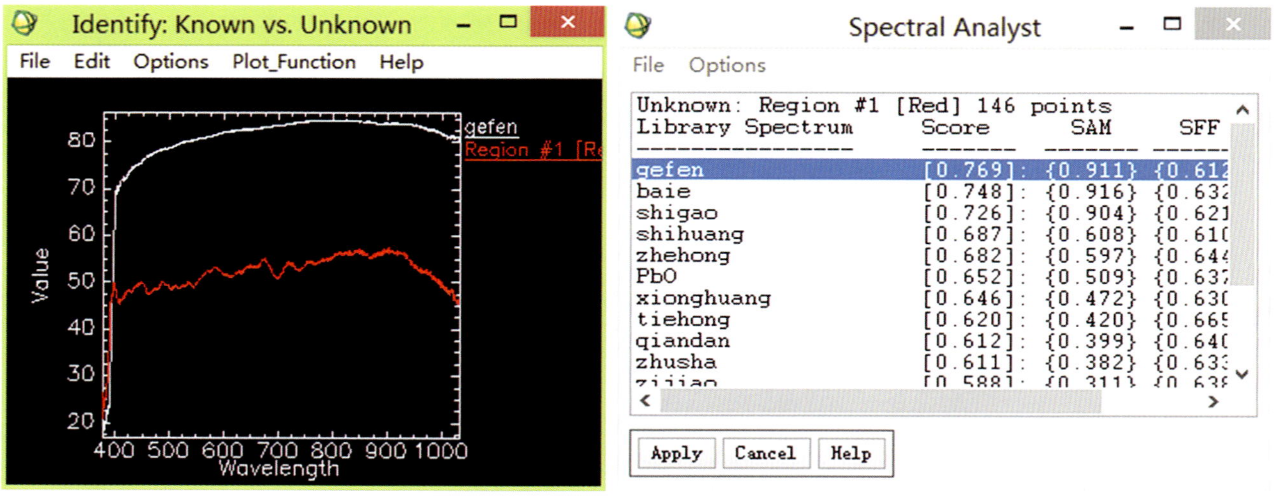

图 3-35　白色颜料光谱曲线对比与光谱分析得分

取微量存疑颜料进行实验室分析。这种方式有效减少了取样数量，尽最大可能保存壁画原貌并全面分析壁画工艺材料。

①现场成分检测

高光谱对白色、深红色、黄色进行现场分析。

白色颜料

壁画上白色颜料很少，多是花边和点缀。采集区域见图 3-34。

经过比较分析，白色颜料的物质最有可能是蛤粉（有部分区域颜料脱落，露出底层白色，对比发现，其物质是蛤粉的可能性较大，图 3-35）。

深红色颜料

观音殿壁画还有一片红色颜料与其他不同，采集区域见图 3-36。

图 3–36　深红色颜料区域

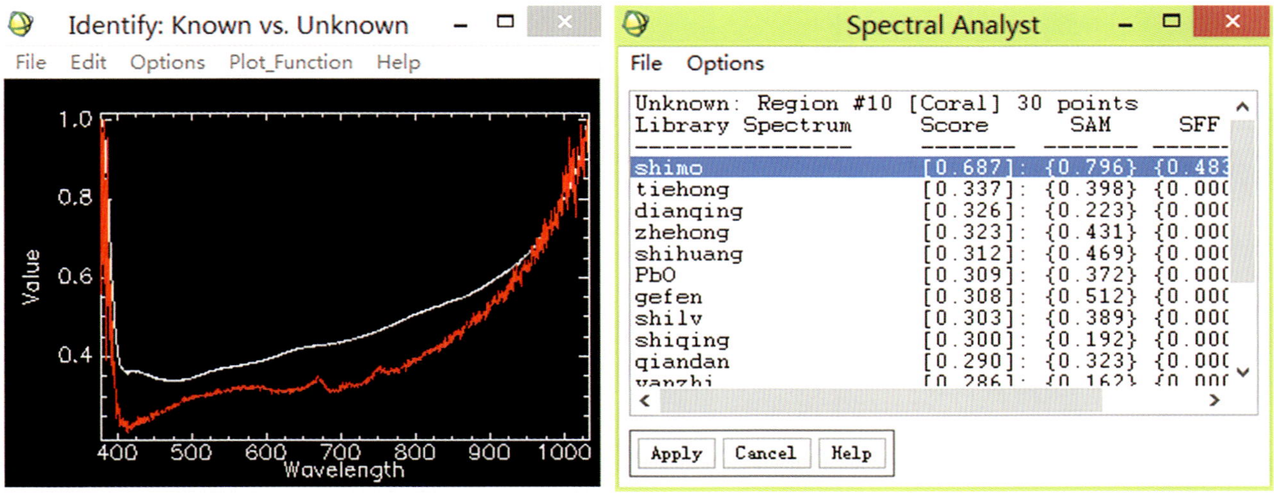

图 3–37　红色颜料光谱曲线对比与光谱分析得分

经过比较分析，数据库中与其匹配度最高的是石墨，但明显内含有红色颜料，测试区域为铁红成分可能性较大。该区域应为铁红掺杂石墨（图 3–37）。

黄色颜料

观音殿壁画的黄色区域大多也是贴金，只有很少黄色条纹，对此进行了颜料的高光谱数据分析，区域见图 3–38。

根据匹配结果可以看出，此处的黄色颜料高光谱曲线与样本库中石黄与铅黄大体一致，但样本从波长 600nm 以后波峰、波谷交替太过频繁，无明显波谱特征，故不能区分是石黄还是铅黄，需结合其他分析结果综合判断（图 3–39、3–40）。

② 实验室分析检测

针对观音殿壁画绘制特点，每种色彩和地仗层分别采集了样品，取样位置和分析方法见表 3–6。

图 3-38　黄色颜料区域

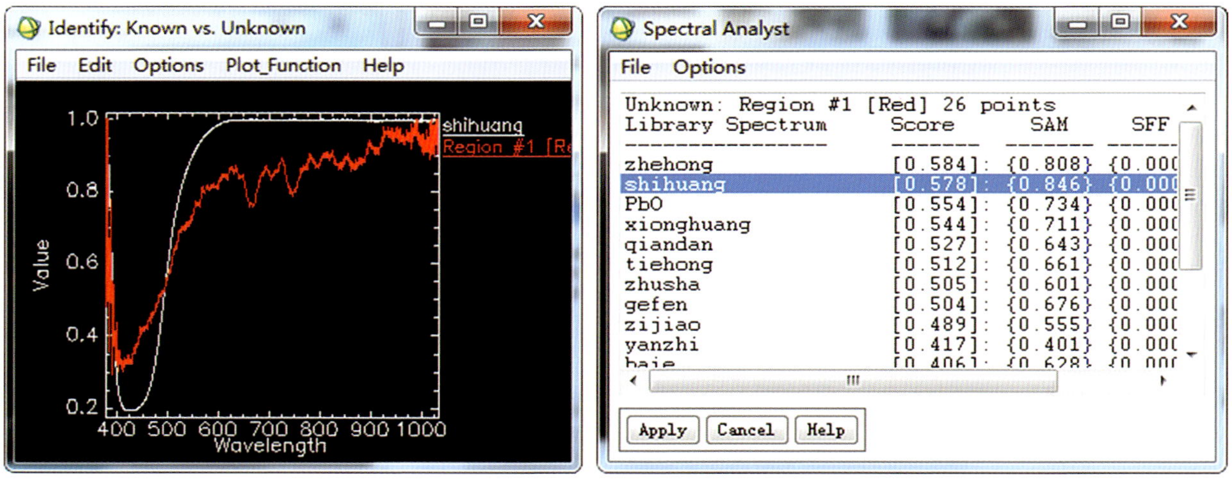

图 3-39　黄色颜料与石黄的光谱曲线对比与光谱分析得分

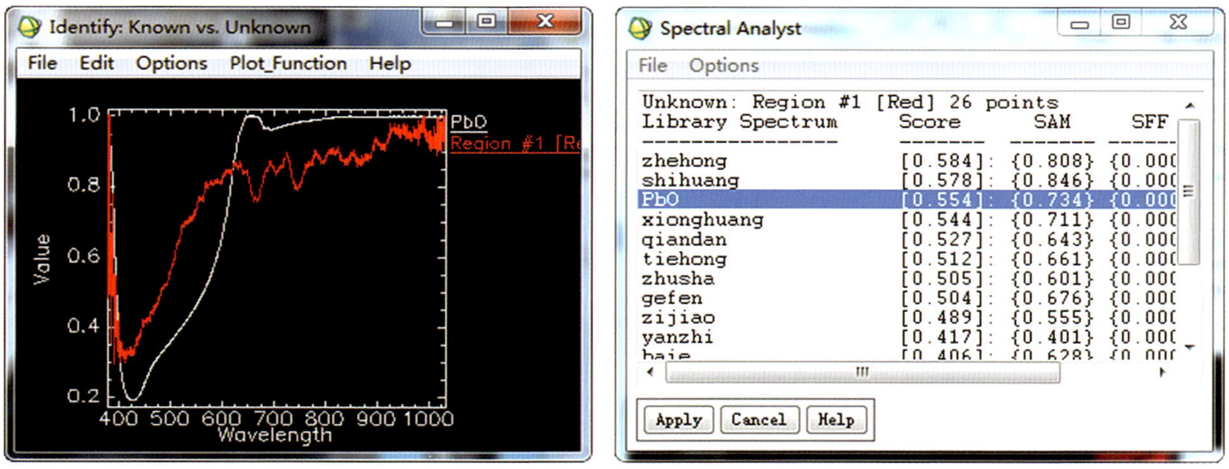

图 3-40　黄色颜料与铅黄的光谱曲线对比与光谱分析得分

表 3-6　　观音殿壁画颜料层采集样品信息表

样品编号	颜色	取样位置照片	位置索引	测试内容
G-green	绿色			EDXRF XRD RAM
G-red	红色	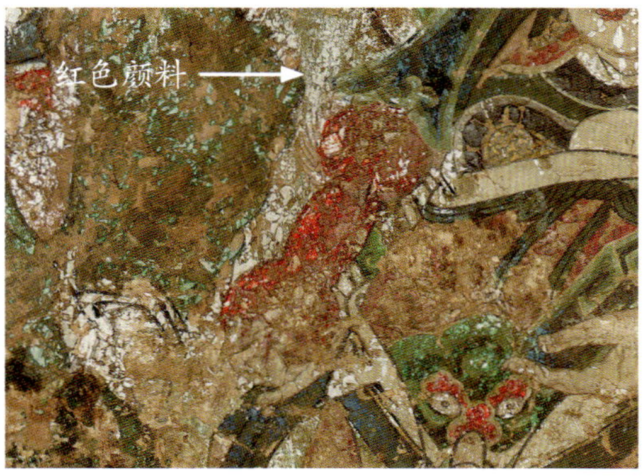		EDXRF XRD RAM
G-blue	蓝色			EDXRF XRD RAM
G-jin	金层	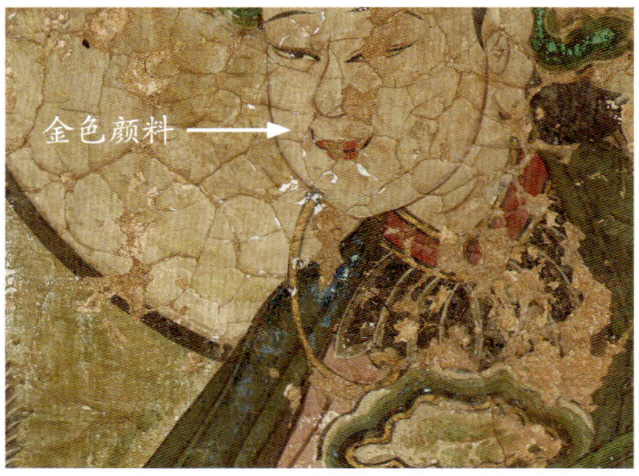		EDXRF

续表 3-6

样品编号	颜色	取样位置照片	位置索引	测试内容
G-white	白色			EDXRF XRD RAM
G-yellow	黄色			EDXRF XRD RAM
G-black	黑色	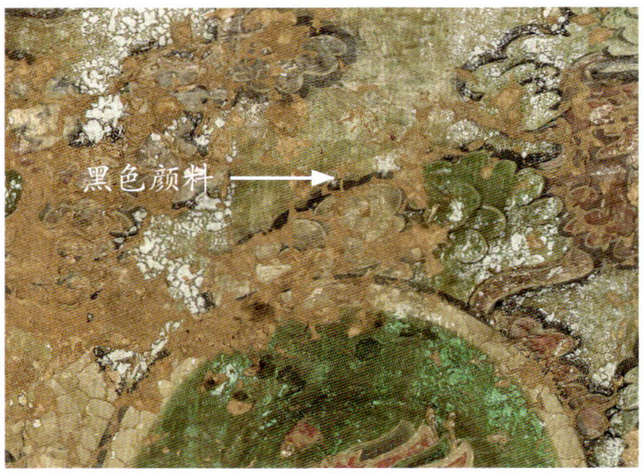		EDXRF RAM
G-baifen	白粉层			EDXRF XRD
G-xiubu	修补处	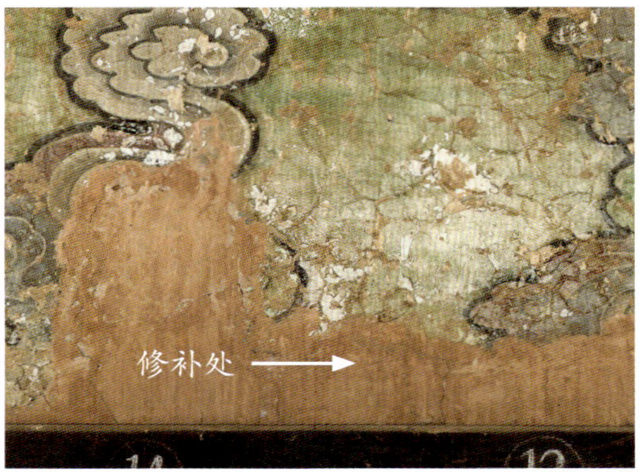		EDXRF XRD

对样品进行 X 射线荧光光谱分析检测，具体结果见表 3–7。

由结果可知，绿色颜料和蓝色颜料中铜（Cu）元素含量较高；红色颜料中汞（Hg）元素与铅（Pb）元素含量较高；白色颜料中铅（Pb）元素与钙（Ca）元素为主要元素；黄色颜料中铅（Pb）元素含量较高；粉层中含钙（Ca）元素与硫（S）元素成分较高；壁画上修补材料中钙（Ca）元素与硫（S）元素成分较高。

得知了样品的主要元素成分后，使用 X 射线衍射分析的方式对观音殿壁画样品进行测试，结果见表 3–8。

表 3–7　　观音殿壁画 EDXRF 分析结果（wt%）

样品编号	Ca	Si	Cu	Hg	S	Pb	Fe	K	P	Au	Mn	Zn	Ti
G–green	19.46	17.17	46.74	—	12.92	0.20	1.96	1.24	—	—	0.12	—	0.20
G–red	38.67	—	0.35	18.89	—	39.00	—	—	3.09	—	—	—	—
G–blue	11.74	24.91	47.91	—	10.10	1.27	0.98	0.49	—	—	—	2.61	—
G–jin	50.28	11.16	0.66	—	19.08	4.77	5.03	1.99	—	6.42	—	0.61	—
G–white	31.42	15.00	0.07	—	—	25.13	3.21	1.33	23.49	—	—	—	0.36
G–yellow	28.60	11.81	0.56	—	—	56.56	2.48	—	—	—	—	—	—
G–black	45.45	25.44	16.10	—	3.07	0.49	5.48	2.31	—	—	—	0.88	0.78
G–baifen	41.11	—	—	—	41.49	0.20	0.52	0.39	16.30	—	—	—	—
G–xiubu	32.16	9.26	—	—	32.74	—	4.07	1.68	19.64	—	0.07	—	0.39

—表示该样品中未检测出相应元素．

表 3–8　　观音殿壁画 XRD 分析结果

样品编号	颜色	分析结果
G–green	绿色	石绿 $Cu_2CO_3(OH)_2$、石膏（$CaSO_4 \cdot 2H_2O$）、硬石膏（$CaSO_4$）、石英（SiO_2）
G–red	红色	朱砂（HgS）、铅丹（Pb_3O_4）、石膏（$CaSO_4 \cdot 2H_2O$）、硬石膏（$CaSO_4$）
G–blue	蓝色	石青 $2CuCO_3 \cdot Cu(OH)_2$、石膏（$CaSO_4 \cdot 2H_2O$）、石英（SiO_2）、硬石膏（$CaSO_4$）
G–white	白色	石膏（$CaSO_4 \cdot 2H_2O$）、硬石膏（$CaSO_4$）、水白铅矿 $Pb_3(CO_2)_2(OH)_2$、白垩（$CaCO_3$）、石英（SiO_2）
G–yellow	黄色	水白铅矿 $Pb_3(CO_2)_2(OH)_2$
G–baifen	白粉层	石膏（$CaSO_4 \cdot 2H_2O$）、硬石膏（$CaSO_4$）
G–xiubu	修补材料	石膏（$CaSO_4 \cdot 2H_2O$）、石英（SiO_2）、硬石膏（$CaSO_4$）

在 XRD 检测的基础上，初步检测结果如下：观音殿绿色颜料样品为石绿；红色样品为朱砂与铅丹；蓝色样品为石青；白色样品为水白铅矿和白垩；黄色样品中检出水白铅矿，未检出黄色显色物质；白灰层主要为石膏制备；地仗中含有白垩、石英以及黏土矿物；壁画迁移后修补材料为石膏。颜料样品中统一检测出的石膏和硬石膏均由壁画白粉层带入。

进一步针对采集样品，使用激光拉曼光谱分析方式对各颜料进行分析检测，结果见表 3–9。

表 3–9　观音殿壁画拉曼分析结果

样品编号	颜色	分析结果
G–green	绿色	石绿 $Cu_2CO_3(OH)_2$
G–red	红色	朱砂（HgS）
G–blue	蓝色	石青 $2CuCO_3 \cdot Cu(OH)_2$
G–white	白色	硬石膏（$CaSO_4$）
G–yellow	黄色	硬石膏（$CaSO_4$）
G–black	黑色	炭黑（C）
G– xiubu	修补材料	石膏（$CaSO_4 \cdot 2H_2O$）、石英（SiO_2）、硬石膏（$CaSO_4$）

（3）小结

结合以上方法检测，结果确定绿色为石绿；红色为朱砂与铁红；蓝色为石青，混有少量石膏；白色为铅白；黄色为铅黄；白粉层主要为石膏和硬石膏；修补材料为石膏和沙子的混合物。

3.3 结论

宝梵寺大雄殿和观音殿的壁画在陈列方式上存在着差异，大雄殿属于原址、原风貌的保存，柱网结构建筑，编竹夹泥墙为支撑体；观音殿壁画则属于揭取迁移后类似于馆藏壁画的保存形式，处于可移动状态。地仗层均由红色粗泥层、白色细泥层或白粉层构成。红色粗泥层为白垩、石英、蒙脱石的混合性黏土。大雄殿白色细泥层为白垩和石英，并掺有棉、麻等植物纤维；观音殿白粉层则为石膏和熟石膏，存在差别。此外，壁画地仗层虽然都为添加麦秸秆的红色粗泥层 + 白色细泥层的形式，但是细泥层在薄厚上有很大的差别。

颜料层绘制时均以矿物质颜料为主，绿色为石绿，根据画面表达的需要，采用了头绿、二绿、三绿；蓝色为石青，显微观察和高光谱结果均表明，在调色过程中混合了白色或者黑色颜料，以表现浓淡和色彩层次；红色主要为朱砂，掺入了少量的铅丹，还有部分区域使用了铁红，存在混合配色；黑色主要为炭黑；白色为铅白的可能性较大；黄色同为铅黄的概率较大。颜料层本身的厚度则随壁画表现内容和颜料颗粒本身性质有差异性体现。此外，大雄殿和观音殿都用到了金装饰画面的工艺，但制作工艺不同，大雄殿采用贴金箔工艺，观音殿则采取了描金泥手法，画面显现完全不同的表现效果。

3.4 色彩信息记录

宝梵寺壁画色彩信息丰富，不仅有高纯度的蓝、绿、红、黑等色彩的应用，同时也存在很多混合色，如浅红、肉色、灰色等等。自其形成之后，历经了多年内外环境的变迁，色彩已发生了变化，且这一变化将持续发生。此次勘测中使用分光光度计，测量壁画现状在标准光源下的Lab色彩信息和光谱数据特性，真实客观记录色彩信息。

由于分光光度计获得的被测对象的反射光谱数据反映了材料本身的光谱特性，每种颜料的光谱数据都具有唯一性和客观性，排除了环境光干扰。通过光谱数据的变化，能够监测到肉眼无法分辨的色彩变化。在长期的养护、监测过程中，周期性对壁画色彩信息进行检测，结合壁画保存环境中光照、温度、湿度、氧化性气体等监测记录结果，了解这些因素对壁画色彩的影响，可以实现通过控制壁画保存环境而非干预壁画本体的方式，有针对性的及时做好壁画的预防性保护。同时，还可以为壁画虚拟修复提供色彩数值的参考依据。

本次采集壁画色彩信息百余处，按照颜色分类制作了色彩信息记录表，可作为日后壁画长期养护、监测的基础数据。

第四章
壁画病害调查

宝梵寺壁画依存于建筑，作为一种不可移动文化遗产资源，属于多材质复合型文物类别。赋存环境中气候、地质、水文条件的变化，都会引起壁画所依附的建筑及其本身制作材质发生不可逆变化，影响壁画长久健康保存。

此次勘察测绘记录工作中，除了采用摄影、现场测量、观察等传统调查方法外，还通过高清摄影过程中光影的变化、高光谱扫描、高精度三维扫描等手段，尝试从多个角度实现壁画病害量测，将壁画病害识别和量测工作由室内壁画延展到建筑整体。依托准确的勘测数据进行分析，对病害发展趋势做出科学的判断识别，减少传统调查方式因人员认知不同造成的对象解读差异，摆脱因客观条件制约无法实现全面细致调查，而对客体造成经验性预估和猜测。从壁画依附的建筑乃至所在地区的环境特点着眼，从根本上理解壁画病害产生的原因，为给出针对性的保护建议提供支持。

本次调查工作，详细勘察了蓬溪宝梵寺壁画保存情况，在此基础上参照《古代壁画现状调查规范》（WW/T 0006-2007）、《古代壁画病害与图示》（GB/T 30237-2013）详细绘制所有壁画病害分布图。以下将逐步分析其病害类型、形成原因，统计病害类型及面积，归纳总结保护建议。

4.1 壁画载体病害分析

宝梵寺大雄殿壁画出现大量结构性裂隙、空鼓、壁画整体形变，这类病害多由所在建筑基础沉降、柱网的歪闪及墙体糟朽引起，此次通过三维扫描点云数据对大雄殿建筑进行了精确测量和比较研究，对大雄殿壁画载体的现存状况进行了量化分析。

4.1.1 基础沉降

从三维扫描数据中获取大雄殿立柱的柱底柱顶相对高程（以大雄殿最高的 E4 立柱柱础高程为高程正负零点），如图 4-1 所示。可以看出大雄殿柱础高程呈现出前檐东高西低、后檐相对均匀下沉的状态，

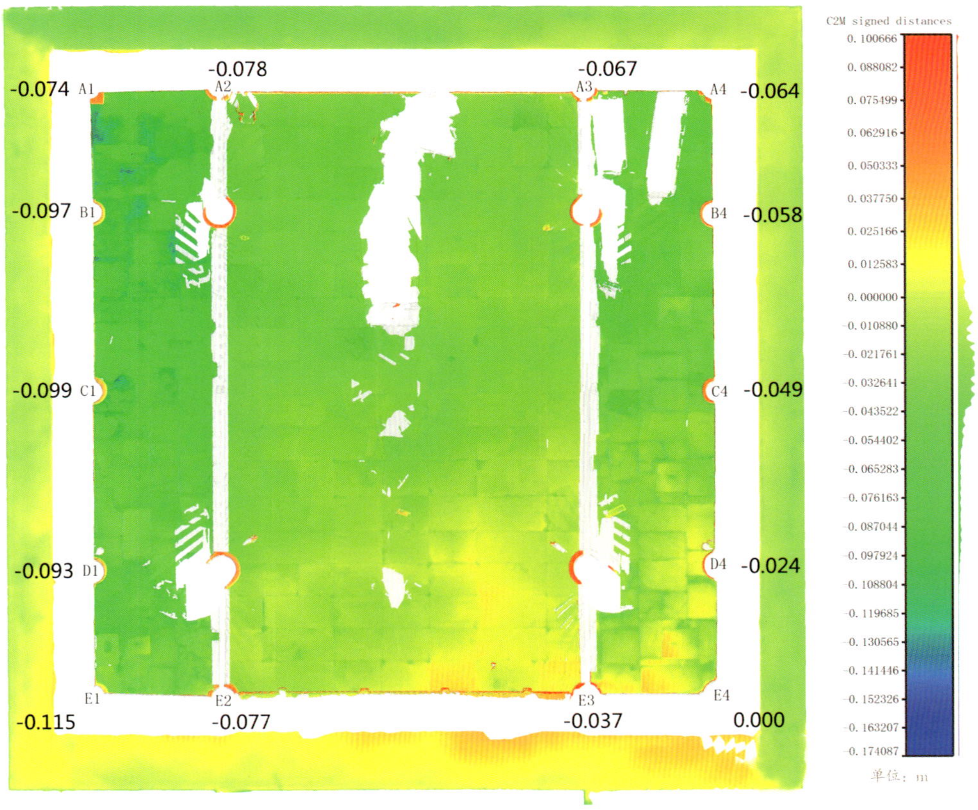

图 4-1　大雄殿立柱柱础高程图

表 4-1　　大雄殿立柱高程统计表　　单位：m

	西侧				东侧			
	编号	柱底高程	柱顶高程	柱高	编号	柱底高程	柱顶高程	柱高
从南至北	E2	−0.077	4.018	4.095	E3	−0.037	4.055	4.092
	E1	−0.115	3.974	4.089	E4	−0.000	4.112	4.112
	D1	−0.093	4.008	4.101	D4	−0.027	4.076	4.103
	C1	−0.099	4.002	4.101	C4	−0.049	4.045	4.094
	B1	−0.097	4.014	4.111	B4	−0.058	4.046	4.104
	A1	−0.074	4.026	4.100	A4	−0.064	4.024	4.088
	A2	−0.078	4.013	4.091	A3	−0.067	4.032	4.099

图 4-2　大雄殿柱底与柱顶高程图

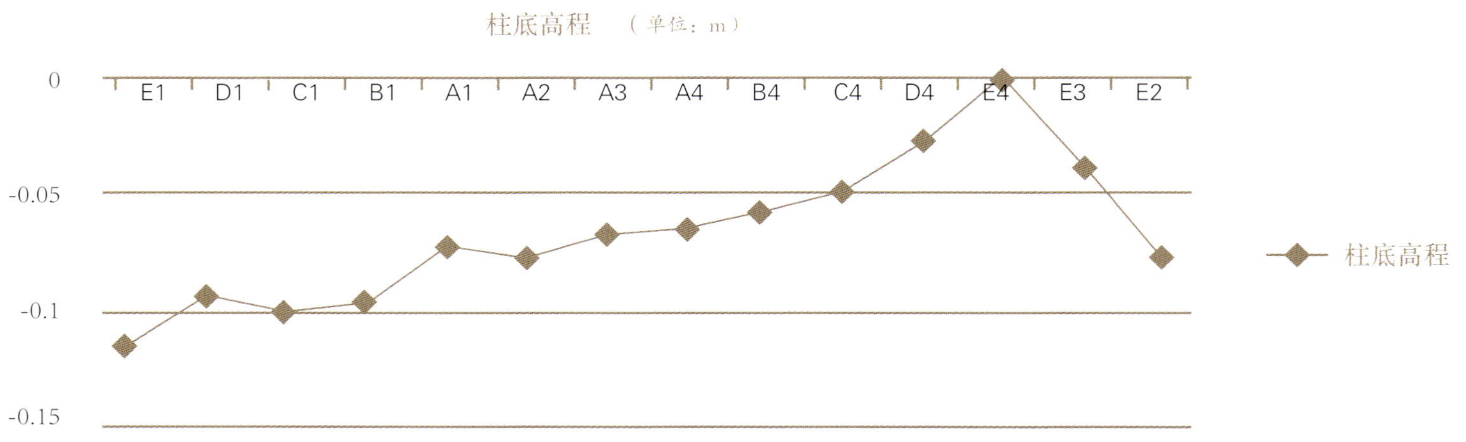

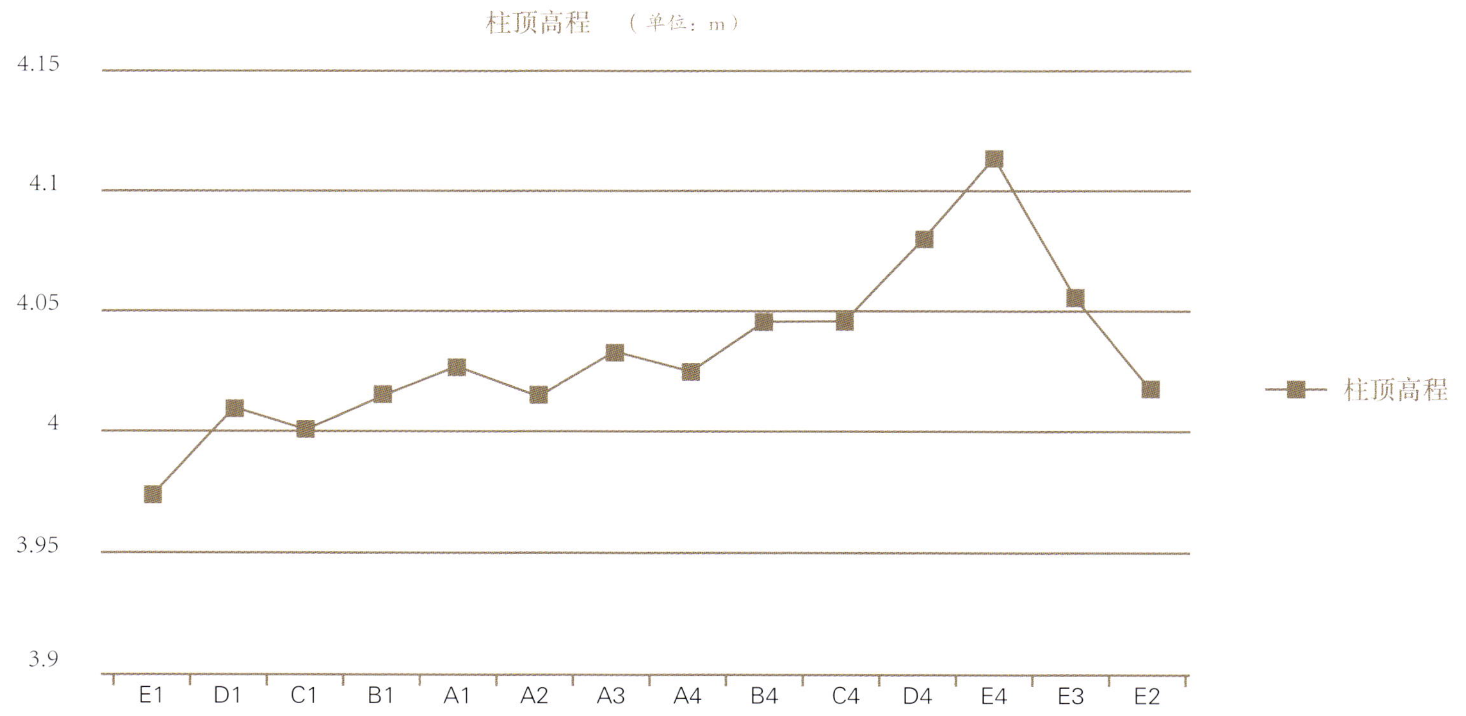

而整体地面则呈现出南高北低的状态。

由表 4-1 及图 4-2 可以看出，大雄殿立柱柱础最高的为东南角柱 E4，柱础最低的为西南角柱 E1，柱础高程相差 0.115m，东侧立柱柱底高程整体高于大殿西侧立柱柱底高程，基础呈现出东高西低的趋势。

根据图 4-2 从各立柱柱底和柱顶的高程变化趋势来看，柱顶高程基本是随着柱底高程变化而变化，且大殿立柱柱高均匀，均值为 4.10m，各柱高为 4.10±0.02m。

由此可以判断大雄殿基础西南角存在沉降，导致柱网局部出现歪闪和柱间墙体的裂隙、鼓闪等病害。

4.1.2 柱网闪歪

在大雄殿整体三维点云数据上做柱顶柱底点云切片，可直观地看出大雄殿每一根柱子柱顶柱底中心偏移的情况（图 4-3）。

第一， 大雄殿内每一根柱子，在设计上都存在侧脚。侧脚的方式为前檐立柱向北倾斜，后檐立柱向南倾斜，两山立柱向中心倾斜。

第二， 在面阔方向和进深方向上，柱底柱顶中心偏移值最大的是 E2，偏移值 180mm；其余立柱柱底柱顶中心偏移值大于 100mm 的有 A2（150mm）、D4（143mm）、D3（132mm）、E4（139mm）、E3（104mm）。除 A2 外，其余五根均位于大殿前檐。在单一方向（面阔方向和进深方向）柱底柱顶中心偏移量较小的主要集中在大殿西侧与后檐的立柱，偏移值不超过 50mm。

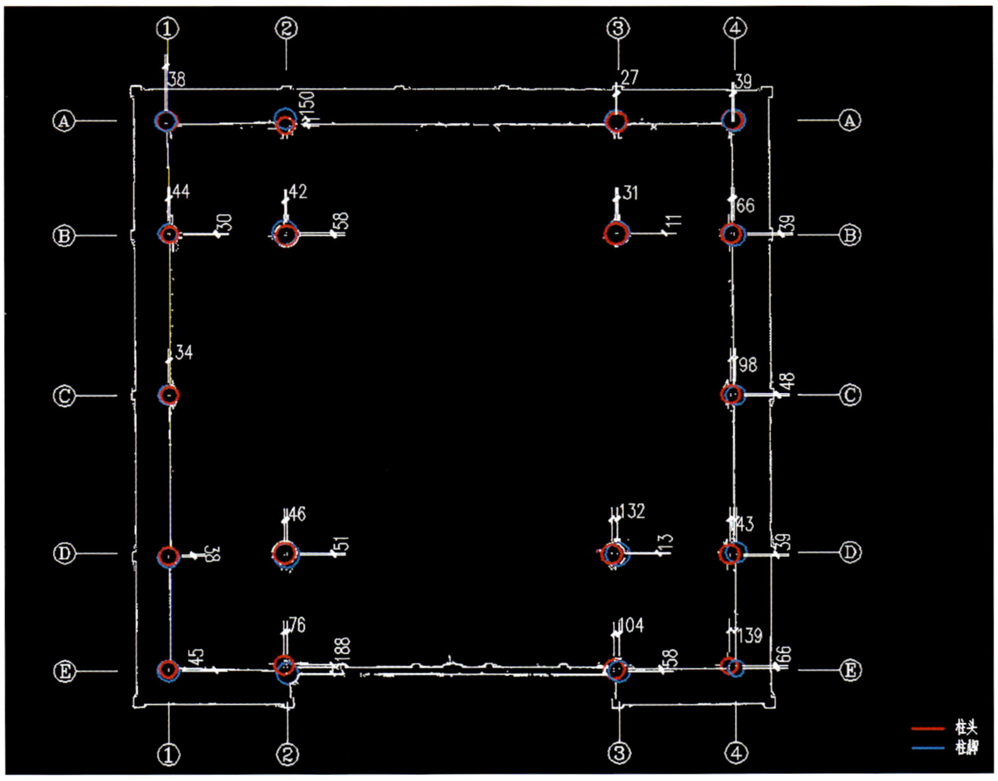

图 4-3 大雄殿柱网柱顶柱底中心偏移实测图（单位：mm）

通过对以上实测数据的分析，可以得出以下结论：

① 大雄殿前檐柱子向西歪闪

宝梵寺大雄殿在设计规制上可能不十分严格，很多地方有所变通，且历经数百年，建筑结构上也会有相应的变化，再排除构件加工的误差和测量误差，仍可以从偏移的方向和数值上判断出前檐柱子有向西歪闪趋势（图 4–4）。同时大雄殿前檐西南角柱础高程低于其他区域的现状，更为此结论提供了佐证。

前檐柱子（D 行、E 行）向西倾斜严重，这种倾斜导致东山立柱柱头向西歪闪程度加大，而西山立柱柱头原本向东的倾斜角度（侧脚）基本被拨正。这个趋势在 D 行柱子立面图上更为明显（图 4–5）。

以歪闪程度较大的立柱 D4 为例，由该柱柱顶中心和柱底中心偏移数值可得出柱顶歪闪的角度约为 2.09°（图 4–6）。

由于 D3 和 D4 柱头统一向西走闪，图 4–7 中，与东侧立柱 D4 相连的壁画 A10 和 A11 上部表面出现向西鼓闪的趋势，经现场病害调查，此处壁画并未产生地仗层空鼓，可以判断由于立柱 D4 柱头向西倾斜，导致壁画 A10 和 A11 所在支撑墙体的上部向西鼓闪，进而与立柱相接的部分出现裂隙（图 4–8）。由此，也可判断此处裂隙，不仅存在于壁画表面，亦存在于壁画后的支撑体层。

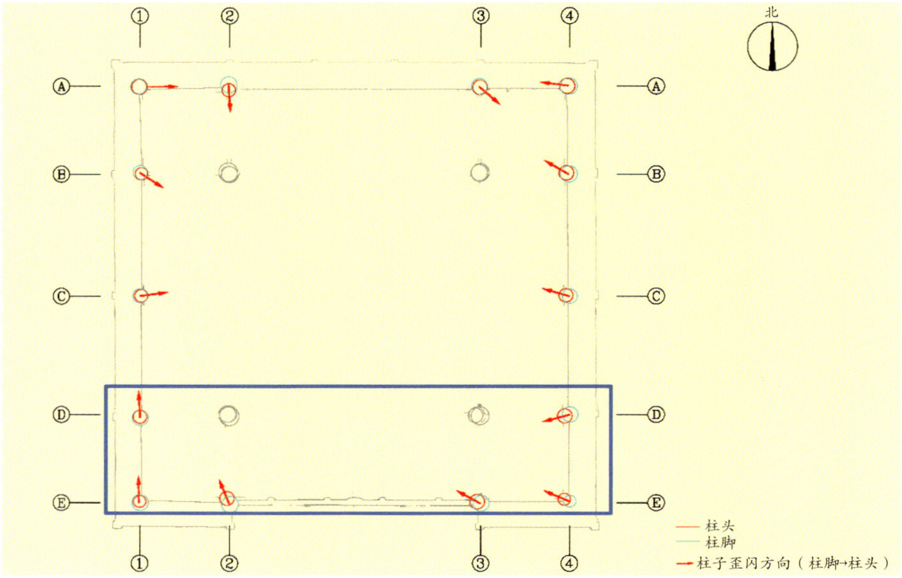

图 4–4 大雄殿柱网歪闪趋势图（基于三维扫描点云数据）

图 4-5　大雄殿 D 行柱子歪闪情况分析图（基于三维扫描点云数据）

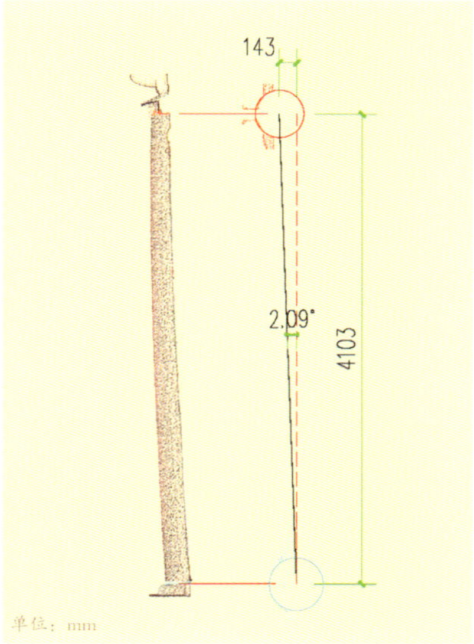

图 4-6　大雄殿立柱 D4 歪闪角度分析

图 4-7　大雄殿东侧支撑墙体鼓闪情况分析图（基于三维扫描点云数据）

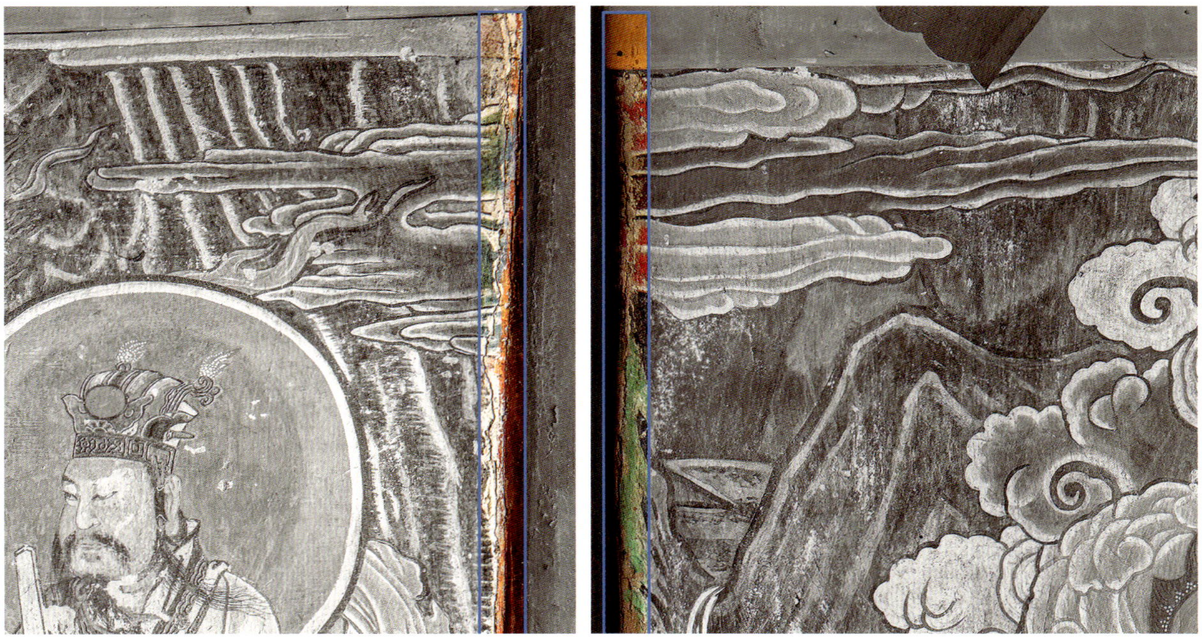

图 4-8　大雄殿东侧壁画 A10 与 A11 裂隙（基于侧射光照片）

② 大雄殿明间西侧立柱（第 2 列）向中间歪闪严重

从图 4-9 可以明显看出，北檐立柱 A2 和南檐立柱 E2 的柱底中心分别向外偏移，而柱头中心却分别向内歪闪 150mm 和 188mm。

通过图 4-10 可以发现，与立柱 A2 相连的壁画 A06 上部出现向南鼓闪的趋势。经现场病害调查，此处壁画并未产生地仗层空鼓，可以判断是由于立柱走闪而引起壁画支撑墙体局部的向南鼓闪。而通过图 4-11 可以发现，由于 E2 向北向西倾斜程度很大，支撑墙体 A01 不仅从 E2 柱顶处向外鼓闪，而且还在墙体底部形成一处明显的鼓闪区域。

4.1.3 裂隙、空鼓病害

经现场查看，所有壁画均有明显的横向大裂隙，通过支撑墙体三维扫描数据与壁画表面残损进行比对，发现东侧和西侧的贯通裂隙基本位于墙体同一高程位置上，即横梁下方位置附近。而从实际情况上看，多数横梁与墙体在横梁下方有不同程度剥离。通过三维扫描数据生成的墙体模型（图 4-12），可以发现所有壁画的横向大裂隙（图 4-13、4-14），高度在距殿内地面 2.8 米附近处。通过墙体三维模型与壁画正射影像图比对，可以发现壁画表面的横向贯通裂隙与墙体木构架之间的位置存在对应关系。

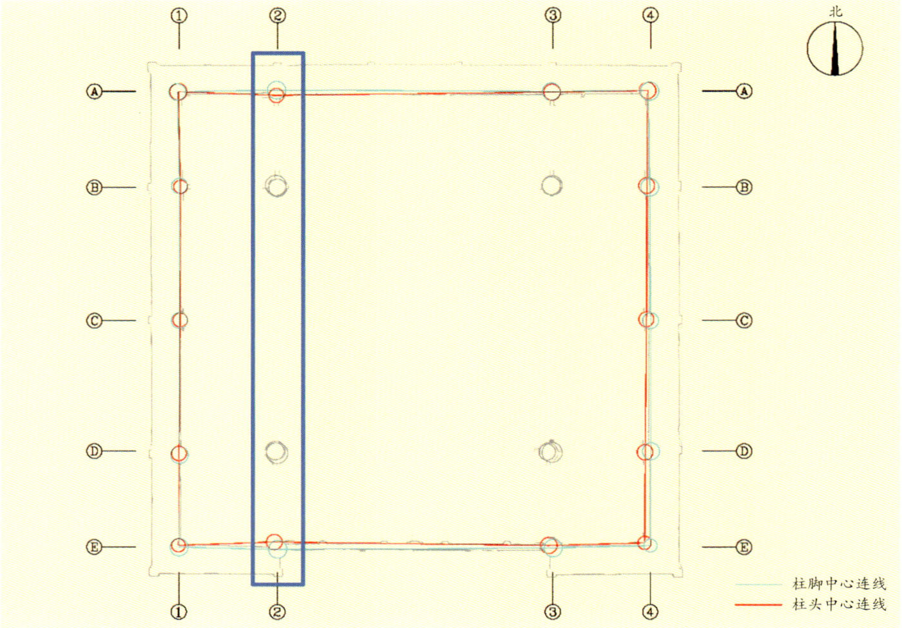

图 4-9　大雄殿立柱走闪示意图

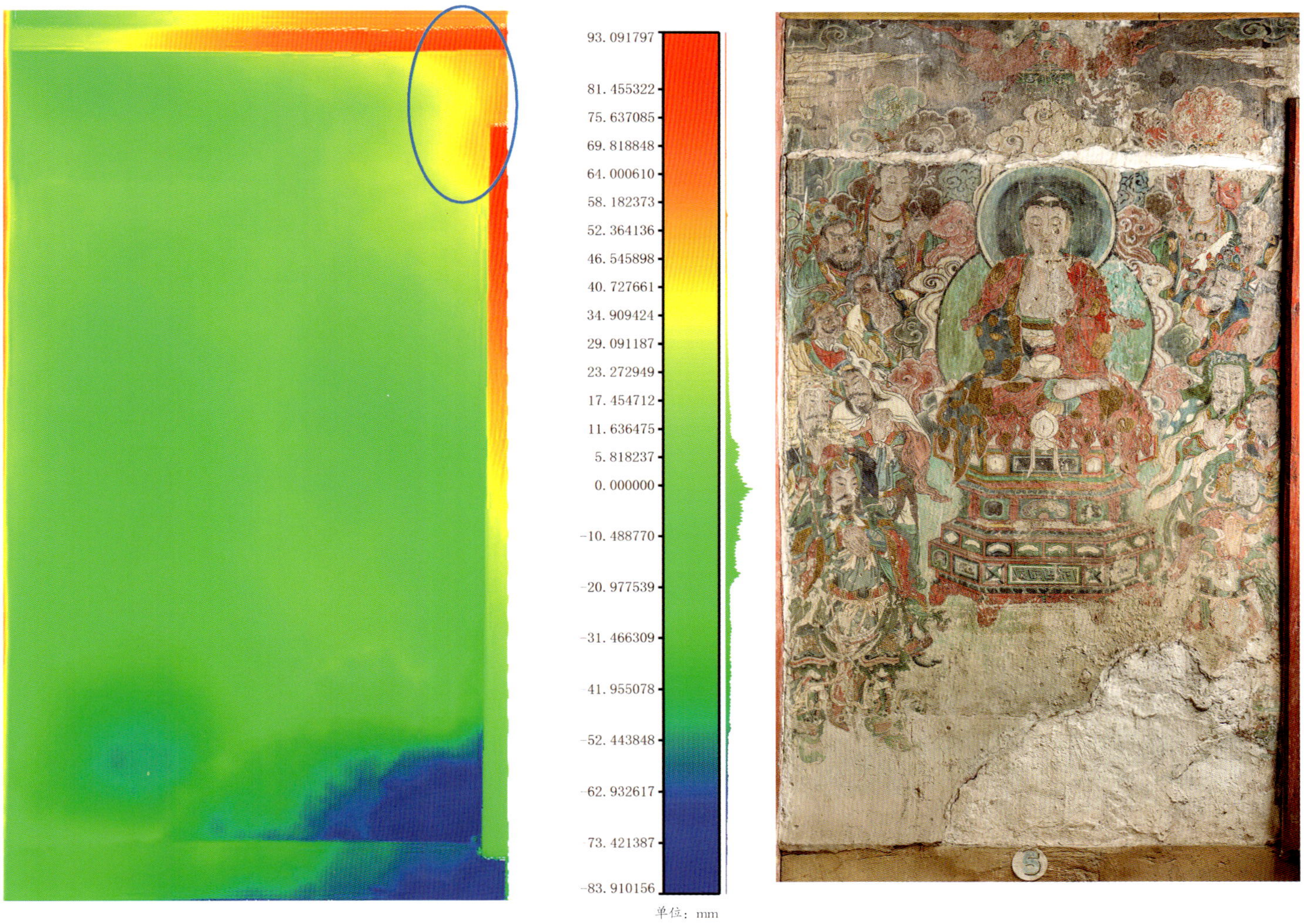

图 4-10　大雄殿壁画 A06 支撑墙体鼓闪情况分析图

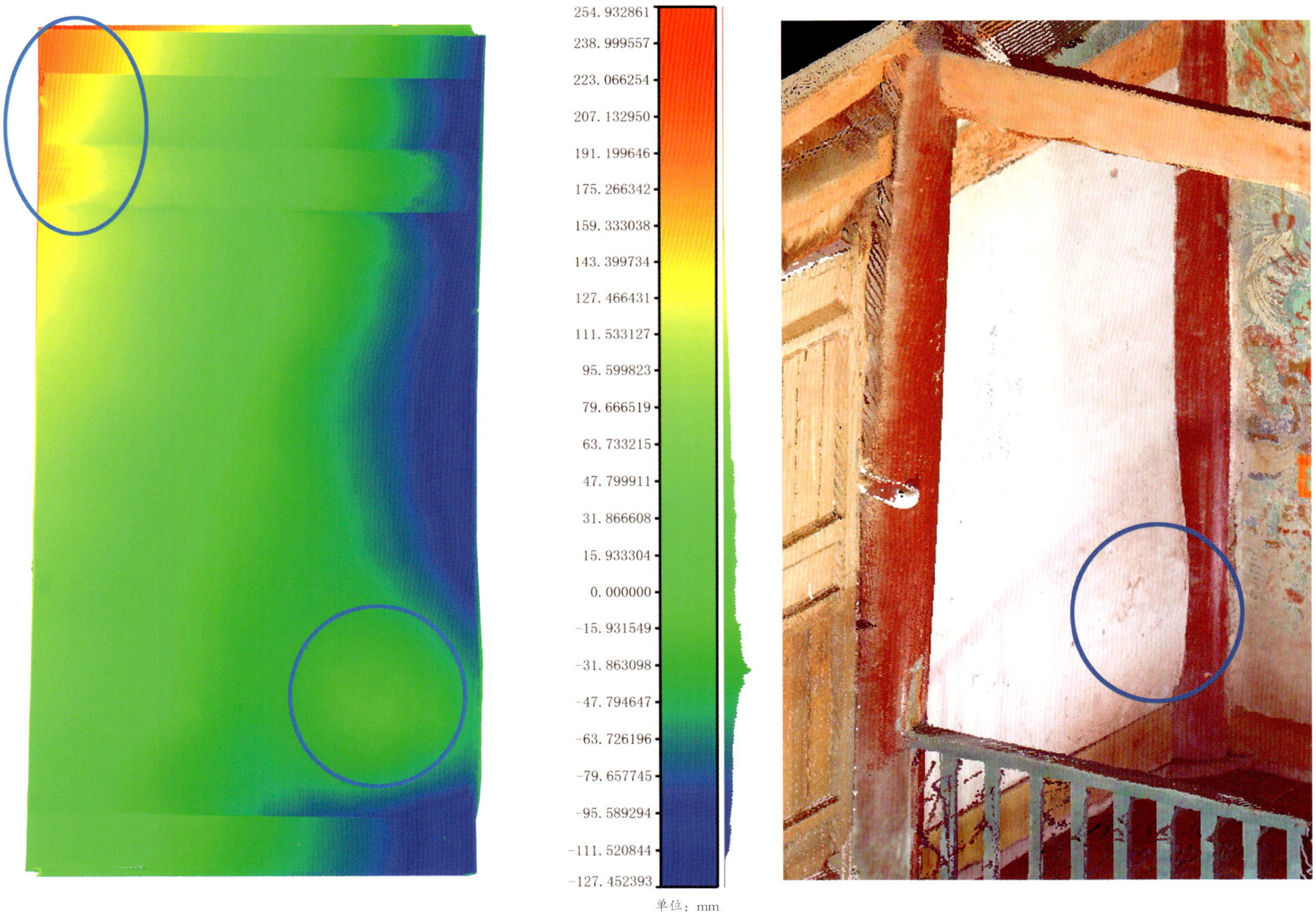

图 4-11　大雄殿壁画 A01 支撑墙体鼓闪情况分析图

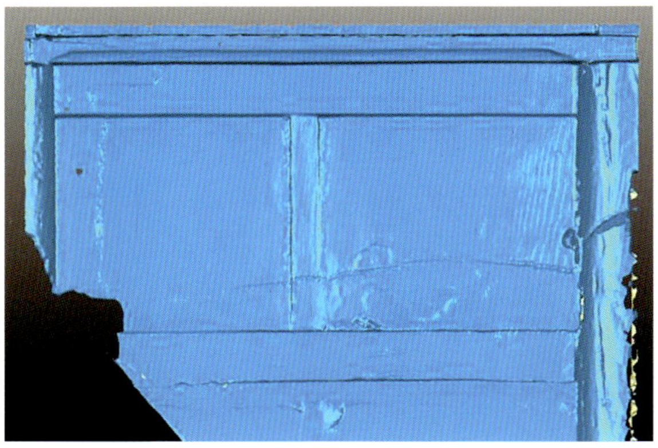

图 4-12　大雄殿壁画 A08 与 A02 编竹夹泥墙外侧木结构模型

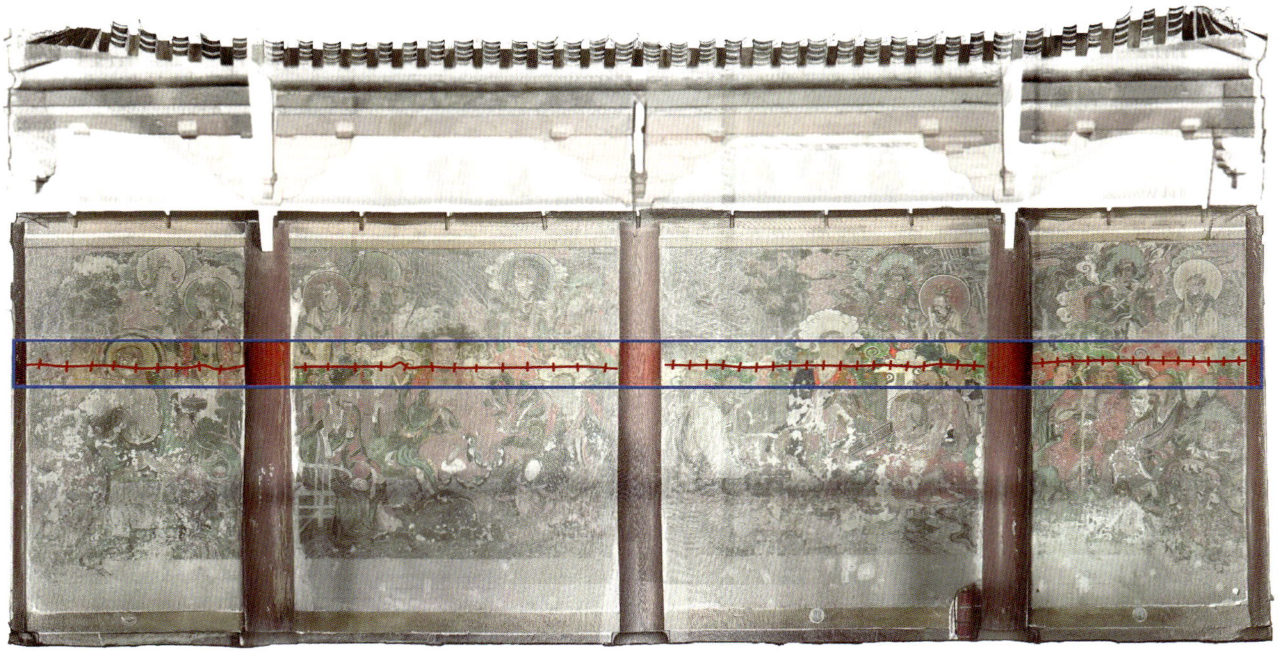

图 4-13　东侧支撑墙体贯穿大裂缝

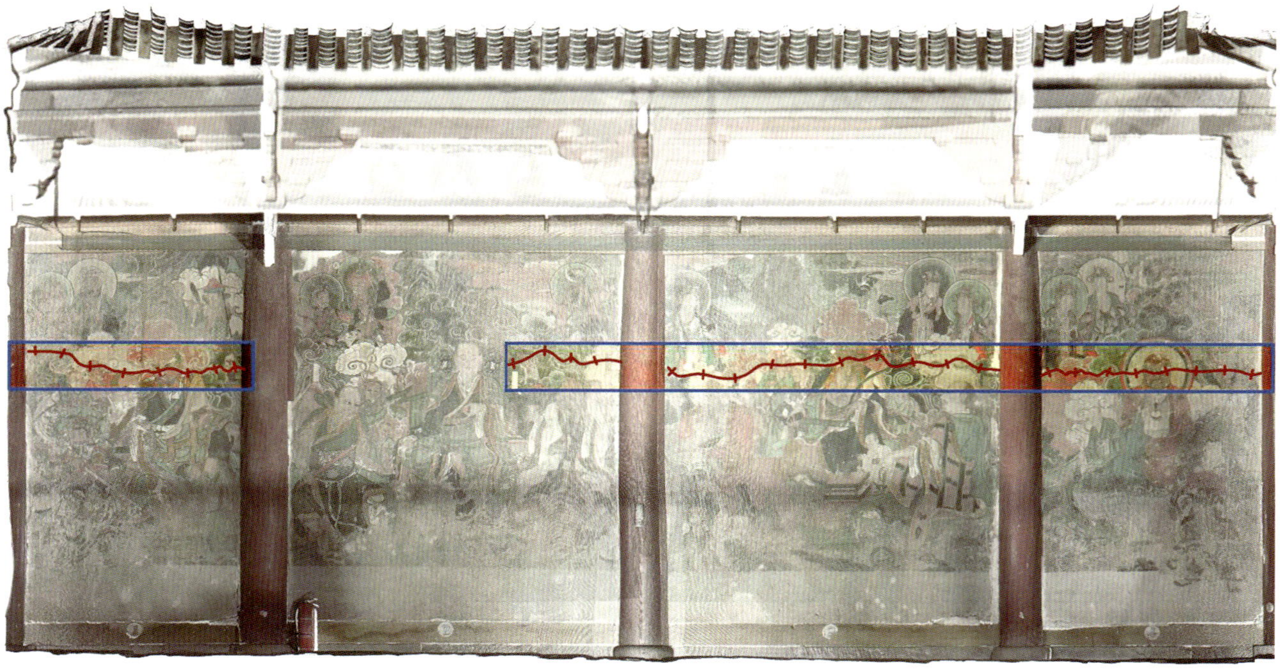

图 4-14　西侧支撑墙体贯穿大裂缝

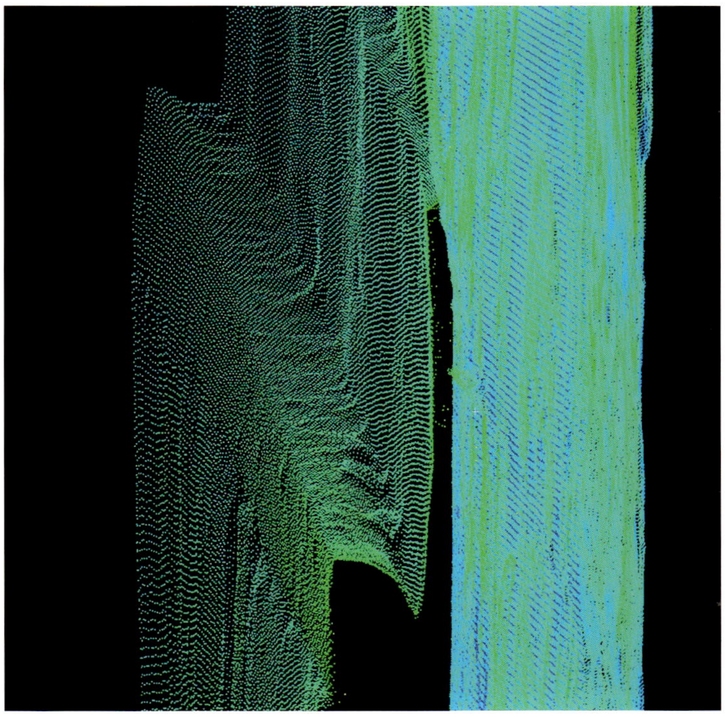

图 4-15　横梁与墙体开裂处和对应位置点云图

图 4-16　西侧 A02 通裂缝位置与横梁关系

图 4-17　东侧 A08 通裂缝位置与横梁关系

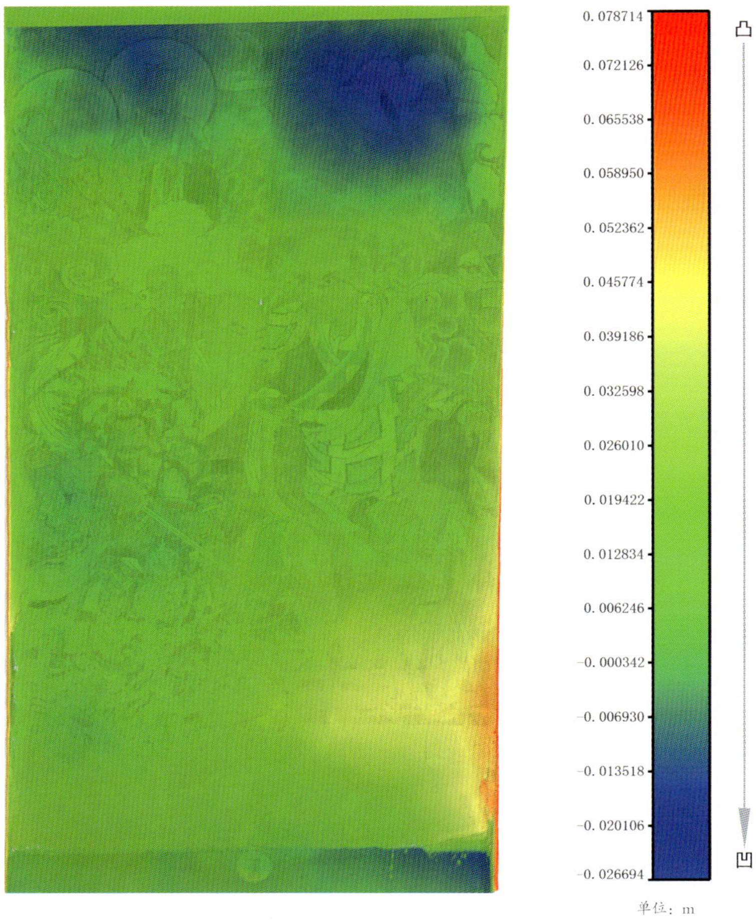

图 4-18 大雄殿壁画 A02 墙体外侧裂隙与壁画表面关系图

通过以上对实测数据的分析，可以得出以下结论。

第一，由于竹编夹泥墙本身承重能力较小、柔韧性较大，且泥质地仗、竹篾、木构架之间物理、化学性能均存在很大差异，热胀冷缩或者震动发生的时候，易造成木构架与编竹墙分离，如图 4-15 至图 4-17 所示；东侧与西侧壁画支撑墙体与木梁在横梁下皮处开裂分离，造成东西侧壁画在相应位置出现横向贯通裂隙。

第二，通过壁画 A02 支撑墙体外侧的裂隙位置与内侧壁画表面鼓闪位置对比（图 4-18），可发现壁画表面外凸的位置位于墙体裂隙上方，推测是由竹编墙局部形变引起墙体外侧开裂导致，如不及时进行修缮，任其发展极有可能引起壁画表面产生更严重裂隙病害。

4.1.4 小结

通过三维激光扫描数据成果，可以发现宝梵寺壁画所在大雄殿，在建筑结构上存在以下影响壁画安全的问题。

第一，建筑基础西南角下沉，导致前檐柱网向西歪闪严重，进一步影响到与立柱相连的壁画支撑墙体出现鼓闪，壁画表面出现裂隙、鼓闪。

第二，壁画支撑墙体与木梁在横梁下皮处开裂、分离，是导致壁画表面产生横向贯通裂隙的重要原因。

4.2 壁画本体病害分析

4.2.1 病害类型

（1）大雄殿壁画病害类型

支撑墙体病害：壁画变形、横向贯穿大裂隙、错位、墙柱虫蛀糟朽。

地仗层病害：酥碱、地仗层脱落、裂隙、空鼓。

颜料层病害：龟裂，起甲，盐霜，颜料层脱落，动物损害，人为破坏（磕碰凹陷、划痕、纸张覆盖、油漆污染），水渍，泥渍。

（2）观音殿壁画病害类型

起甲、龟裂、颜料脱落、裂隙、历史修补、地仗脱落、划痕等。

4.2.2 病害致因分析

（1）病害致因总述

壁画病害的致因可简单分为外因和内因两大方面，外因包括了壁画保存环境中地质运动、水文环境、气候因素、人文环境等，内因则包括了壁画的制作工艺和材料。现实环境中往往是内外因相互影响，导致了壁画病害的发生。

依托本次数字化勘察测绘成果，结合实验和数据分析，将影响宝梵寺内壁画保存并引发病害的主要外因归纳为以下几个方面。

① 自然灾害

剧烈自然灾害可以给壁画带来致命的影响，四川频发的地震是影响壁画稳定性的关键。壁画所处空间的结构性病害，如基础沉降、柱网变形、壁画地仗层与墙体剥离、大面积空鼓、结构稳定性下降都与此类因素有关。

② 环境影响

环境的影响是宝梵寺壁画病害出现的主要原因之一。

A. 水的影响

由寺庙内初步勘察情况可知，壁画中水分来源有以下几种情况：房檐处漏水或渗水；地面潮湿水分通过毛细现象由地下上升至墙体中；大气中湿热气体在壁画表面冷凝。

大雄殿外部支护墙较厚，只有上部呈敞开通风形式，下部封闭，造成壁画原支撑墙体下部空气流通不畅，壁画支撑墙体下部水分积聚（图 4-19）。

图 4-19　大雄殿外部支撑墙体下部水渍

图 4-20　壁画墙柱虫蛀糟朽

水对壁画的影响主要包括水流冲刷造成壁画表面颜料层乃至地仗层的区域性剥落，产生泥渍；水汽携带盐分运移造成壁画地仗层酥碱和表面盐霜的形成，同时空气中水汽与空气污染物生成酸性物质，会侵袭和削弱壁画颜料层胶液和地仗层强度；壁画各结构层材料湿胀干缩性质差异，形成各层材料之间的不同步变化，出现空鼓、裂隙、龟裂、起甲等病害。

B. 温度

由于温度的变化引发壁画本体热胀冷缩。壁画支撑体包括有竹材、木梁和泥层，材质随温度变化胀缩系数差异很大。随时间推移累积，导致泥质地仗与竹材、木梁之间逐渐剥离，地仗层缺少支撑作用而变形。

C. 光照

自然光中的紫外与红外光会造成颜料褪变，加速颜料中有机物老化分解。大雄殿东、西两壁南侧部分壁画紧靠大门，受阳光直射时间较长，壁画色彩鲜艳程度明显不如北侧不受阳光直射画面。

D. 大气污染

大气中的二氧化碳、二氧化硫等污染物同样对壁画有较大影响，四川地区空气湿度较高，水汽和此类污染物所生成的酸将侵袭和削弱地仗，所生成的可溶性盐可贯穿地仗，沉积于内，造成壁画和地仗的分解。

③ 动物破坏

由于寺庙内存在动物、昆虫活动，在壁画表面可以清晰地看到大量鸟类粪便、虫洞。这些病害严重影响了壁画的观瞻性，增加了表面清理的难度。

④ 人为损坏

大雄殿曾作为学校、粮库等公共场所，由于有意或者无意的人员活动造成了画面的损伤，勘察明显可见大量划痕、撞击凹陷、贴纸，粉刷殿内木质梁架滴落到画面的油漆、涂料等等。壁画地仗缺失处修补的白灰，一定程度上解决了壁画构造稳定性的问题，但由于与原壁画地仗理化性能的差异，修补边缘再次出现了裂隙、剥离问题。

（2）大雄殿壁画病害分析

① 支撑体墙体病害

A. 壁画错位变形、贯通性裂隙

该病害及其成因已在本报告 4.1 部分进行过分析，不再赘述。

B. 墙柱虫蛀糟朽

壁画支撑柱网存在严重的虫蛀糟朽，壁画的支撑体稳定性存在隐患（图 4–20）。

② 地仗层病害

A. 地仗层脱落

致因：受到房屋漏雨和建筑变形的影响，壁画土质地仗层和木梁结构之间存在物理性能差异，黏附性较差，出现地仗层较大区域脱落。此类病害多集中在壁画 1.5m 以上范围内（图 4–21）。

由于大雄殿曾作为教室和公共场所，人员在活动过程中有意或者无意的磕碰造成壁画地仗层的缺失凹陷，多集中在壁画下部（图 4–22）。

图 4-21　地仗层自然脱落

图 4-22　地仗层磕碰脱落

图 4-23　壁画酥碱

图 4-24　地仗白灰修补

B. 地仗酥碱

经现场查看，壁画在多个区域存在酥碱的现象，多集中在壁画上部横向贯穿裂隙上下边缘以及 A06 壁画右下角（图 4-23）。

致因：酥碱病害与壁画地仗层中可溶盐和水的活动密不可分，裂隙处酥碱病害发生得较多。此处壁画支撑体为木梁，极容易发生水分的迁移变化，且由于墙壁大规模裂隙的产生，水分在此处的交换变化比完好区域的更频繁，地仗层内湿度的高频变化，极易引起地仗层黏土中携带盐分的聚集以及反复结晶、溶解，进而发生酥碱病害。

C. 历史修复

致因：大雄殿壁画一直受到当地相关部门的重视和关注，故在建筑变形产生边缘地仗脱落、贯穿大裂隙地仗脱落以及酥碱病害地仗脱落之后，当地保管部门采取了相应的修补措施，用白灰修补，起到了稳定壁画结构的作用。然而白灰修补一方面与原壁画存在较大色彩差异，影响壁画整体的协调性；另一方面新补白灰层强度较原壁画地仗层大，透水、透气性较原壁画地仗差，修补处和原壁画地仗衔接处出现了新的应力裂隙，扩大了原壁画损伤面积，且水汽相对多的集中在接缝处，造成该区域产生地仗酥碱病害的面积和概率变大（图 4-24）。

③ 颜料层病害

A. 颜料层脱落

颜料层脱落属于大雄殿壁画存在的主要病害，脱落区域多集中在壁画 1.2m 以下的范围内，多呈片状大面积脱落（图 4-25）。

致因：可分为自然和人为两大方面，上部颜料层脱落多由建筑漏雨流水冲刷所致，下部颜料层脱落病害多因人员活动造成。此外，由于壁画绘制颜料层中胶液的老化，颜料本身颗粒大小和厚度的差异，加上环境温、湿度的作用，部分壁画颜料层先是起甲，紧接着就出现了片状脱落现象。

B. 起甲

除颜料层脱落之外，壁画起甲也属于大雄殿壁画的主要病害之一。该病害在人物肉色和灰褐色等偏暖色区域相对较集中，蓝、绿色区域少见发生（图 4-26）。

图 4-25 颜料层脱落

图 4-26 壁画起甲

图 4-27　壁画龟裂

图 4-28　壁画泥渍

图 4-29　涂料污染

图 4-30　纸张覆盖

图 4-31　划痕

致因：通过壁画采样实验室分析，肉色或灰褐色颜料均使用了红色或者红色调和颜料，颜料颗粒较蓝绿色颜料细，颜料层本身较薄。宝梵寺所在区域气候较潮湿，存在干湿季差别，颜料层胶液不断湿胀干缩，进而发展为开裂起翘的起甲病害，起甲病害进一步发展，出现了颜料层脱落。

C. 龟裂

大雄殿壁画的起甲病害，多是由龟裂发展而来（图 4-27）。

致因：龟裂病害的发生也和颜料使用过程中胶液的使用量和壁画保存环境中温湿度变化存在很大关系。温湿度的变化，造成胶液的湿胀干缩和热胀冷缩，导致壁画颜料层出现龟裂病害。

图 4-32　2014 年 8 月无盐霜病害

图 4-33　2014 年 12 月盐霜病害

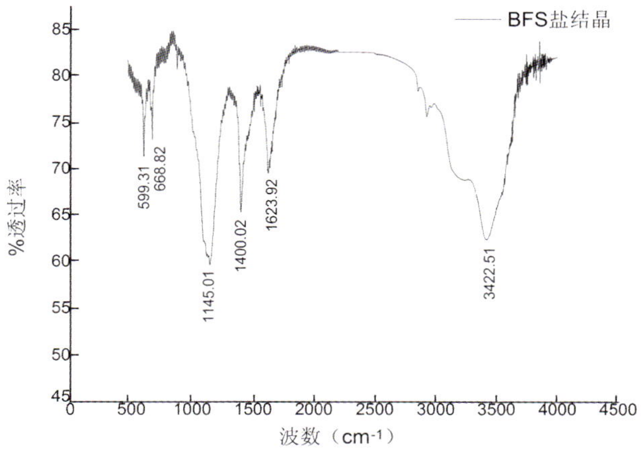

图 4-34　盐结晶离子色谱分析结果

图 4-35　壁画表面虫洞

D. 泥渍

在大殿四角的壁画上出现较多，分别为 A02、A06 和 A12 上，尤其是 A12 格外严重（图 4-28）。

致因：泥渍病害多是由于建筑漏水造成，导致壁画颜料层漫漶不清。

E. 人为损伤

人为损伤包括涂料污染（图 4-29）、纸张覆盖（图 4-30）、划痕（图 4-31）。

致因：此类病害多为人员活动过程中有意或者无意造成。

F. 盐霜

2014 年，我们对宝梵寺壁画进行了多次实地调查，发现 8 月壁画表面尚无盐霜病害（图 4-32），而 12 月壁画表面出现了盐霜结晶病害，且多集中在颜料层出现裂纹的起甲、龟裂病害处（图 4-33）。

致因：对盐霜取样进行实验室离子色谱和红外分析，得出其成分为 $CaSO_4$，如图 4-34 宝梵寺盐结晶离子色谱分析结果所示。盐结晶的生成与壁画保存环境的温湿度存在很大的相关性。12 月份，降水相对较少，且环境温度降低，墙体内水分向外运动，携带壁画地仗层中 Ca^{2+} 至颜料层表面，再加上蓬溪地区酸性气体 SO_2 出现的概率较大，和空气中水分生成 SO_4^{2-} 离子，与壁画地仗层中 $CaCO_3$ 反应，生成 $CaSO_4$ 盐。在这个过程中，SO_2 气体转变为 SO_4^{2-} 盐的过程，会造成壁画地仗层黏土类材质强度减弱。

G. 动物损害

致因：大雄殿壁画表面存在鸟虫粪便痕迹，同时存在虫洞，这些是寺庙壁画常见病害（图 4-35）。

（3）观音殿壁画病害分析

观音殿壁画为20世纪80年代迁移至此，揭取过程中对原壁画存在地仗缺失的部分进行过临时性修复，并采用环氧玻璃钢作为地仗加强层，木龙骨做框架。壁画现有病害：玻璃钢及木龙骨支撑体变形，地仗脱落，严重的颜料层起甲、龟裂，以及人为修复造成的影响。

① 支撑体病害

A. 支撑体形变

致因：由于观音殿壁画自揭取搬迁至此后，一直处于悬挂陈列状态。壁画支撑木龙骨、环氧玻璃钢长期受力，在半开放环境中受温、湿度影响，出现了扭曲形变，进而引起壁画本身出现问题（图4-36、4-37）。

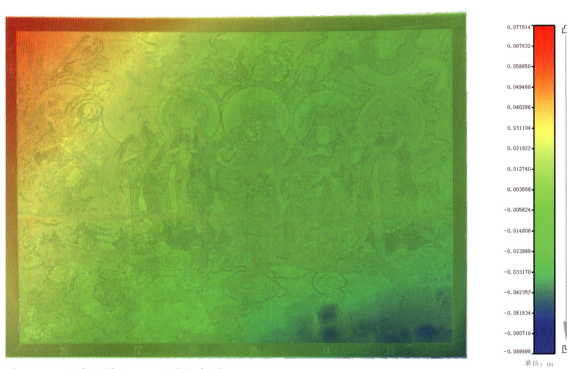

图4-36 观音殿壁画B04形变分析图

图4-37 壁画形变与边框分离

② 地仗层病害

A. 地仗层脱落

致因：地仗层脱落属于观音殿壁画病害中比较普遍的一种，遍布各幅壁画，且不存在相对集中的区域。现场观察，部分地仗脱落的区域可以看到有刷胶的痕迹，也存在胶液连带地仗红土层卷翘的现象；部分则属于壁画严重的起甲、龟裂发展的结果（图 4-38）。

B. 历史修补

致因：壁画在揭取前后，部分区域存在地仗脱落病害，为了壁画的稳定保存，曾进行过修复。勘察发现，修补区域边缘覆盖到原画面，影响画面信息表达，同时修复材料本身出现了裂隙。经采样分析，成分为石膏，这种材料化学稳定性较佳，然而和原壁画黏土材料相比，物理性能存在差异，会给修补区域相邻的画面造成破坏（图 4-39）。

C. 裂隙

致因：观音殿壁画裂隙可分为两类，一是由颜料层龟裂引起浅表性裂纹，二是由修补材料自身出现应力变化产生的裂隙（图 4-40、4-41）。

图 4-38　地仗层脱落

图 4-39　历史修补

图 4-40　浅表性裂隙

图 4-41　修补材料变化裂隙

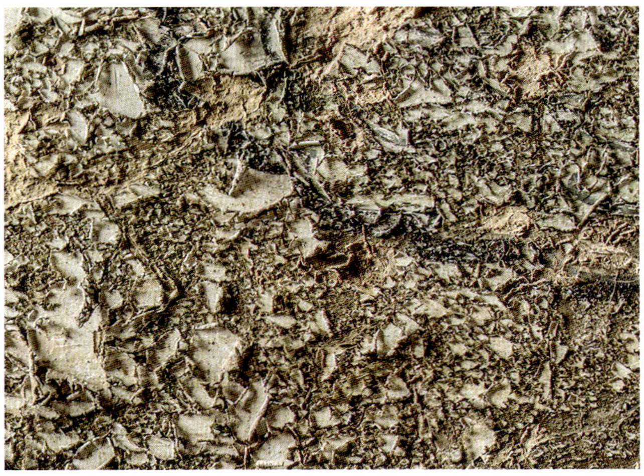

图 4-42　起甲

图 4-43　龟裂

图 4-44　颜料层脱落

③颜料层病害

A. 起甲

观音殿壁画起甲病害非常严重，占到整个壁画面积的 80.56%，大多为颜料层连带少量白粉层卷曲，严重的存在颜料层，连带白粉层，甚至地仗层起翘，且起甲部分较脆，无韧性，很容易受外界作用力影响，出现脱落（图 4-42）。

致因：观音殿壁画的严重起甲与壁画揭取迁移过程有关。20 世纪 80 年代壁画揭取多采用胶矾水作为颜料层的封护加固剂。采集壁画表面胶液样品，应用傅里叶红外对其分析检测，发现其为动物胶。胶矾水中的明胶亦含有动物胶。胶液的存在属于内因，环境温湿度的变化则属于导致胶液起甲卷曲的外部因素，外在环境变化造成的胶液湿胀干缩和热胀冷缩，都是形成颜料层起甲的先决条件。

B. 龟裂

观音殿壁画病害中颜料层龟裂面积仅次于起甲，在各幅壁画表面广泛分布，造成壁画颜料层浅表性裂隙密集，有的甚至露出地仗。开裂部分容易聚集积尘，一方面会影响到壁画绘画信息的表达，另一方面环境粉尘本身吸附了大量有害气体和微生物孢子等，会造成壁画地仗层和颜料层的进一步破坏（图 4-43）。

致因：观音殿壁画龟裂病害形成原因与起甲病害的原因相似，且龟裂病害可能进一步发展为起甲病害。

C. 颜料层脱落

致因：观音殿壁画颜料层脱落多为起甲病害进一步发展的结果，由于此处壁画起甲部分较脆，受到外界环境扰动极易造成颜料层脱落（图 4-44）。

4.2.3 病害数量统计

宝梵寺壁画自其形成经历了几百年的变迁，支撑体、地仗层和颜料层在内外因的作用下均出现了不同程度的病害，对其数量进行统计，根据其发生的致因对病害分类，评估现存状况，提出宝梵寺壁画下一步所需工作的建议。

在病害的识别过程中，此次勘察严格按照壁画调查规范进行。同时，参考高清摄影的泛射光和侧射光照片有助于识别除空鼓以外的大部分病害，缩短了现场调查时间，减少了由于现场高度、环境光照不足无法完全记录病害的误差。此外，通过高精度三维扫描点云数据的处理运算，可以测算壁画起甲量，结合现场调查结果，亦可完成壁画空鼓区域形变量统计。

此次数字化勘察测绘绘制了详细的病害现状图，并将大雄殿和观音殿壁画病害量分别进行统计。大雄殿各类型病害量见表 4-2。

表 4-2　大雄殿壁画病害统计表

	壁画面积	裂隙	颜料脱落	盐霜	起甲	龟裂	空鼓	划痕	历史干预	点状脱落	酥碱	泥渍	污染	覆盖	地仗脱落
A02	7.58	5.30	1.83	0.39	1.12	0.74	0.92	1.92	0.18	—	0.03	1.15	—	0.01	0.02
A03	11.50	4.51	2.36	1.10	1.06	0.34	1.23	6.01	0.11	—	—	—	0.04	—	0.01
A04	11.65	9.25	2.63	0.25	0.73	1.03	1.73	6.75	0.31	—	—	—	—	—	0.02
A05	7.90	4.50	1.34	0.47	0.36	0.52	0.63	1.62	0.15	—	0.08	—	0.02	—	0.03
A06	7.48	7.09	0.37	0.07	0.78	0.79	0.48	1.01	1.01	—	0.12	0.72	—	—	0.01
A08	7.71	5.72	2.06	0.65	0.16	0.56	0.53	0.46	0.12	—	—	—	—	—	0.01
A09	11.54	5.96	1.76	0.09	0.23	0.89	1.43	4.30	0.26	—	—	—	0.03	0.02	0.03
A10	11.40	3.89	2.12	0.07	0.65	0.71	4.32	1.52	0.17	—	—	—	—	—	0.02
A11	7.61	3.56	1.98	0.11	0.87	0.45	1.37	0.67	0.14	—	—	—	—	—	0.01
A12	7.42	1.91	2.24	0.02	0.13	—	0.35	1.31	—	3.34	—	1.23	—	—	0.03
总计	91.79	51.69	18.69	3.22	6.09	6.03	12.99	25.57	2.45	3.34	0.23	3.10	0.09	0.03	0.19

* 裂隙和划痕单位为 m，其余均为 m^2；—表示该幅壁画无此类病害。

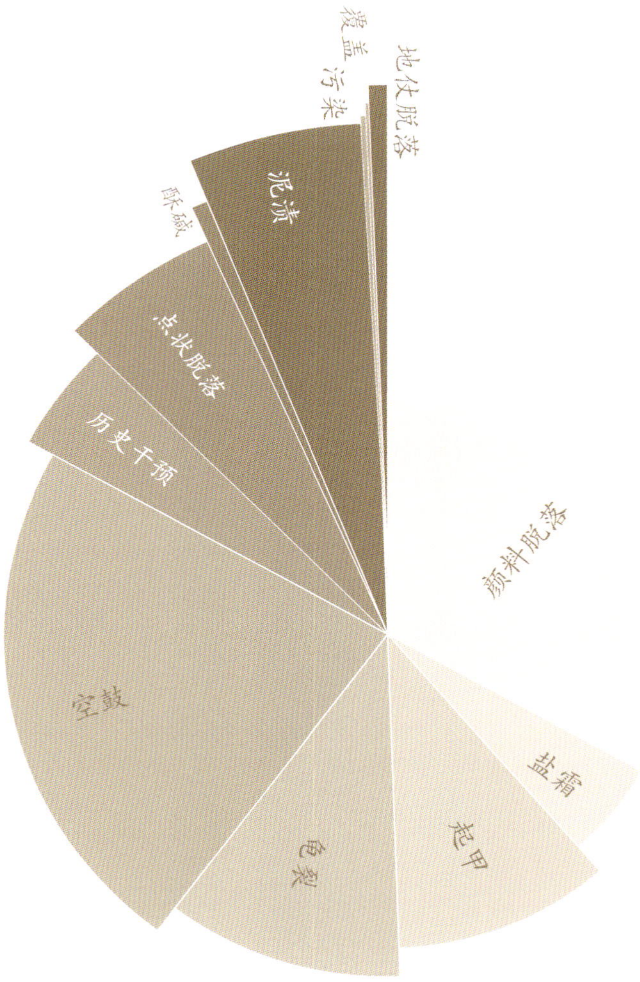

图 4-45　大雄殿壁画病害统计图

由大雄殿壁画病害统计表可知，壁画表面存在大量的裂隙和划痕，分别为 51.69m 和 25.57m。将表中病害统计结果除裂隙与划痕外其余数据制作成饼状图，如图 4-45。除涉及支撑体的大规模裂隙外，大雄殿壁画中颜料脱落病害比较严重，占到壁画总面积的 20.36%；其次为空鼓、龟裂和起甲，分别占壁画总面积的 14.15%、6.57%、6.63%；之后为盐霜、泥渍、点状脱落等病害。

按病害致因对其进行分类，颜料层脱落虽然在数量上所占比例较大，但此类病害处于较稳定态势，除个别由于起甲脱落引起外，多为人为活动导致的一次性病害，虽然影响到壁画画面完整性，有碍壁画信息表达，但不会进一步持续发展；龟裂、起甲、盐霜、酥碱病害合计占到壁画总面积的 16.96%，均为壁画所处环境内温湿度、污染气体等因素作用下产生，对外部环境进行必要的治理，即可遏制壁画此类病害的进一步快速发展；裂隙、空鼓病害所占比例也较大，且严重威胁到壁画整体安全稳定性，系由地基沉降而导致的支撑墙体柱网走闪偏移和墙内竹篾材料老化变形引起，急需对基础结构进行歪闪矫正。

对观音殿壁画各类型病害量统计见表 4-3。

表 4-3　观音殿壁画病害面积统计表

	壁画面积	裂隙	颜料脱落	起甲	龟裂	划痕	历史干预
B01	6.14	3.15	0.18	4.24	0.71	1.28	0.16
B02	7.01	0.45	0.12	6.18	0.67	2.55	0.13
B03	6.25	—	0.17	5.65	1.45	5.47	0.11
B04	6.96	1.15	0.19	5.19	3.05	0.09	0.07
总计	26.36	4.75	0.66	21.26	5.88	9.39	0.47

* 裂隙和划痕单位为 m，其余均为㎡；—表示无此类病害。

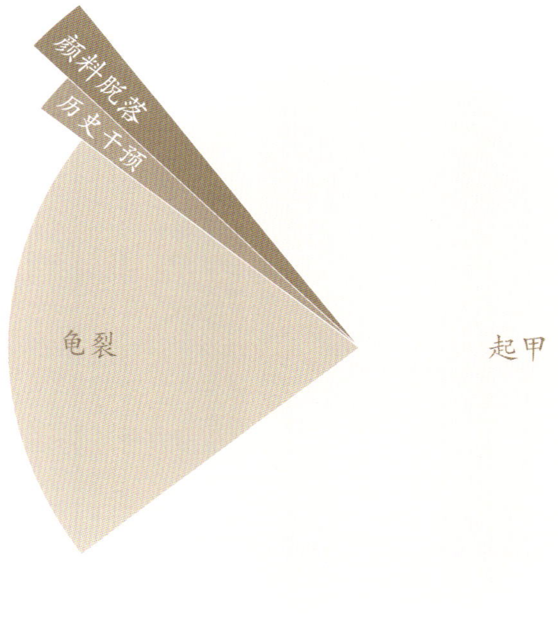

图 4-46　观音殿壁画病害统计图

由表 4-3 可知，壁画表面裂隙和划痕分别为 4.75m 和 9.39m。除去裂缝与划痕外，将观音殿内壁画病害面积统计表中病害统计结果其余数据制作成饼状图（图 4-46）。可见，观音殿壁画中起甲病害非常严重，占到壁画总面积的 80.65%，其次为龟裂和地仗脱落，分别占壁画总面积的 22.31% 和 8.57%，之后为颜料层脱落和历史干预。

4.2.4 病害调查小结

通过对宝梵寺大雄殿与观音殿内壁画所做的详尽的调查工作，明确了壁画存在的主要病害，并对病害本身进行了阐述，详细分析了病害类型、分布情况以及出现的主要原因。

根据以上勘察分析结果可知，大雄殿壁画主要病害为颜料层脱落、空鼓、裂隙、起甲、龟裂等，需针对病害致因及其发展状况分主次进行治理修复。其中颜料层脱落多属人为损伤所致，现阶段处于较稳定的状态；起甲、龟裂等病害的发生则与壁画环境温湿度的变化息息相关，可通过改善外部环境延缓此类病害发展；由建筑支撑体形变引起的空鼓、裂隙、形变等属于持续发展病害，且危及壁画基础，急需解决。

观音殿壁画主要问题为颜料层表面涂刷了较高浓度的胶矾水，导致颜料层龟裂、起甲病害严重，且病害持续性发展，将进一步导致壁画颜料层脱落和地仗层脱落，急需对其进行保护修复处理，最大限度延长壁画文物寿命。

5.1 工作内容

使用三维扫描技术获取壁画本体及壁画所在建筑本体的三维信息，通过全站仪进行扫描数据的误差控制。其中采用地面中距三维扫描设备准确获取壁画整体尺寸和表面三维形状和特征信息，同时得到与壁画相关的赋存建筑结构几何数据（如柱网、墙体、地基、梁架等），并依据数据进行病害影响因素分析，点位误差小于2mm；采用关节臂式三维扫描仪精确记录和量化壁画表面起甲脱落病害程度，并为下阶段的病害监测提供依据，点位误差小于0.1mm。

5.2 测绘设备和人员配置

（1）设备

宝梵寺壁画精细测绘主要包括壁画所在建筑本体的测绘、壁画的整体三维信息测绘、针对壁画病害的精细测绘。根据不同测绘目标精度的需要，分别采用了全站仪、地面型三维激光扫描仪、关节臂式三维扫描仪等设备。

本项目中采用的硬件设备具体型号和主要技术指标介绍。

① 全站仪

采用徕卡 TS15A，主要用于三维扫描的控制测量（图 5-1）。

② 地面型三维激光扫描仪

采用 FARO X330，主要用于环境、建筑和壁画整体的三维扫描（图 5-2）。

③ 关节臂式三维扫描仪

采用 FARO Edge ScanArm，主要用于壁画病害的精细化三维扫描（图 5-3）。

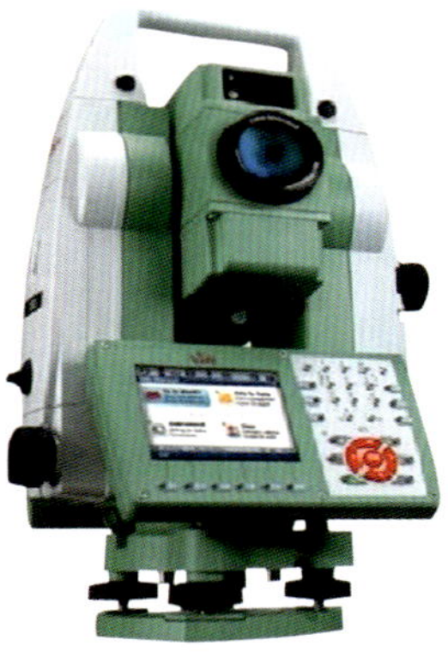

图 5-1　徕卡 TS15A 全站仪

测量距离（无棱镜）　400m
精度 / 测量时间　2mm+2ppm/ 一般为 3s
最短测程　1.5m
距离精度　1mm + 1.5ppm

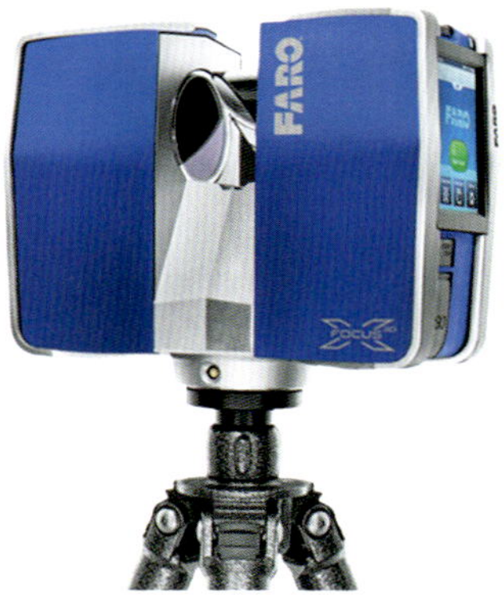

图 5-2　FARO X330 扫描仪

测量距离　330m
测量速度　976,000 点 /s
测距误差　±2mm
内置彩色数码相机
70,000,000ppi

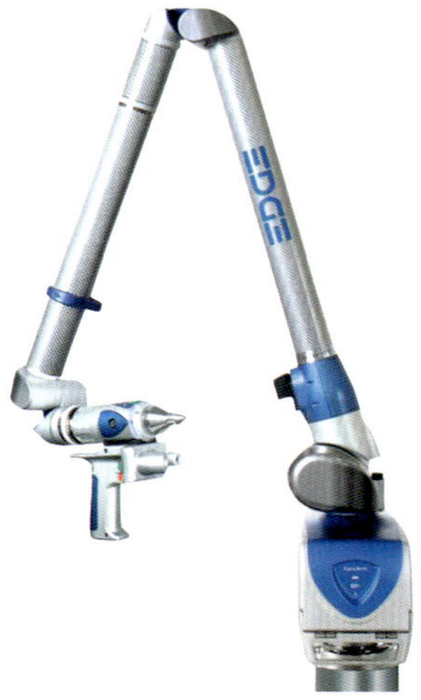

图 5-3　FARO Edge ScanArm 扫描仪

精确度　35μm
重复性　±35μm，2σ(0.0014")
最大行宽　90mm
测量频率　752 点 / 线
单点测试精度　0.064mm
空间长度最大精度　0.091mm

（2）人员配置

① 现场数据采集

高精度三维扫描数据获取：FARO FOCUS 3D 三维激光扫描仪及 FaroArm 测量臂操作人员 1 名，辅助人员 2 名（协助仪器的设站、搬运及控制点布设）。

数据质量检查及现场情况记录人员 1 名，负责及时地检查扫描获取的数据是否合格，查看扫描数据的完整性、数据是否分层等。

② 内业数据处理

三维激光扫描数据处理人员 2 名，负责三维激光扫描数据拼接、去噪，三维激光扫描数据壁画本体及建筑本体数据提取和分析。

测量臂三维扫描数据处理人员 1 名，进行测量臂三维扫描数据的拼接，三维点云降噪、优化。

测量数据处理人员 2 名，负责壁画测量数据处理计算，生成三维模型和正射影像图，并进行模型面积分析工作。

成果质量审核员 1 名，负责对最终成果和中间工作过程进行检验审核。

5.3 建筑本体测绘

建筑本体测绘，主要采用地面型三维激光扫描仪来完成，为了减少数据拼接误差的累积，采用全站仪进行控制测量。在获取壁画所在大雄殿和观音殿的建筑信息的同时，也进行了宝梵寺院落的整体三维信息。

（1）标靶布设

标靶是用来连接控制测量和三维扫描坐标系进行拼接的关键，主要需要综合考虑如下几点：

第一，需要考虑到全站仪测量的方便性，以及要满足控制测量的精度要求；

第二，需要满足三维激光扫描的拼接要求，原则上每站三维扫描至少能扫描到 3 个或 3 个以上标靶；

第三，标靶放置得稳定可靠，避免变形或者有移动的可能性，否则可能产生不可预知的误差或测量错误。

本项目采用的标靶有两种类型，一种是黑白纸质标靶（图 5-4），一种是球形标靶（图 5-5）。

根据标靶布设的原则，结合本项目的测量要求，共布设标靶 20 个，纸质黑白标靶布设如图 5-6 所示。

（2）控制测量

考虑到宝梵寺测区范围比较小，因此控制测量使用全站仪采用导线测量的方式进行。全站仪的初始站位设置在大雄殿正门外寺庙中轴线上，并设置该点为坐标系原点（图 5-7）。

图 5-4 黑白纸质标靶

图 5-5　球形标靶

图 5-7　全站仪控制测量

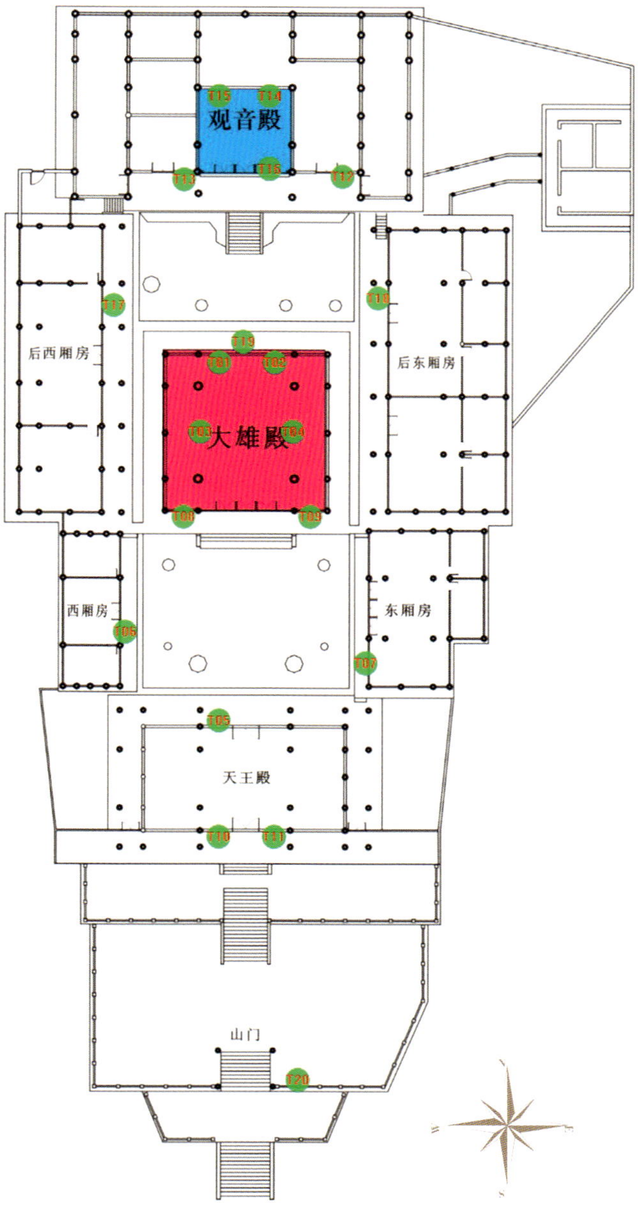

图 5-6　宝梵寺扫描标靶布置示意图

表 5-1　宝梵寺标靶坐标列表　单位：m

标靶编号	X	Y	Z
T01	−2.1907	12.3308	1.57
T02	2.3902	12.3401	1.6473
T03	−3.5898	4.6092	1.0275
T04	3.5978	4.6082	1.0755
T05	−2.6024	−16.6797	0.9006
T06	−9.2337	−9.0617	0.4754
T07	9.1145	−10.8983	0.8481
T08	−6.1041	−0.636	2.4159
T09	4.1504	−0.6619	2.5487
T10	−1.5068	−24.8944	1.3602
T11	2.0661	−24.7529	1.1364
T12	7.367	26.8256	4.0277
T13	−4.3468	26.7449	4.0103
T14	2.4798	32.841	3.5025
T15	−1.8049	32.841	3.4849
T16	2.1127	26.7896	4.0655
T17	−11.1557	16.1424	1.3793
T18	11.3322	16.6075	1.5797
T19	−0.0399	13.1384	1.6114
T20	5.5735	−44.9821	−3.4185

逐步测量完成所有标靶的坐标，20 个标靶坐标如表 5-1 所列。

（3）地面三维激光扫描

针对寺庙环境和壁画所在建筑的地面三维激光扫描，三维扫描站位布设的主要原则如下：

第一，重点关注建筑的台明、墙体、柱、梁架结构，并尽可能完整记录壁画所在建筑的三维信息；

第二，建筑的三维扫描采用的仪器和测站布设方案需要满足项目对数据完整性及精度的要求，同时需要考虑能可靠拼接到环境三维扫描的坐标系中；

第三，建筑本体中存在病害的部位要在三维扫描中重点关注，并获取完整相关三维信息，如沉降、开裂、歪闪、拔榫等。

本项目中采用全景并自动拍照的方式对宝梵寺整体环境和大雄殿进行三维扫描（图 5-8），在获取点云数据的同时获取对应站位的全景彩色照片，共扫描 24 站，站位分布如图 5-9 所示　获取总点数约 5 亿 8000 万点。扫描完成的环境及建筑扫描点云拼接后如图 5-10 所示。

图 5-8　FARO X330 建筑整体扫描

图 5-10　建筑整体扫描拼接成果

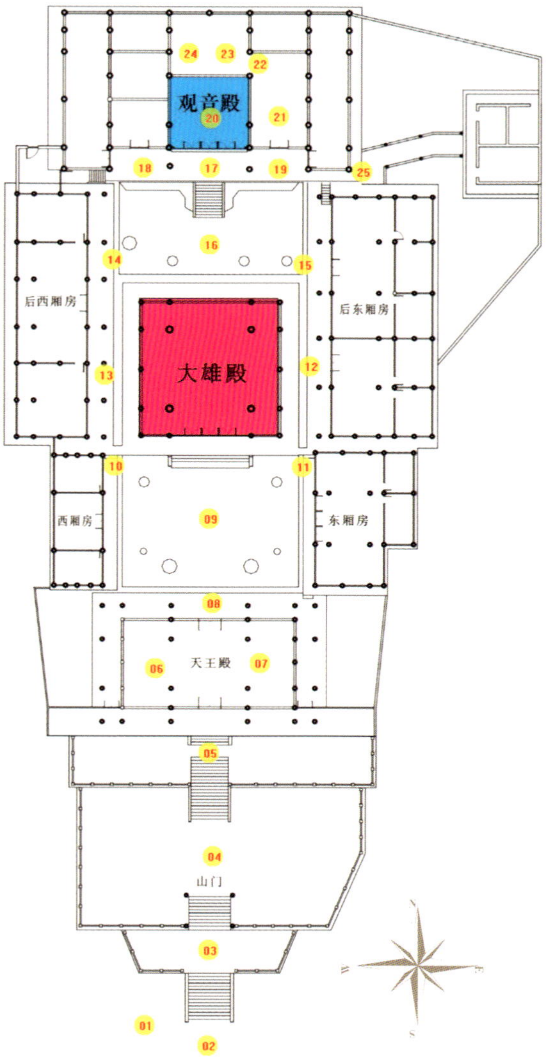

图 5-9　建筑整体扫描站点位置示意图

5.4 壁画整体三维测绘

宝梵寺壁画整体尺度的三维扫描采用 FARO X330 三维激光扫描仪进行，采用 1 ~ 3mm 分辨率进行扫描（图 5-11）。

因为壁画和壁画所在建筑内部在一个空间，为了工作效率更高，针对建筑主体内部的三维扫描和壁画的整体扫描进行统一的站位布置和扫描，这样在一次扫描过程中同时完成了大雄殿、观音殿和这两栋建筑内部壁画的整体三维扫描。

本项目针对壁画整体的三维扫描，遵循如下几个要点：

第一，确保扫描能获取 3 个或 3 个以上标靶，保证能拼接到控制坐标系中，从而也能确保扫描的壁画数据坐标的垂直方向更精准；

第二，扫描的每幅壁画的点云数据要完整，包括边缘数据，确保能生成完整的正射影像图，用于后期的高清晰壁画平面数据的纠正。

大雄殿内三维扫描站位图如图 5-12；大雄殿内部扫描彩色点云拼接数据如图 5-13。

图 5-11　FARO X330 殿内空间三维扫描

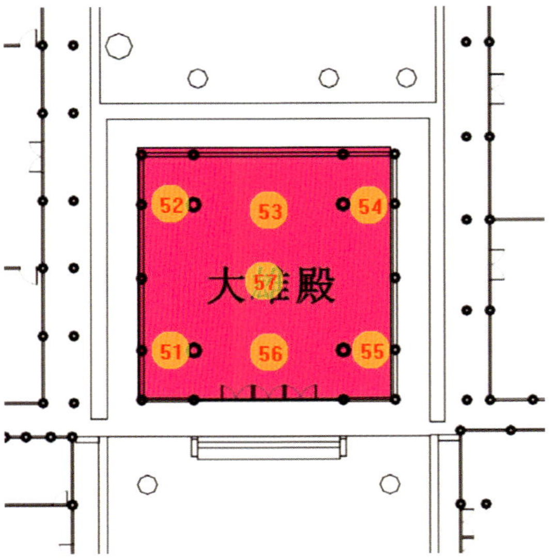

图 5-12　大雄殿殿内空间扫描站点示意图

图 5-13　大雄殿殿内空间扫描拼接成果

5.5 壁画病害精细测绘

本项目壁画病害精细测绘针对的病害类型主要是起甲，采用FARO EDGE扫描臂对壁画进行完整扫描，获取精细的表面几何信息。

壁画测量臂扫描注意事项如下：

第一，测量臂要经过预热和精确校准，保证在良好状态下工作，并确保扫描过程中扫描臂安放稳固，不出现错动；

第二，壁画幅面比较大，超出测量臂单站测量范围时，要进行合理规划及多站扫描，并保证不同扫描站之间有足够的搭接数据用于后期拼接。

图 5-14　测量臂三维扫描

图 5-15　整铺壁画拼接成果

图 5-16　拼接成果局部放大

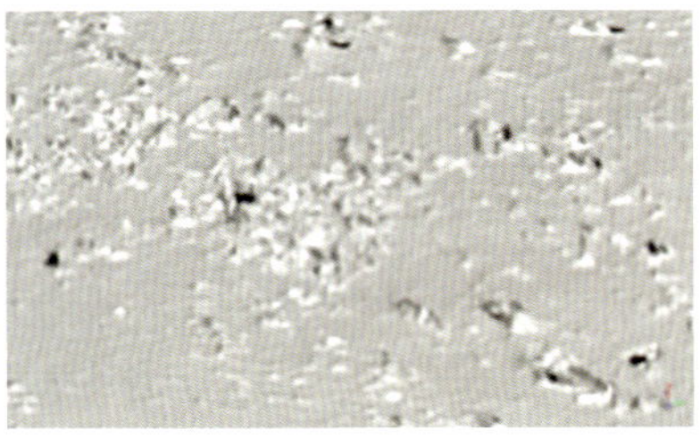

图 5-17　测量臂扫描成果起甲细部

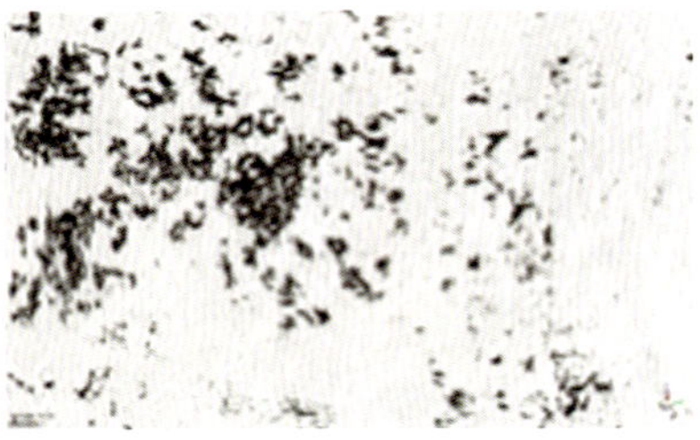

图 5-18　测量臂扫描成果起甲运算处理后

为此，在宝梵寺壁画测量臂扫描中，搭设了专门的钢管脚手架作为测量臂的安放平台，并另外搭设用于操作人员工作的活动式脚架，而且两个脚架间确保不相互接触，避免人员操作过程中震动对测量臂稳固性的影响（图 5-14 至 5-18）。

第六章 壁画数字高清晰摄影

6.1 工作内容

使用正直多基线高清晰数字摄影法，在泛光标准光源环境下，真实客观记录壁画现状的色彩纹理信息；在侧光光源环境下，记录壁画表面病害信息。大雄殿壁画采集分辨率不低于 300DPI，观音殿壁画采集分辨率不低于 150DPI，后期将壁画三维扫描几何形体数据精确匹配色彩纹理数据，形成可量测的壁画泛光和侧光高清正射影像图，并可将壁画表面病害精确定位。壁画正射影像图和壁画三维模型正投影误差不大于 0.1%。

6.2 设备和人员配置

（1）数据采集设备

尼康 D810 单反数码相机 2 台；

保富图 D4 4800 电箱 2 只（图 6-1）；

保富图 AcuteD4UV 紫外线屏蔽闪光灯 6 只（图 6-2）；

保富图 3ft × 4ft 柔光箱 4 只，160cm × 25cm 柔光箱 1 只；

保富图 X1 同步引闪系统；

曼富图 405 三轴云台 2 台（图 6-3）；

曼富图 454 移轴云台板 4 只；

曼富图 055 三脚架；

爱色丽 I1.publish pro2 色彩校准设备（图 6-4）；

4 × 55W 三基色连续性冷光源 3 只；

SEKONIC L-758C 测光表 1 只；

Bosch GLL3X 3 线激光水平仪 3 只；

DELL Precision T7610 工作站 2 台，CPU E5-2670v2 × 2 内存 128G RAM 显卡 Quadro K5000，显示器 EIZO CG276W；

DELL 移动工作站 Precision M6800 2 台；

定制自动升降轨道平移支撑移动系统 2 套（图 6-5）；

图 6-1 保富图 D4 4800 电箱

图 6-2 保富图 AcuteD4UV 紫外线屏蔽闪光灯

图 6-3 曼富图 405 三轴齿轮云台

图 6-4　爱色丽 I1.publish pro2 色彩校准设备

图 6-5　定制自动升降轨道平移支撑移动系统

（2）参与测绘人员

① 现场摄影测绘人员配备

选用正直多基线高清晰数字摄影师 1 名，辅助人员 2 名，负责设备安装调试、移动，记录场记。

影像质量检查及安全人员 1 名，检查影像数据是否合格及现场设备安全。

② 内业影像处理人员配置

数字影像校准处理人员 2 名，负责影像数据检查、色彩校正，拼接、合成壁画高清数字影像。

壁画数字高清测绘总图制作人员 1 名，使用空间三维扫描数据对壁画高清数字影像进行校准，生成带有精准尺寸的壁画高清数字高清测绘总图。

品质检验人员 1 名，负责对输出的壁画数字高清测绘总图（泛光和侧光）进行检验审核。

6.3 外业工作流程

壁画数字化采用正直多基线高清晰数字摄影法采集壁画的泛光和侧光正射影像，工作流程如下：

第一，划分采集区块。依水平和垂直方向将被采集壁画分隔为相同大小的若干个采集区块，相邻采集区块间有 30% 以上面积重合。宝梵寺大雄殿壁画要求采集分辨率达到 300DPI，观音殿壁画要求采集分辨率达到 150DPI，用于影像采集的设备为尼康 D810 单反相机，因此大雄殿壁画单个区块大小为 610mm × 405mm（图 6-6a）。观音殿壁画单个区块大小为 1200mm × 800mm（图 6-6b）。

第二，按每个采集区块所处行、列位置编号，确定采集顺序为分列采集每个区块的正射影像。

第三，调整数码相机的位置和角度。单反相机影像传感器侧倾角与水平面成 0°，D810 单反相机镜头光轴垂直于壁画表面，光轴垂直对准第一个采集区块中心，通过滑台沿光轴方向前后移动相机，保证该采集区块影像充满数码相机取景范围（图 6-7）。

第四，调整泛光光源方向与壁画夹角接近于 45°，保证拍摄采集区块被泛射光均匀照亮，区块内各点的亮度差异小于 10%；调整侧光光源，光照方向与壁画的夹角小于 10° ~ 20°（图 6-8)。

a

b

图 6-6　采集区块划分示意图（a 大雄殿壁画采集区块划分图；b 观音殿壁画采集区块划分图）

图 6-7　通过滑台前后移动相机，保证采集区块充满取景范围

图 6-8　调整泛光光源、侧光光源与壁画的角度

图 6-9　拍摄平行于壁画表面的色标板，作为色彩校准文件

图 6-10　使用自动壁画扫描拍摄系统，分区块采集壁画正直多基线影像

第五，相机曝光参数。ISO 感光指数为 64，调整光圈 F9 ~ F10，拍摄贴近采集区块表面的 18% 反射率中性灰卡，现场使用软件分析影像数据，保证影像中灰卡上的各点 R、G、B 通道数值等于 128 ± 10%。

第六，调整 Profoto D4 电箱输出功率和闪光灯位置，将 Color Checker 24 色彩色标板平放在采集区块表面拍摄泛光影像色彩校准文件，使用计算机软件分析影像数据，保证影像中白块上的 R、G、B 各通道数值在 230 ~ 240，黑块上的 R、G、B 各通道数值在 30 ~ 45（图 6-9）。

第七，拍摄被采集区块数字正射影像数据，记录数码相机拍摄参数：ISO 感光指数为 64，调整光圈为 F10，相机光轴与被摄画面的角度为 90°，距离为 1.75m。

第八，平移拍摄平台，使数码相机的光轴垂直对准下一个采集区块中心，再次进行拍摄采集；拍摄前应确认数码相机拍摄参数与被摄画面的角度和距离关系与上一区块相同。

第九，按顺序重复拍摄每一个区块：如需要改变数码相机拍摄参数或与被摄画面的角度和距离关系，则应按照流程（3）~（6）重新调整设备，再顺序拍摄，一直拍摄到最后一个区块（图 6-10）。

第十，记录信息。记录该幅壁画采集过程中的起始和结束文件编号、焦距、光圈、曝光速度、ISO、色温、色彩校准文件编号、灯光信息等。

6.4 内业工作流程

第一，使用爱色丽 I1 Publish PRO 色彩校准管理系统校准计算机工作站的软硬件环境，与采集过程使用统一的色彩管理体系。

第二，使用现场拍摄的色彩校准文件，校准对应的影像记录文件。

第三，检查每一幅图像是否变形、模糊、失真或错误。

第四，按采集顺序分别拼接泛光正射影像和侧光正射影像，检验拼接结果，手工调整拼接错误。

第五，将 Faro X330 三维扫描和拍摄的壁画照片导入自带软件，从三维扫描数据中提取特征点，进行照片约束。测量计算，首先生成彩色点云，再根据全站仪控制确定正摄投影面，最终彩色点云正投影输出正射图，并在 CAD 软件中标注主要参照尺寸，用于高清摄影成果进行校准。

第六，结合空间三维扫描获得的壁画测绘数据，校准拼接完成的影像数据，生成带有准确尺寸数据的泛光正射影像图和侧光正射影像图。

第七，校准后的图像数据格式为单一图层的位图文件，为 PSB 格式，同时提供 JPG 格式单一图层压缩图像文件。

奉
佛捨財信
冉氏
彩

第七章
壁画数字化勘察测绘数字档案成果数据

7.1 项目报告电子文件

1.《宝梵寺壁画数字化勘察测绘记录项目报告》

2.《宝梵寺壁画数字化勘察测绘记录项目成果图集》

7.2 三维数据电子文件

古建筑空间及壁画、彩画三维模型使用三维数据专用软件格式保存，点云间距为 2mm，点位精度优于 2mm。

表 7-1　单站点云数据原始文件统计表

序号	站点号	文件名	格式	文件大小	点间距	精度
1	01	Baofansi012.fls	FLS	86M	1/5	4X
2	03	Baofansi011.fls	FLS	216M	1/4	4X
3	04	Baofansi010.fls	FLS	212M	1/4	4X
4	05	Baofansi007.fls	FLS	174M	1/4	4X
5	06	Baofansi009.fls	FLS	71.8M	1/5	4X
6	07	Baofansi008.fls	FLS	68.2M	1/5	4X
7	08	Baofansi006.fls	FLS	171M	1/4	4X
8	09	Baofansi013.fls	FLS	205M	1/4	4X
9	10	Baofansi015.fls	FLS	129M	1/4	4X
10	11	Baofansi014.fls	FLS	129M	1/4	4X
11	12	Baofansi020.fls	FLS	115M	1/4	4X
12	13	Baofansi016.fls	FLS	113M	1/4	4X
13	14	Baofansi017.fls	FLS	125M	1/4	4X
14	15	Baofansi019.fls	FLS	129M	1/4	4X
15	16	Baofansi018.fls	FLS	196M	1/4	4X
16	17	Baofansi025.fls	FLS	179M	1/4	4X
17	18	Baofansi026.fls	FLS	177M	1/4	4X
18	19	Baofansi027.fls	FLS	178M	1/4	4X
19	20	Baofansi034.fls	FLS	170M	1/4	4X
20	21	Baofansi024.fls	FLS	168M	1/4	4X
21	22	Baofansi023.fls	FLS	153M	1/4	4X
22	23	Baofansi022.fls	FLS	117M	1/4	4X
23	24	Baofansi021.fls	FLS	111M	1/4	4X
24	25	Baofansi028.fls	FLS	126M	1/4	4X
25	26	Baofansi037.fls	FLS	36.1M	1/8	4X
26	27	Baofansi038.fls	FLS	36.6M	1/8	4X
27	28	Baofansi039.fls	FLS	34.7M	1/8	4X
28	29	Baofansi040.fls	FLS	34.7M	1/8	4X
29	30	Baofansi041.fls	FLS	34.9M	1/8	4X
30	31	Baofansi042.fls	FLS	35.8M	1/8	4X

续表 7–1

序号	站点号	文件名	格式	文件大小	点间距	精度
31	32	Baofansi043.fls	FLS	36.2M	1/8	4X
32	33	Baofansi044.fls	FLS	34.2M	1/8	4X
33	34	Baofansi045.fls	FLS	34.6M	1/8	4X
34	35	Baofansi046.fls	FLS	36.3M	1/8	4X
35	36	Baofansi047.fls	FLS	36.2M	1/8	4X
36	37	Baofansi048.fls	FLS	34.8M	1/8	4X
37	38	Baofansi049.fls	FLS	34.9M	1/8	4X
38	39	Baofansi050.fls	FLS	34.8M	1/8	4X
39	40	Baofansi051.fls	FLS	36.3M	1/8	4X
40	41	Baofansi052.fls	FLS	36.1M	1/8	4X
41	42	Baofansi053.fls	FLS	34.2M	1/8	4X
42	43	Baofansi054.fls	FLS	34.5M	1/8	4X
43	51	Dhj_Scan_138.fls	FLS	208M	1/4	4X
44	52	Dhj_Scan_140.fls	FLS	547M	1/2	4X
45	53	Dhj_Scan_141.fls	FLS	170M	1/4	4X
46	54	Dhj_Scan_142.fls	FLS	171M	1/4	4X
47	55	Dhj_Scan_143.fls	FLS	174M	1/4	4X
48	56	Dhj_Scan_145.fls	FLS	185M	1/4	4X
49	57	Baofansi001.fls	FLS	200M	1/4	4X

表 7–3　重点记录的部分壁画表面精细三维模型原始数据统计表

序号	编号	文件名	格式	文件大小
1	A01	左上 .wrp	WRP	500M
2		左中 .wrp	WRP	577M
3		左下 .wrp	WRP	390M
4		右上 .wrp	WRP	736M
5		右中 .wrp	WRP	497M
6		右下 .wrp	WRP	486M
7	B04	上 1.wrp	WRP	278M
8		上 2.wrp	WRP	266M
9		上 3.wrp	WRP	277M
10		上 4.wrp	WRP	324M
11		中 1.wrp	WRP	281M
12		中 2.wrp	WRP	186M
13		中 3.wrp	WRP	222M
14		中 4.wrp	WRP	249M
15		下 1.wrp	WRP	284M
16		下 2.wrp	WRP	271M
17		下 3.wrp	WRP	280M
18		下 4.wrp	WRP	335M

表 7–2　由单站点云拼接成的建筑空间、壁画、彩画点云模型统计表

序号	文件名	格式	文件大小
1	BFS.imp	IMP	5.26G

表 7–4　重点记录的部分壁画拼接完整的精细三维模型完整数据统计表

序号	编号	文件名	格式	文件大小
1	A01	A01.wrp	WRP	3.2G
2	B04	B04.wrp	WRP	3.6G

表 7–5　扫描站点分布图统计表

序号	范围	文件名	格式	包含站点数
1	建筑及环境	宝梵寺扫描站位图 .jpg	JPG	25
2	壁画	室内扫描站位图 .jpg	JPG	7

7.3 壁画影像电子文件

壁画数字正射影像图：正射影像总图使用 PSB 格式无损彩色位图，文件中 RGB 色彩每通道深度 16Bit；缩略图采用 JPEG 格式文件存储。

表 7-6　　壁画泛光正射影像总图统计表

序号	位置	编号	壁画主题	文件名	格式	文件大小	色彩深度	文件尺寸	分辨率
1	大雄殿	A02	议赴佛会	A02Z-300DPI.PSB	PSB	13.0GB	16Bit	28064 像素 ×49457 像素	300DPI
2		A03	地藏说法	A03Z-300DPI.PSB	PSB	13.7GB	16Bit	40138 像素 ×46237 像素	300DPI
3		A04	雷音供奉	A04Z-300DPI.PSB	PSB	13.2GB	16Bit	39435 像素 ×46633 像素	300DPI
4		A05	达摩朝贡	A05Z-300DPI.PSB	PSB	13.2GB	16Bit	27087 像素 ×46524 像素	300DPI
5		A06	准提接引	A06Z-300DPI.PSB	PSB	14.7GB	16Bit	27429 像素 ×49116 像素	300DPI
6		A08	功德圆满	A08Z-300DPI.PSB	PSB	15.2GB	16Bit	26179 像素 ×59491 像素	300DPI
7		A09	罗汉聆经	A09Z-300DPI.PSB	PSB	10.5GB	16Bit	40091 像素 ×46830 像素	300DPI
8		A10	罗汉聆经	A10Z-300DPI.PSB	PSB	10.2GB	16Bit	40670 像素 ×47549 像素	300DPI
9		A11	长眉问难	A11Z-300DPI.PSB	PSB	13.3GB	16Bit	27360 像素 ×47366 像素	300DPI
10		A12	南天西游	A12Z-300DPI.PSB	PSB	9.2GB	16Bit	292354 像素 ×50148 像素	300DPI
11	观音殿	B01	—	B01Z.TIF	PSB	2.99GB	16Bit	21579 像素 ×15937 像素	150DPI
12		B02	—	B02Z.TIF	PSB	2.86GB	16Bit	21300 像素 ×16210 像素	150DPI
13		B03	—	B03Z.TIF	PSB	2.68GB	16Bit	21677 像素 ×16369 像素	150DPI
14		B04	—	B04Z.TIF	PSB	2.95GB	16Bit	21777 像素 ×16650 像素	150DPI

表 7-7　　壁画泛光正射影像缩略图统计表

序号	位置	编号	壁画主题	文件名	格式	文件大小	色彩深度	文件尺寸	分辨率
1	大雄殿	A02	议赴佛会	A02Z-300DPI.JPG	JPEG	226MB	8Bit	28064 像素 ×49457 像素	300DPI
2		A03	地藏说法	A03Z-300DPI.JPG	JPEG	307MB	8Bit	40138 像素 ×46237 像素	300DPI
3		A04	雷音供奉	A04Z-300DPI.JPG	JPEG	290MB	8Bit	39435 像素 ×46633 像素	300DPI
4		A05	达摩朝贡	A05Z-300DPI.JPG	JPEG	316MB	8Bit	27087 像素 ×46524 像素	300DPI
5		A06	准提接引	A06Z-300DPI.JPG	JPEG	245MB	8Bit	27429 像素 ×49116 像素	300DPI
6		A08	功德圆满	A08Z-300DPI.JPG	JPEG	205MB	8Bit	26179 像素 ×59491 像素	300DPI
7		A09	罗汉聆经	A09Z-300DPI.JPG	JPEG	253MB	8Bit	40091 像素 ×46830 像素	300DPI
8		A10	罗汉聆经	A10Z-300DPI.JPG	JPEG	284MB	8Bit	40670 像素 ×47549 像素	300DPI
9		A11	长眉问难	A11Z-300DPI.JPG	JPEG	275MB	8Bit	27360 像素 ×47366 像素	300DPI
10		A12	南天西游	A12Z-300DPI.JPG	JPEG	286MB	8Bit	292354 像素 ×50148 像素	300DPI
11	观音殿	B01	—	B01Z.JPG	JPEG	265.5MB	8Bit	21579 像素 ×15937 像素	150DPI
12		B02	—	B02Z.JPG	JPEG	269.3MB	8Bit	21300 像素 ×16210 像素	150DPI
13		B03	—	B03Z.JPG	JPEG	285.9MB	8Bit	21677 像素 ×16369 像素	150DPI
14		B04	—	B04Z.JPG	JPEG	256.4MB	16Bit	21777 像素 ×16650 像素	150DPI

表 7-8　　壁画侧光正射影像总图统计表

序号	位置	编号	壁画主题	文件名	格式	文件大小	色彩深度	文件尺寸	分辨率
1	大雄殿	A02	议赴佛会	A02C.TIF	TIFF	507MB	16Bit	7099 像素 ×2484 像素	75DPI
2		A03	地藏说法	A03C.TIF	TIFF	736MB	16Bit	10372 像素 ×12409 像素	75DPI
3		A04	雷音供奉	A04C.TIF	TIFF	744MB	16Bit	10335 像素 ×12593 像素	75DPI
4		A05	达摩朝贡	A05C.TIF	TIFF	511MB	16Bit	7282 像素 ×12281 像素	75DPI
5		A06	准提接引	A06C.TIF	TIFF	563MB	16Bit	7414 像素 ×13294 像素	75DPI
6		A08	功德圆满	A08C.TIF	TIFF	500MB	16Bit	7028 像素 ×12438 像素	75DPI
7		A09	罗汉聆经	A09C.TIF	TIFF	783MB	16Bit	10981 像素 ×12703 像素	75DPI
8		A10	罗汉聆经	A10C.TIF	TIFF	849MB	16Bit	11225 像素 ×13218 像素	75DPI
9		A11	长眉问难	A11C.TIF	TIFF	566MB	16Bit	7288 像素 ×13337 像素	75DPI
10		A12	南天西游	A12C.TIF	TIFF	566MB	16Bit	7575 像素 ×13143 像素	75DPI
11	观音殿	B01	—	B01C.TIF	TIFF	2.99GB	16Bit	21579 像素 ×15937 像素	150DPI
12		B02	—	B02C.TIF	TIFF	2.0GB	16Bit	21300 像素 ×16210 像素	150DPI
13		B03	—	B03C.TIF	TIFF	2.1GB	16Bit	21677 像素 ×16369 像素	150DPI
14		B04	—	B04C.TIF	TIFF	2.1GB	16Bit	21777 像素 ×16650 像素	150DPI

表 7-9　　壁画侧光正射影像缩略图统计表

序号	位置	编号	壁画主题	文件名	格式	文件大小	色彩深度	文件尺寸	分辨率
1	大雄殿	A02	议赴佛会	A02C.JPG	JPEG	72.1MB	8Bit	7099 像素 ×2484 像素	75DPI
2		A03	地藏说法	A03C.JPG	JPEG	108MB	8Bit	10372 像素 ×12409 像素	75DPI
3		A04	雷音供奉	A04C.JPG	JPEG	108MB	8Bit	10335 像素 ×12593 像素	75DPI
4		A05	达摩朝贡	A05C.JPG	JPEG	85.6MB	8Bit	7282 像素 ×12281 像素	75DPI
5		A06	准提接引	A06C.JPG	JPEG	92.7MB	8Bit	7414 像素 ×13294 像素	75DPI
6		A08	功德圆满	A08C.JPG	JPEG	75.1MB	8Bit	7028 像素 ×12438 像素	75DPI
7		A09	罗汉聆经	A09C.JPG	JPEG	151MB	8Bit	10981 像素 ×12703 像素	75DPI
8		A10	罗汉聆经	A10C.JPG	JPEG	130MB	8Bit	11225 像素 ×13218 像素	75DPI
9		A11	长眉问难	A11C.JPG	JPEG	32MB	8Bit	7288 像素 ×13337 像素	75DPI
10		A12	南天西游	A12C.JPG	JPEG	70.2MB	8Bit	7575 像素 ×13143 像素	75DPI
11	观音殿	B01	—	B01C.JPG	JPEG	310MB	8Bit	21579 像素 ×15937 像素	150DPI
12		B02	—	B02C.JPG	JPEG	330MB	8Bit	21300 像素 ×16210 像素	150DPI
13		B03	—	B03C.JPG	JPEG	334MB	8Bit	21677 像素 ×16369 像素	150DPI
14		B04	—	B04C.JPG	JPEG	299MB	8Bit	21777 像素 ×16650 像素	150DPI

7.4 壁画勘察分析图表

使用 JPEG 或 BMP 格式文件存储，文件中 RGB 色彩每通道深度不小于 8Bit。

表 7-10　　大雄殿样品采集分析信息统计表

样品编号	采样内容	分析方式	文件名	文件格式	文件数
D-green	绿色	EDXRF	大雄殿壁画 EDXRF 分析结果——D-green	数据文本	
		XRD	D-green	BMP	1
		RAM	D-green	JPG	2
		剖面观察	D-green	JPG	7
D-red	红色	EDXRF	大雄殿壁画 EDXRF 分析结果——D-red	数据文本	
		XRD	D-red	BMP	1
		RAM	D-red	JPG	1
		剖面观察	D-red	JPG	3
D-blue	蓝色	EDXRF	大雄殿壁画 EDXRF 分析结果——D-blue	数据文本	
		XRD	D-blue	BMP	1
		RAM	D-blue	JPG	2
		剖面观察	D-blue	JPG	2
D-jin	金层	EDXRF	大雄殿壁画 EDXRF 分析结果——D-jin	数据文本	
		剖面观察	D-jin	JPG	5
D-white	白色	XRF	大雄殿壁画 EDXRF 分析结果——D-white	数据文本	
		XRD	D-white	BMP	1
		RAM	D-white	JPG	1
D-yellow	黄色	EDXRF	大雄殿壁画 EDXRF 分析结果——D-yellow	数据文本	
		XRD	D-yellow	BMP	1
		RAM	D-yellow	JPG	1
		剖面观察	D-yellow	JPG	4
D-black	黑色	EDXRF	大雄殿壁画 EDXRF 分析结果——D-black	数据文本	
		RAM	D-black	JPG	1
D-baifen	白粉层	EDXRF	大雄殿壁画 EDXRF 分析结果——D-shihui	数据文本	
		XRD	D-baifen	BMP	1
D-dizhang	地仗层	EDXRF	大雄殿壁画印 EDXRF 分析结果——D-dz	数据文本	
		XRD	D-dizhang	BMP	1

表 7-11　观音殿样品采集分析信息统计表

样品编号	采样内容	分析方式	文件名	文件格式	文件数
G-green	绿色	EDXRF	观音殿壁画 EDXRF 分析结果——G-green	数据文本	
		XRD	G-green	BMP	1
		RAM	G-green	JPG	1
		剖面观察	G-green	JPG	4
G-red	红色	EDXRF	观音殿壁画 EDXRF 分析结果——G-red	数据文本	
		XRD	G-red	BMP	1
		RAM	G-red	JPG	1
		剖面观察	G-red	JPG	6
G-blue	蓝色	EDXRF	观音殿壁画 EDXRF 分析结果——G-blue	数据文本	
		XRD	G-blue	BMP	1
		RAM	G-blue	JPG	2
		剖面观察	G-blue	JPG	3
G-jin	金层	EDXRF	观音殿壁画 EDXRF 分析结果——G-jin	数据文本	
		剖面观察	G-jin	JPG	3
G-white	白色	EDXRF	观音殿壁画 EDXRF 分析结果——G-white	数据文本	
		XRD	G-white	BMP	1
		RAM	G-white	JPG	1
G-yellow	黄色	EDXRF	观音殿壁画 EDXRF 分析结果——G-yellow	数据文本	
		XRD	G-yellow	BMP	1
		剖面观察	G-yellow	JPG	3
G-black	黑色	EDXRF	观音殿壁画 EDXRF 分析结果——G-black	数据文本	
		RAM	G-black	JPG	1
G-baifen	白粉层	EDXRF	观音殿壁画 EDXRF 分析结果——G-baifen	数据文本	
		XRD	G-baifen	BMP	1
		RAM	G-baifen	JPG	1
G-xiubu	修补物	EDXRF	观音殿壁画 EDXRF 分析结果——G-xiubu	数据文本	
		XRD	G-xiubu	BMP	1

表 7-12　壁画载体勘察分析图统计表

序号	空间位置	文件名	文件格式	文件大小
1	大殿柱头位置点云切片	大雄殿柱头平面图	JPG	288KB
2	大殿柱脚位置点云切片	大雄殿柱脚平面图	JPG	274KB
3	大殿柱头和柱脚点云切片	大雄殿柱头柱脚连线图	JPG	261KB
4	大殿柱头和柱脚点云切片	大雄殿柱头柱脚偏移图	JPG	272KB
5	大殿柱头和柱脚点云切片	大雄殿柱子偏移方向示意图	JPG	261KB

表 7-13　　壁画色彩分析图统计表

序号	记录方式	文件名	文件格式	文件大小	分析方式
A02	Excel 表格	A02 颜色取样点图表	xlsx	52KB	分光色度仪
A03	Excel 表格	A03 颜色取样点图表	xlsx	130KB	分光色度仪
A04	Excel 表格	A04 颜色取样点图表	xlsx	139KB	分光色度仪
A05	Excel 表格	A05 颜色取样点图表	xlsx	102KB	分光色度仪
A06	Excel 表格	A06 颜色取样点图表	xlsx	108KB	分光色度仪
A08	Excel 表格	A08 颜色取样点图表	xlsx	101KB	分光色度仪
A09	Excel 表格	A09 颜色取样点图表	xlsx	117KB	分光色度仪
A10	Excel 表格	A10 颜色取样点图表	xlsx	103KB	分光色度仪
A11	Excel 表格	A11 颜色取样点图表	xlsx	102KB	分光色度仪
A12	Excel 表格	A12 颜色取样点图表	xlsx	70KB	分光色度仪
B01	Excel 表格	B01 颜色取样点图表	xlsx	70KB	分光色度仪
B02	Excel 表格	B02 颜色取样点图表	xlsx	83KB	分光色度仪
B03	Excel 表格	B03 颜色取样点图表	xlsx	91KB	分光色度仪
B04	Excel 表格	B04 颜色取样点图表	xlsx	70KB	分光色度仪

表 7-14　　壁画表面几何形态三维数据分析图统计表

序号	对应壁画位置	文件名	文件格式	文件大小
1	大雄殿西侧壁画 A02~A05	大雄殿西山墙壁画垂直剖面图	JPG	566KB
2	大雄殿东侧壁画 A08~A11	大雄殿东山墙壁画垂直剖面图	JPG	525KB
3	大雄殿北侧壁画 A06 和南侧壁画 A12	大雄殿 A06 幅壁画、A12 幅壁画垂直剖面图	JPG	363KB
4	大雄殿西侧壁画 A02~A05	大雄殿西山墙水平剖面图	JPG	5093KB
5	大雄殿东侧壁画 A08~A11	大雄殿东山墙水平剖面图	JPG	605KB

表 7-15　　重点壁画典型病害数据分析图统计表

序号	编号	文件名	格式	文件大小
1	A02	A02 起甲局部	JPG	2917KB
2	A02	A02 龟裂局部	JPG	2836KB
3	B04	B04 起甲局部	JPG	5882KB
4	B04	B04 龟裂局部	JPG	4687KB

7.5 壁画病害数字线画图

使用彩色 JPEG 格式文件为底图的 DWG、PDF 格式矢量文件，位图 RGB 色彩每通道深度不小于 8Bit。

表 7–16　　单幅壁画病害分布总图统计表

壁画编号	文件名	格式	文件大小	色彩深度	文件尺寸
A02	A02	DWG	619 KB	8Bit	2776 像素 ×4881 像素
	A02	PDF	2849 KB		
	A02	JPG	14424KB		
A03	A03	DWG	558 KB	8Bit	3969 像素 ×4748 像素
	A03	PDF	2349 KB		
	A03	JPG	15227KB		
A04	A04	DWG	480 KB	8Bit	3949 像素 ×4808 像素
	A04	PDF	2340 KB		
	A04	JPG	15099KB		
A05	A05	DWG	339 KB	8Bit	2787 像素 ×4700 像素
	A05	PDF	1937 KB		
	A05	JPG	10428KB		
A06	A06	DWG	464 KB	8Bit	2569 像素 ×4546 像素
	A06	PDF	2266 KB		
	A06	JPG	12169KB		
A08	A08	DWG	777 KB	8Bit	3957 像素 ×4662 像素
	A08	PDF	2882 KB		
	A08	JPG	12195KB		
A09	A09	DWG	536 KB	8Bit	3957 像素 ×4662 像素
	A09	PDF	3455 KB		
	A09	JPG	18154KB		
A10	A10	DWG	745 KB	8Bit	3992 像素 ×4701 像素
	A10	PDF	2958 KB		
	A10	JPG	16971KB		
A11	A11	DWG	323 KB	8Bit	2582 像素 ×4725 像素
	A11	PDF	2333 KB		
	A11	JPG	11001KB		
A12	A12	DWG	613 KB	8Bit	2738 像素 ×4750 像素
	A12	PDF	2884KB		
	A12	JPG	13607KB		
B01	B01	DWG	400 KB	8Bit	3806 像素 ×2811 像素
	B01	PDF	2006KB		
	B01	JPG	13381KB		
B02	B02	DWG	282 KB	8Bit	3717 像素 ×2829 像素
	B02	PDF	1991KB		
	B02	JPG	11635KB		
B03	B03	DWG	248 KB	8Bit	3725 像素 ×2834 像素
	B03	PDF	2371KB		
	B03	JPG	12134KB		
B04	B04	DWG	964 KB	8Bit	3725 像素 ×2811 像素
	B04	PDF	1906KB		
	B04	JPG	13915KB		

7.6 全部现场采集的未拼合壁画影像

单张原片的 RAW 格式原始数据，采用 RGB 色彩标准无损文件格式存储，文件中 RGB 色彩每通道深度不小于 14Bit。

表 7-17　　采集区块影像的 RAW 格式原始数据统计表

序号	编号	文件名	图片数量	壁画主题	格式	文件大小	色彩深度	文件尺寸（单张图）	分辨率
1	A01-Z-150DPI	IMG0410-IMG0445	18	白墙题壁	NEF	751MB	14Bit	7360 像素 ×4912 像素	150DPI
	A01-C-150DPI	IMG0411-IMG0444	18			827MB	14Bit	7360 像素 ×4912 像素	150DPI
2	A02-Z-300DPI	IMG0306-IMG0391	109	议赴佛会	NEF	13.0GB	14Bit	7360 像素 ×4912 像素	300DPI
	A02-C-75DPI	DSC3106-DSC3116	4			0.82GB	14Bit	7360 像素 ×4912 像素	75DPI
3	A03-Z-300DPI	BFS2091-BFS2320	123	地藏说法	NEF	13.7GB	14Bit	7360 像素 ×4912 像素	300DPI
	A03-C-75DPI	DSC3059-DSC3073	7			0.081GB	14Bit	7360 像素 ×4912 像素	75DPI
4	A04-Z-300DPI	BFS1829-BFS2073	120	雷音供奉	NEF	13.2GB	14Bit	7360 像素 ×4912 像素	300DPI
	A04-C-75DPI	DSC3075-DSC3090	7			0.82GB	14Bit	7360 像素 ×4912 像素	75DPI
5	A05-Z-300DPI	IMG0451-IMG0852	81	达摩朝贡	NEF	13.2GB	14Bit	7360 像素 ×4912 像素	300DPI
	A05-C-75DPI	DSC3095-DSC3102	6			0.46GB	14Bit	7360 像素 ×4912 像素	75DPI
6	A06-Z-300DPI	BFS1829-BFS2073	81	准提接引	NEF	14.7GB	14Bit	7360 像素 ×4912 像素	300DPI
	A06-C-75DPI	DSC3357-DSC3365	6			0.55GB	14Bit	7360 像素 ×4912 像素	75DPI
7	A07-Z-75DPI	IMG0108-IMG0116	3	白墙	NEF	128MB	14Bit	7360 像素 ×4912 像素	75DPI
	A07-C-75DPI	IMG0112-IMG017	3			145MB	14Bit	7360 像素 ×4912 像素	75DPI
8	A08-Z-300DPI	DSC4545-DSC4465/ IMG0001-IMG0089	82	功德圆满	NEF	15.2GB	14Bit	7360 像素 ×4912 像素	300DPI
	A08-C-75DPI	DSC3290-DSC3897	5			0.57GB	14Bit	7360 像素 ×4912 像素	75DPI
9	A09-Z-300DPI	BFS1442-BFS1729	138	罗汉聆经	NEF	10.5GB	14Bit	7360 像素 ×4912 像素	300DPI
	A09-C-75DPI	DSC3299-DSC3315	8			0.97GB	14Bit	7360 像素 ×4912 像素	75DPI
10	A10-Z-300DPI	IMG0608-IMG0758	141	罗汉聆经	NEF	10.2GB	14Bit	7360 像素 ×4912 像素	300DPI
	A10-C-75DPI	DSC3312-DSC3334	7			0.97GB	14Bit	7360 像素 ×4912 像素	75DPI
11	A11-Z-300DPI	DSC4298-DSC4493	98	长眉问难	NEF	13.3GB	14Bit	7360 像素 ×4912 像素	300DPI
	A11-C-75DPI	DSC3335-DSC3342	4			0.55GB	14Bit	7360 像素 ×4912 像素	75DPI
12	A12-Z-300DPI	-IMG0444	109	南天西游	NEF	9.2GB	14Bit	7360 像素 ×4912 像素	300DPI
	A12-C-75DPI	DSC3345-DSC3354	5			0.56GB	14Bit	7360 像素 ×4912 像素	75DPI
13	B01-150DPI	DSC2808-DSC2864	65	—	NEF	2.99GB	14Bit	7360 像素 ×4912 像素	150DPI
14	B02-150DPI	DSC2948-DSC2991	72	—	NEF	2.86GB	14Bit	7360 像素 ×4912 像素	150DPI
15	B 03-150DPI	DSC2996-DSC3044	46	—	NEF	2.68GB	14Bit	7360 像素 ×4912 像素	150DPI
16	B 04-150DPI	DSC2895-DSC2943	77	—	NEF	2.95GB	14Bit	7360 像素 ×4912 像素	150DPI

表 7-18　　壁画色彩校准卡原始影像文件统计表

序号	位置	壁画编号	控制位置	文件名	格式	色彩深度	文件尺寸（单张图）	分辨率
1	大雄殿	A02-Z-300DPI	壁画中部罗汉头部左上侧	BFS1992	NEF	14Bit	7360 像素 ×4912 像素	300DPI
2		A03-Z-300DPI	壁画中部与四角	DFS2324/DFS2336	NEF	14Bit	7360 像素 ×4912 像素	300DPI
3		A04-Z-300DPI	壁画中部	IMG0392/IMG00393	NEF	14Bit	7360 像素 ×4912 像素	300DPI
4		A05-Z-300DPI	壁画中部佛头下部	IMG00507/IMG00508	NEF	14Bit	7360 像素 ×4912 像素	300DPI
5		A06-Z-300DPI	壁画左上部菩萨右臂	BFS2019/BFS2020	NEF	14Bit	7360 像素 ×4912 像素	300DPI
6		A08-Z-300DPI	壁画中部佛头下部	DSC4613/DSC4614	NEF	14Bit	7360 像素 ×4912 像素	300DPI
7		A09-Z-300DPI	壁画中部	DSC4431/DSC4432	NEF	14Bit	7360 像素 ×4912 像素	300DPI
8		A10-Z-300DPI	壁画上中下部分	BFS1816-BFS1882	NEF	14Bit	7360 像素 ×4912 像素	300DPI
9		A11-Z-300DPI	壁画中部拄棍罗汉左手旁	DSC4431/DSC4432	NEF	14Bit	7360 像素 ×4912 像素	300DPI
10		A12-Z-300DPI	壁画右下侧	DSC4543/DSC4544	NEF	14Bit	7360 像素 ×4912 像素	300DPI
11	观音殿	B01-Z-150DPI	壁画左上角和中部四张	DSC2806/DSC2836/DSC2819/DSC2849/DSC2859	NEF	14Bit	7360 像素 ×4912 像素	150DPI
12		B02-Z-150DPI	壁画中部	DSC2967	NEF	14Bit	7360 像素 ×4912 像素	150DPI
13		B03-Z-150DPI	壁画中部	DSC3017	NEF	14Bit	7360 像素 ×4912 像素	150DPI
14		B04-Z-150DPI	壁画和右上角	DSC2896/DSC2905	NEF	14Bit	7360 像素 ×4912 像素	150DPI

7.7 现场工作记录照片电子文件

反映古建筑及院落等文物环境、壁画空间分布位置、与历史照片相对应的现状记录照片以及反映现场所采用设备、工作过程的记录照片。

表 7-19　　现场工作记录文件统计表

序号	内容分类	拍摄时间	数量	格式	色彩深度	文件尺寸
1	工作照	2014.12	23 张	JPG	3×8 Bit	7360 像素 ×4912 像素
2	现场环境照	2014.8	30 张	JPG	3×8 Bit	3648 像素 ×2736 像素

图版

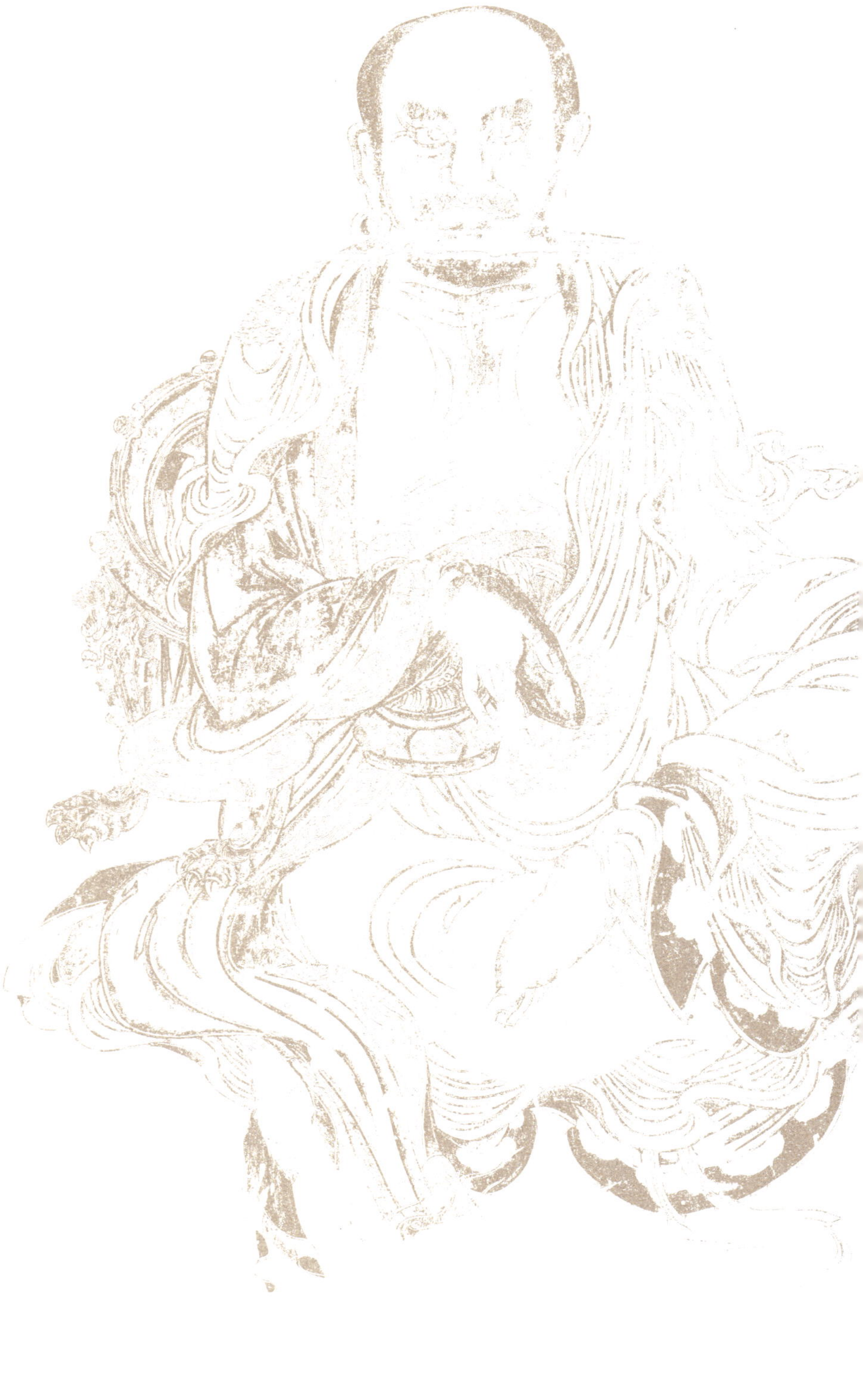

大雄殿壁画

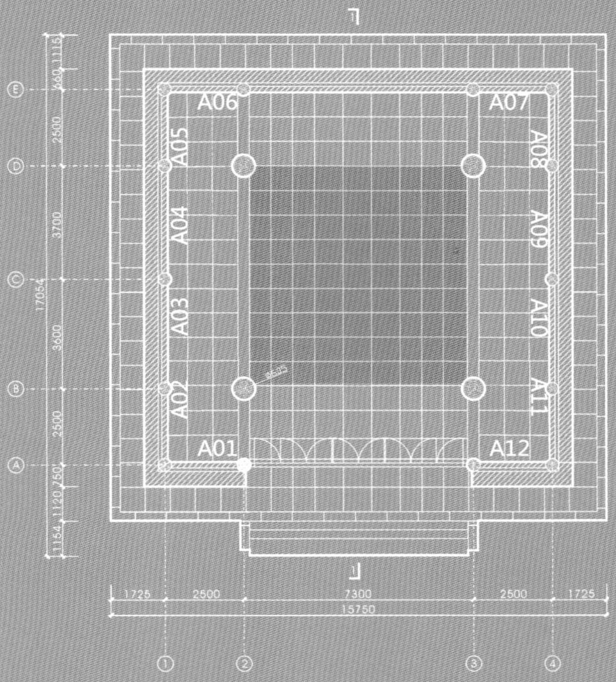
A01
A02
A03
A04
A05
A06
A07
A08
A09
A10
A11
A12
1725
2500
7300
2500
1725
15750

大雄殿A02议赴佛会

正射总图

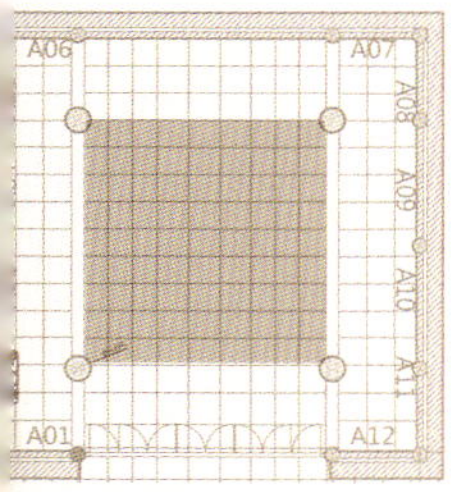

单位：mm

大雄殿 A02 议赴佛会

正射图局部

单位：mm

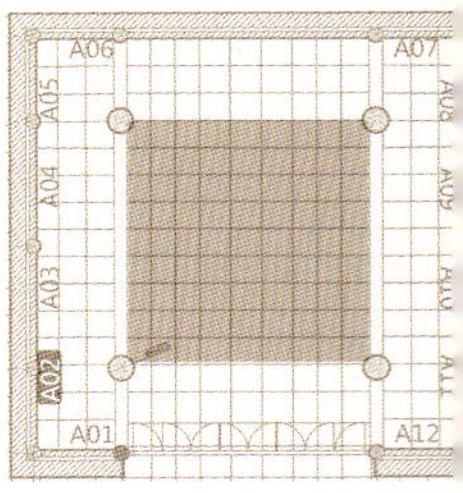

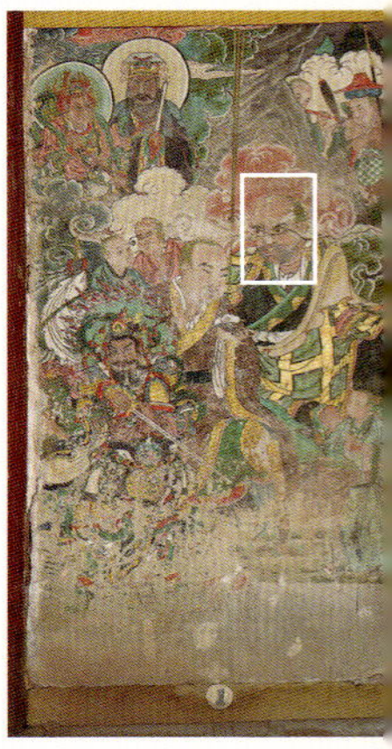

大雄殿A02议赴佛会

正射图局部

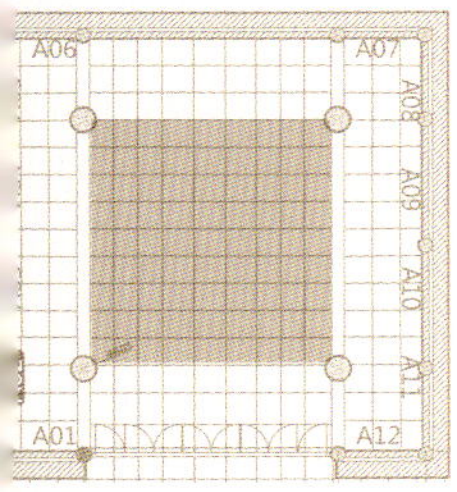

单位：mm

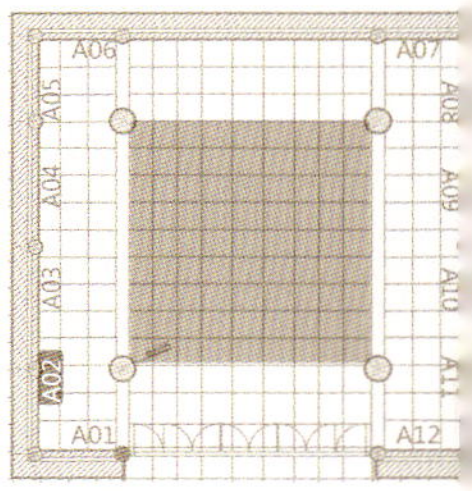
A06
A07
A05
A04
A03
A02
A01
A12
A08
A09
A10
A11

大雄殿 A02 议赴佛会

正射图局部

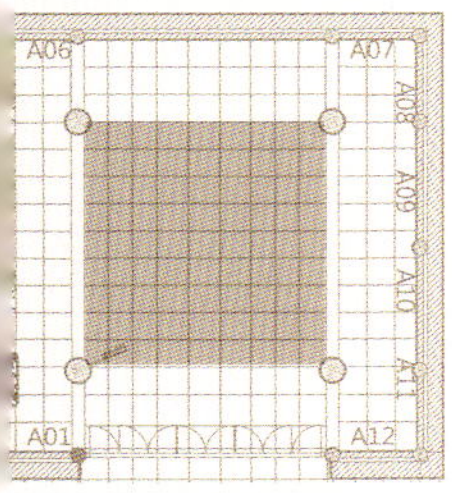

单位：mm

大雄殿 A02 议赴佛会

侧射总图

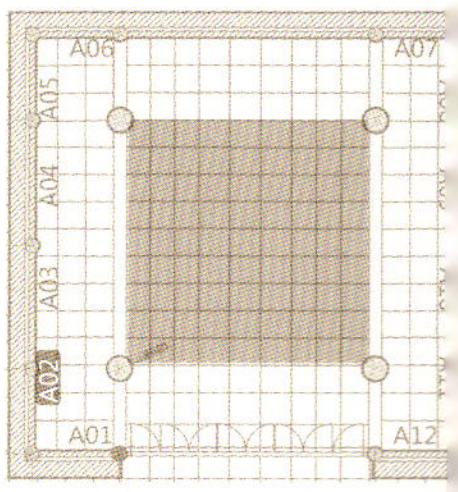

单位：mm

大雄殿 A02 议赴佛会
制作材料和工艺采样分析

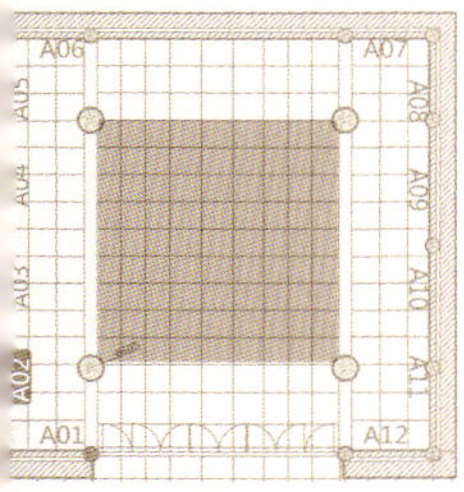

XRF X 射线荧光元素分析取样点（XRF）

XRD X 射线衍射成分分析取样点（XRD）

RAM 拉曼成分分析取样点（RAM）

高 高光谱分析区域

剖 剖面显微镜结构分析取样点

9 分光光度计色彩信息采集点

1# 绿色

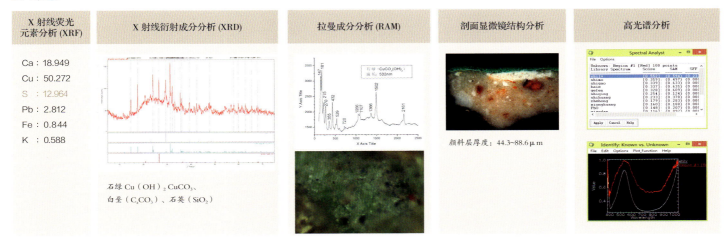

X 射线荧光元素分析 (XRF)	X 射线衍射成分分析 (XRD)	拉曼成分分析 (RAM)	剖面显微镜结构分析	高光谱分析
Ca：18.949 Cu：50.272 S ：12.964 Pb：2.812 Fe：0.844 K ：0.588	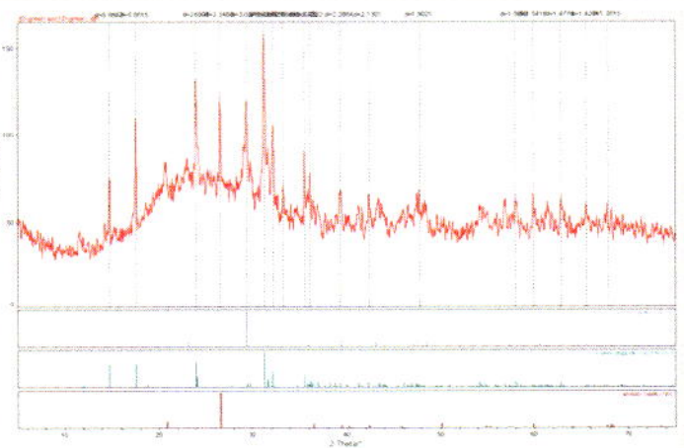 石绿 $Cu(OH)_2CuCO_3$、 白垩（$CaCO_3$）、石英（SiO_2）	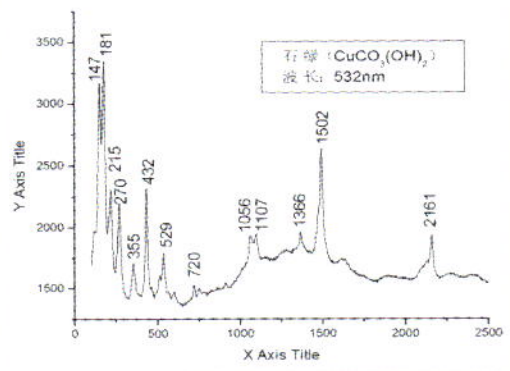 	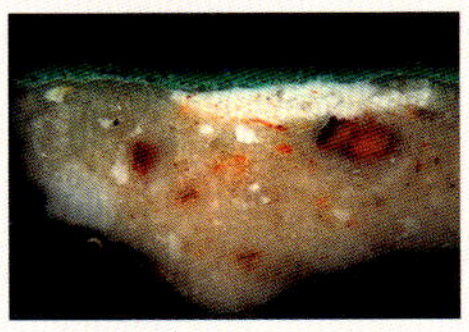 颜料层厚度：44.3~88.6 μm	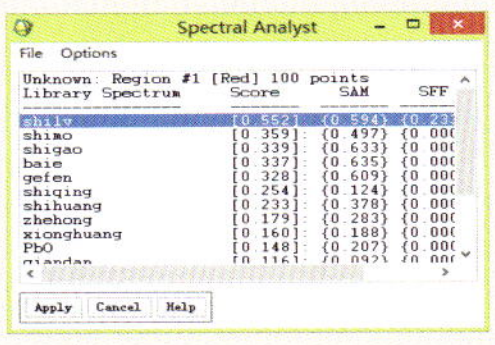 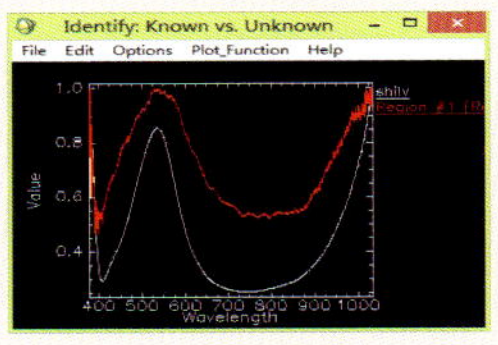

小结 1. XRF、XRD、RAM 高光谱分析结果均为石绿，XRD 中白垩和石英由地仗层带入；
2. 颜料层较厚，且颗粒较大；
3. 综合分析结果，绿色颜料为石绿。

2# 红色

X 射线荧光元素分析（XRF）	X 射线衍射成分分析（XRD）	拉曼成分分析（RAM）	剖面显微镜结构分析	高光谱分析
Ca：27.438 Si：6.655 Cu：0.132 Hg：24.316 S ：22.967 Pb：17.010 Fe：0.895	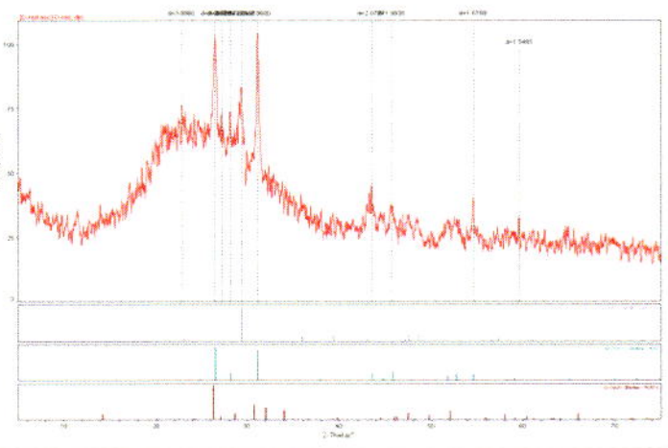 朱砂（HgS）、铅丹（Pb_3O_4）、 石英（SiO_2）	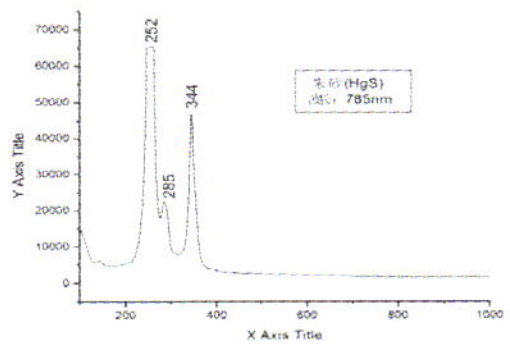 	 颜料层厚度：0~25.3 μm	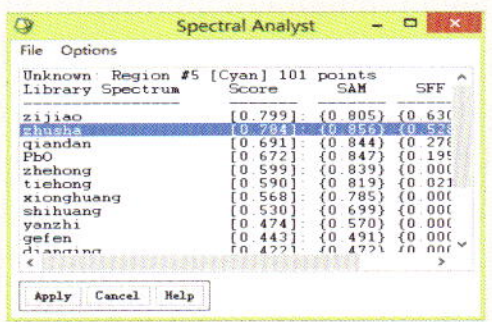 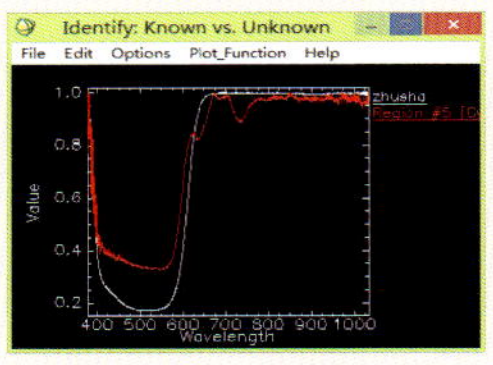

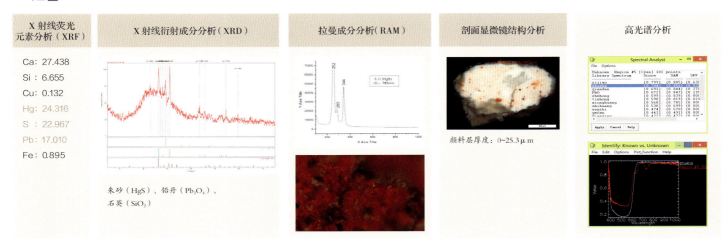

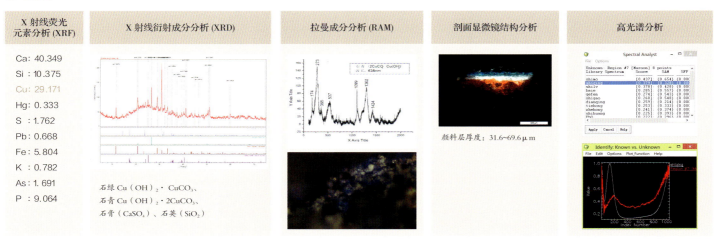

小结 1. XRF 分析含有 Pb、Hg、S 与 XRD 检测朱砂、铅丹的结果相对应，RAM 和高光谱检测结果只有朱砂，可能是由于铅丹含量较少或者检测区域的选择，导致结果的不一致；
2. 颜料层较薄，且颜料颗粒较细腻；
3. 综合分析结果，红色颜料以朱砂为主，混有少量铅丹。

3# 蓝色

X 射线荧光元素分析 (XRF)	X 射线衍射成分分析 (XRD)	拉曼成分分析 (RAM)	剖面显微镜结构分析	高光谱分析
Ca：40.349 Si：10.375 Cu：29.171 Hg：0.333 S ：1.762 Pb：0.668 Fe：5.804 K ：0.782 As：1.691 P ：9.064	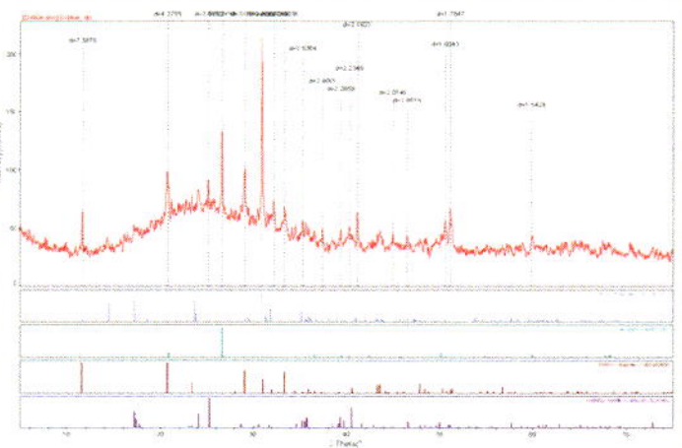 石绿 $Cu(OH)_2\cdot CuCO_3$、 石青 $Cu(OH)_2\cdot 2CuCO_3$、 石膏（$CaSO_4$）、石英（SiO_2）	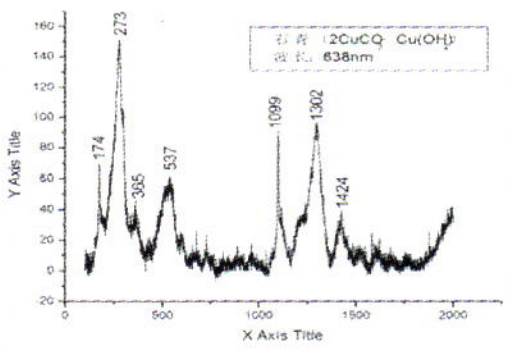 	 颜料层厚度：31.6~69.6 μm	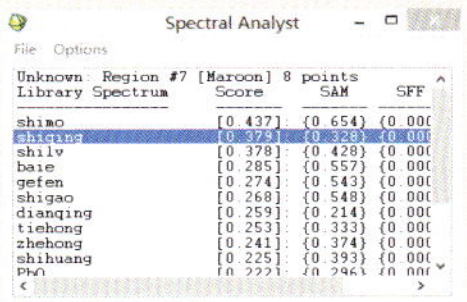 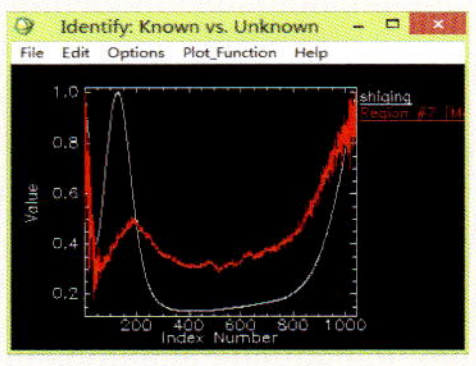

小结 1. XRF、XRD、RAM 和高光谱检测中均出现石青。XRD 检出石绿，是由于石青和石绿属于伴生矿石，磨制颜料时会有少量带入；石膏结合 RAM 显微结果，可看出此处蓝色颜料属于石青加石膏的调和色；
2. 颜料层厚度接近绿色颜料，颗粒度同样较大；
3. 综合分析结果，蓝色颜料为石青。

4# 金色

X 射线荧光元素分析 (XRF)

Ca: 16.617
Si：27.863
Cu: 1.740
S：15.617
Pb: 0.894
Fe: 25.342
K：6.666
Au: 3.193
Mn: 0.564
Zn: 0.073
Ti：1.416

剖面显微镜结构分析

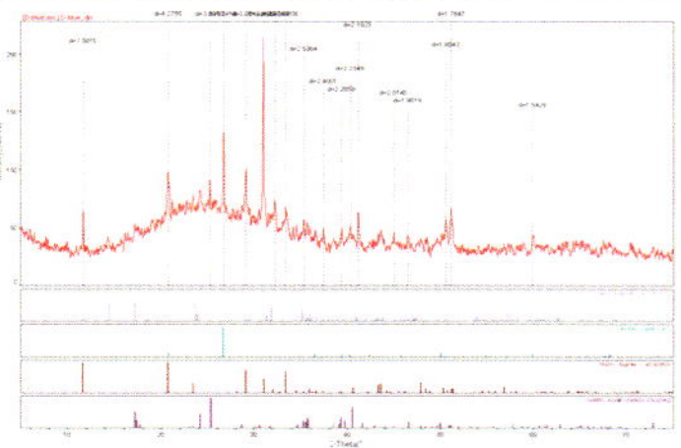

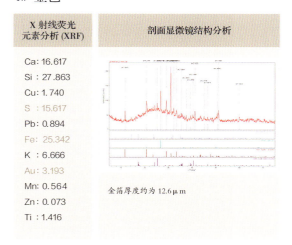

金箔厚度约为 12.6μm

小结　大雄殿用金属于贴金工艺，存在沥粉贴金和平贴两种。由剖面结果可知，贴金前用大漆加红色颜料作为胶液和底层，衬托贴金效果。金箔厚度约为 12.6μm。

5# 白色

X 射线荧光元素分析 (XRF)

Ca: 5.280
Cu: 0.155
Pb: 92.816
P：1.748

X 射线衍射成分分析 (XRD)

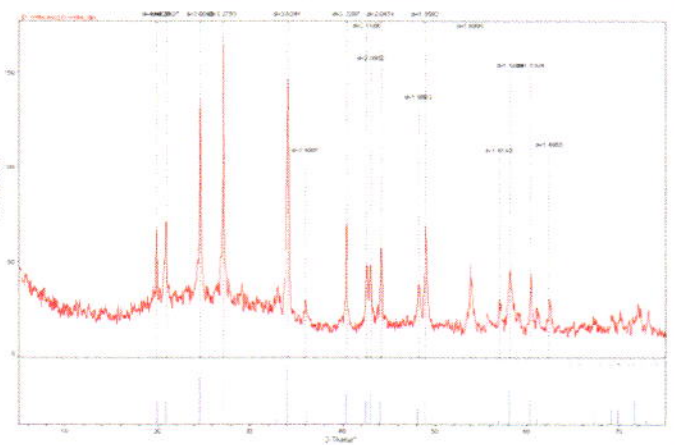

铅白 $Pb_3(CO_3)_2(OH)_2$

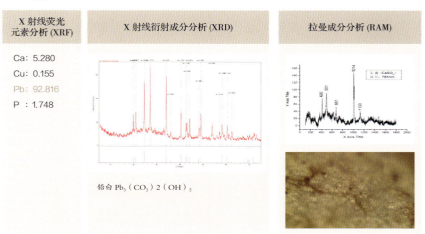

拉曼成分分析 (RAM)

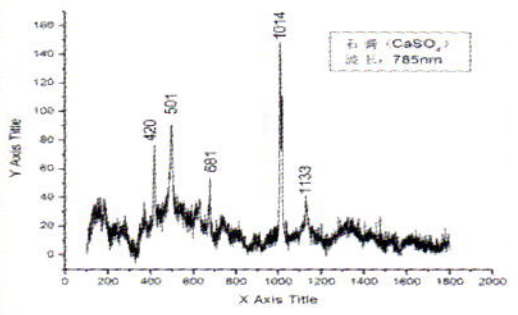

小结　XRF 检测 Pb 含量较高，XRD 分析结果为铅白，RAM 检测结果为石膏。综合三种分析结果，由于 RAM 检测结果与选取位置关系密切，铅白的可能性较大。

6# 黄色

X 射线荧光元素分析（XRF）

Ca: 4.793
Si：12.677
Cu: 0.185
Pb: 78.488
Fe: 2.849
K：1.008
P：2.657

X 射线衍射成分分析（XRD）

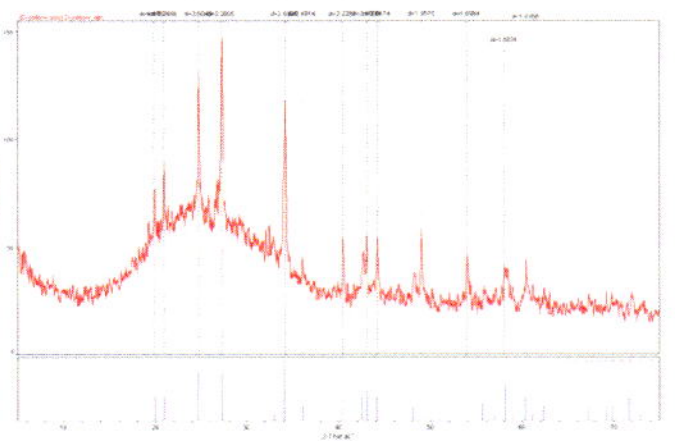

铅白 $Pb_3(CO_3)_2(OH)_2$

拉曼成分分析（RAM）

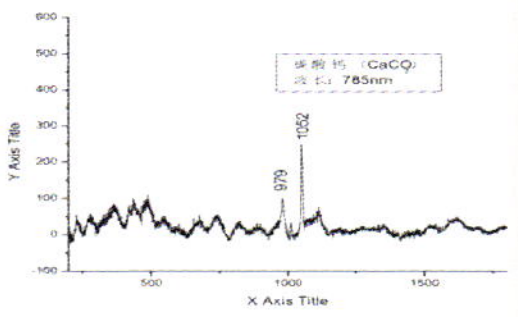

剖面显微镜结构分析

颜料层厚度：0~12.9μm

高光谱分析

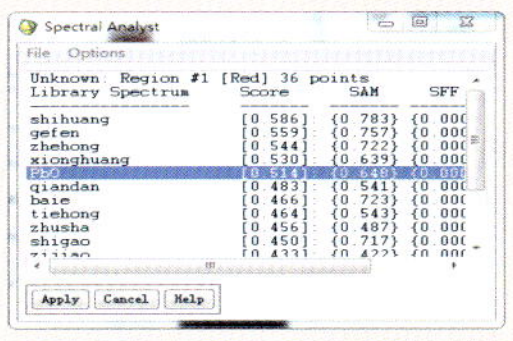

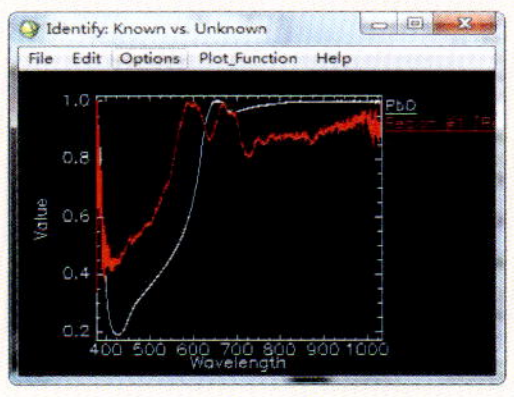

小结　1. XRF 检测 Pb 含量较高，XRD 结果为铅白，RAM 结果为白垩，高光谱结果为铅黄，综合四种分析结果，白垩应为地仗层带入，黄色颜料成分应该为铅黄；
2. 颜料层较薄，颗粒较细。

7# 黑色

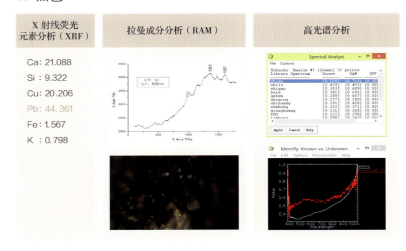

X 射线荧光元素分析（XRF）

Ca: 21.088
Si：9.322
Cu: 20.206
Pb: 44.361
Fe: 1.567
K：0.798

拉曼成分分析（RAM）

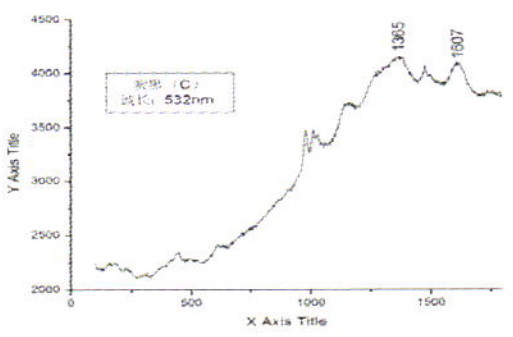

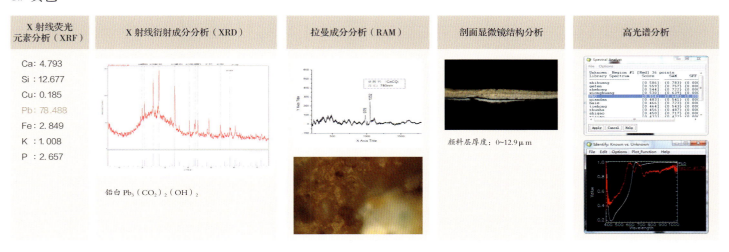

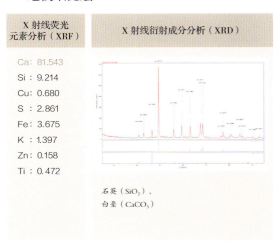

高光谱分析

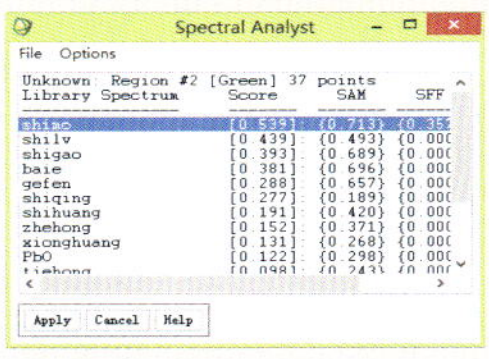

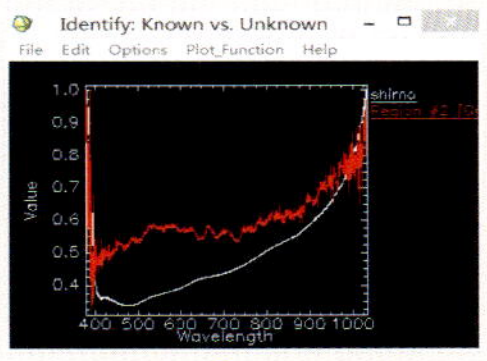

小结　RAM 和高光谱检测结果均为炭黑，炭黑属于有机无定型物质，XRF、XRD 无法检出。

8# 地仗细泥层

X 射线荧光元素分析（XRF）

Ca: 81.543
Si：9.214
Cu: 0.680
S：2.861
Fe: 3.675
K：1.397
Zn: 0.158
Ti：0.472

X 射线衍射成分分析（XRD）

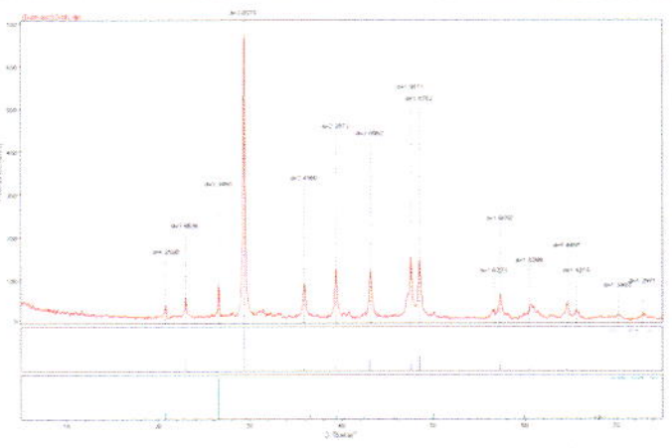

石英（SiO_2）、
白垩（$CaCO_3$）

小结　白色地仗细泥层主要成分为白垩和石英，掺有细麻丝，厚度为 2~3mm。

9# 地仗粗泥层

X 射线荧光元素分析 (XRF)	X 射线衍射成分分析 (XRD)
Ca：7.478 Si ：53.076 S ：0.828 Fe：11.523 K ：4.974 Mn：0.210 Zn：0.051 Ti ：1.016 Al ：20.845	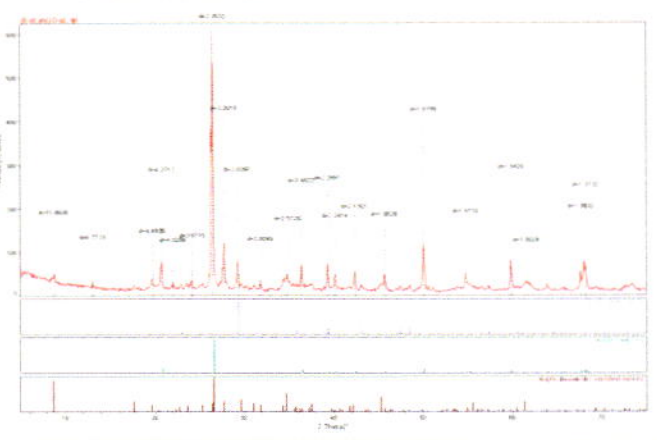 白垩（$CaCO_3$）、 石英（SiO_2）、 蒙脱石（$KAl_2(SiO_3Al)O_{10}(OH)F_2$）

小结　红色地仗粗泥层主要成分为白垩、石英、蒙脱石，掺有麦秸秆，厚度 30~50mm 不等。

结论

1　大雄殿壁画符合建筑壁画的基本结构，分为支撑体、地仗层（粗泥层、细泥层）、颜料层。

2　颜料层多为矿物质成分，颜料颗粒大小不同，厚度存在明显差异，且存在着混色调和现象，表达丰富的颜色层次。

3　大雄殿壁画相对较多的区域采用了贴金工艺。

4　采用多种检测分析手段，明确壁画制作物质成分。

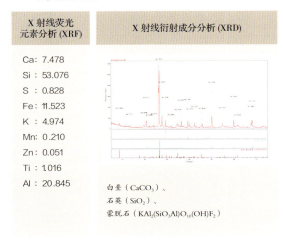

大雄殿A02议赴佛会

分光光度计色彩采集点信息

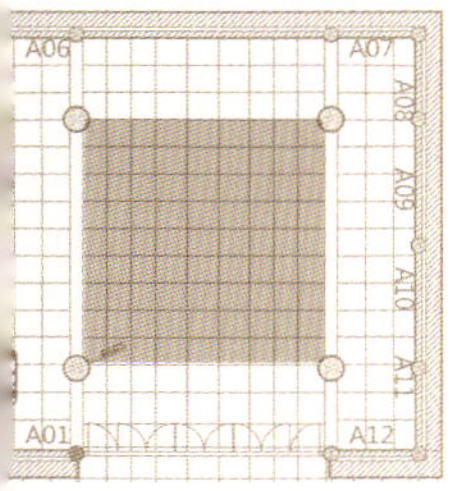

1 黑

L:56.89

a:5.89

b:16.46

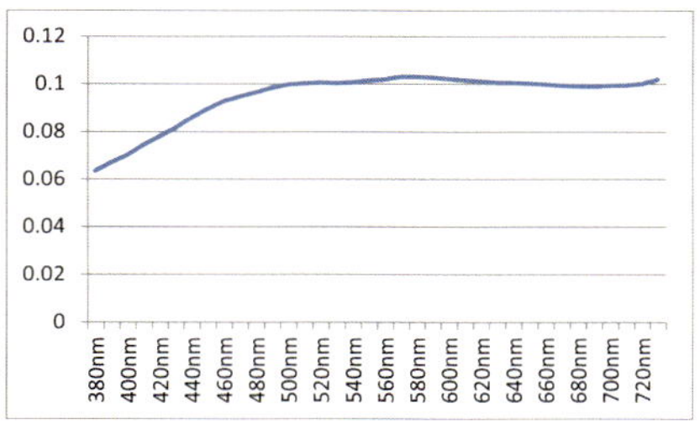

4 红

L:42.99

a:10.48

b:28.09

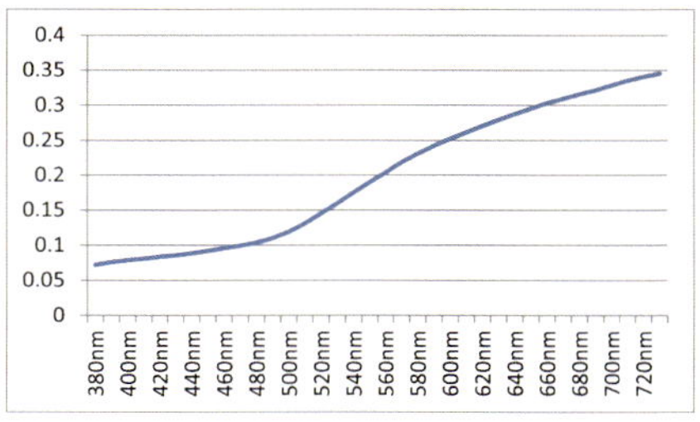

21 黑

L:31.75

a:0.89

b:3.03

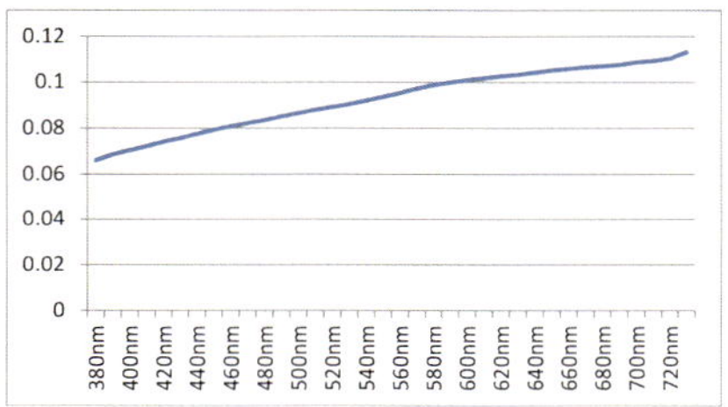

5 红

L:50.92

a:11.29

b:14.91

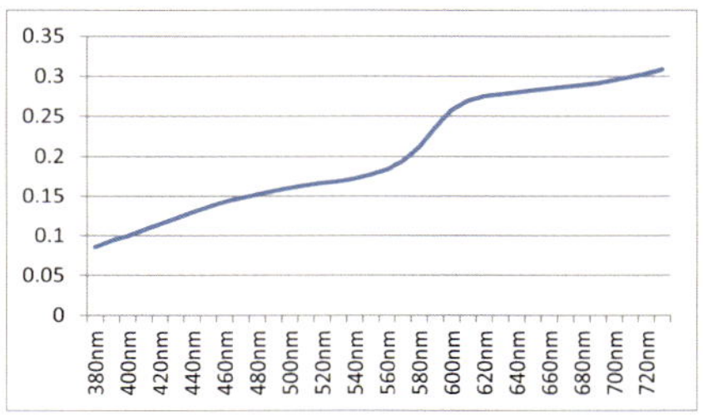

2 白

L:70.37

a:13.89

b:10.37

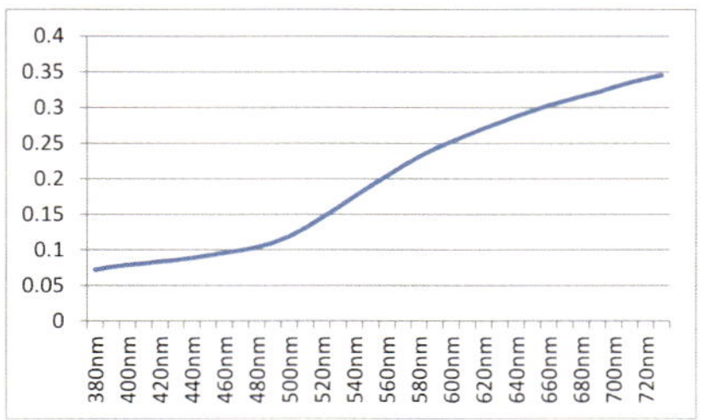

15 红

L:42.03

a:26.34

b:19.07

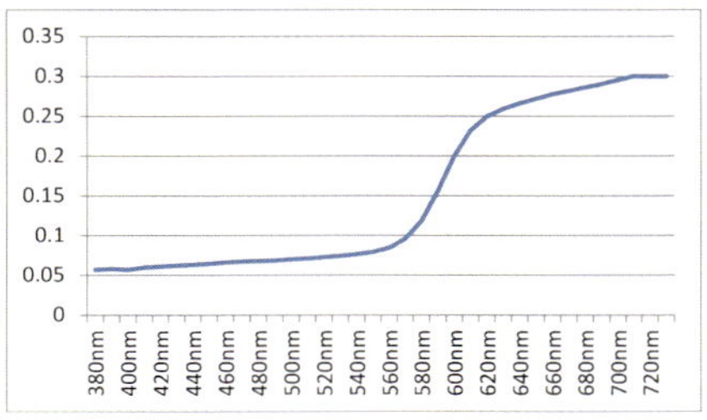

26 白

L:64.80

a:2.32

b:19.06

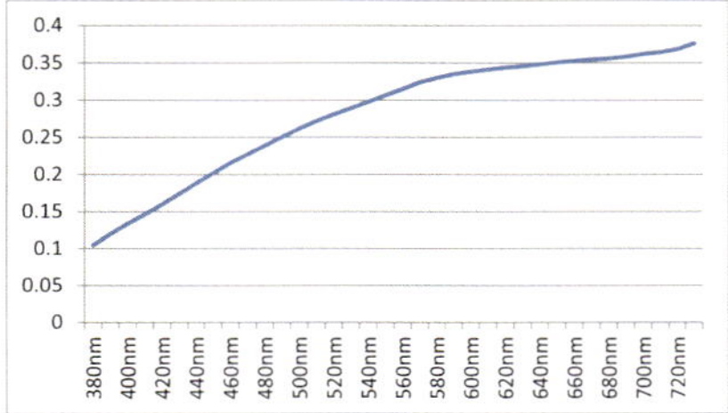

18 红

L:58.23

a:15.57

b:16.50

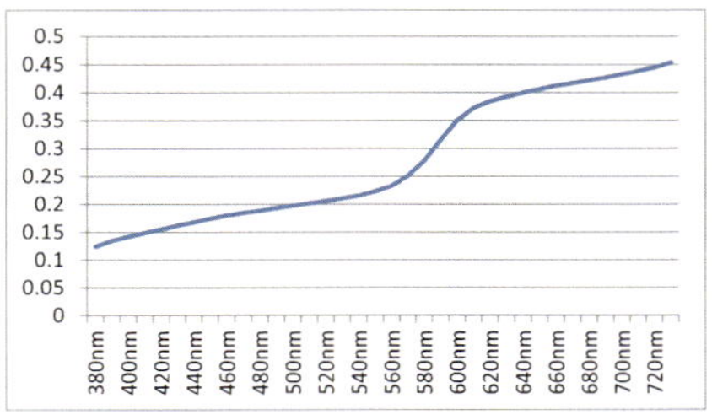

3 金

L:55.59

a:10.48

b:28.09

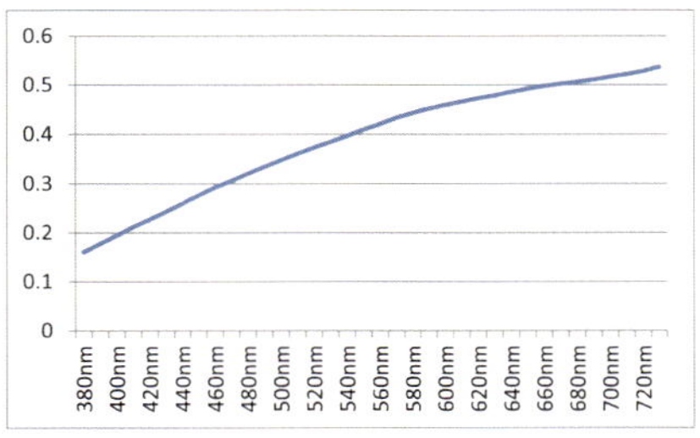

20 红

L:42.99

a:38.4

b:24.34

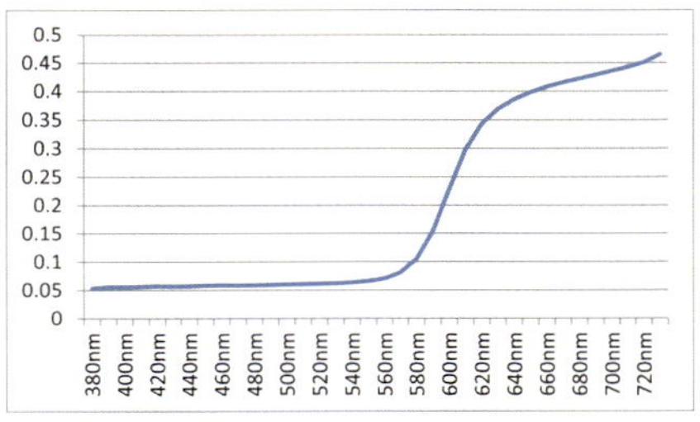

6 褐

L:40.64

a:5.86

b:28.09

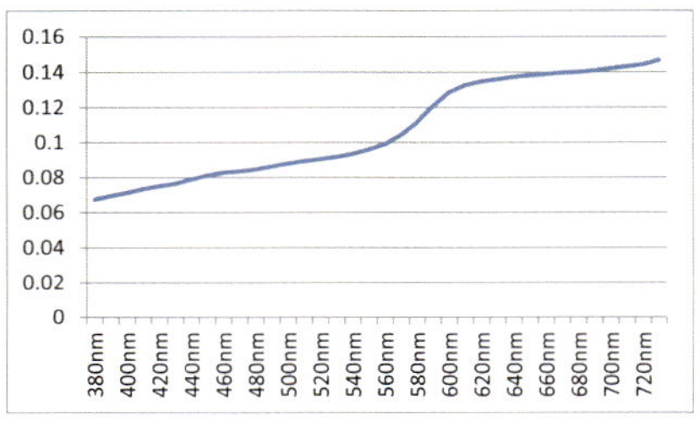

7 黄

L:86.00

a:8.11

b:35.41

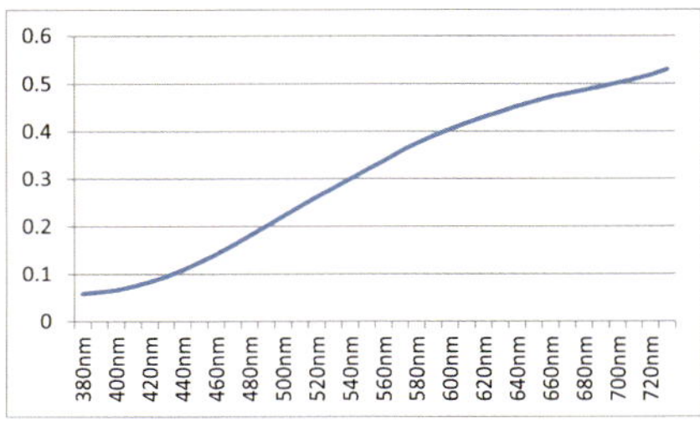

22 褐

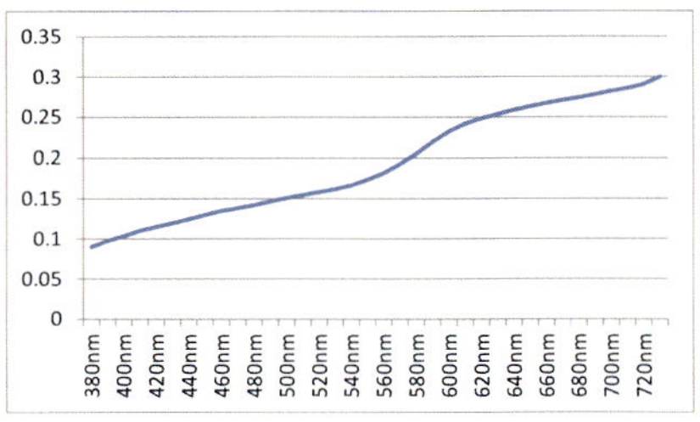

L:50.88
a:9.20
b:13.64

24 黄

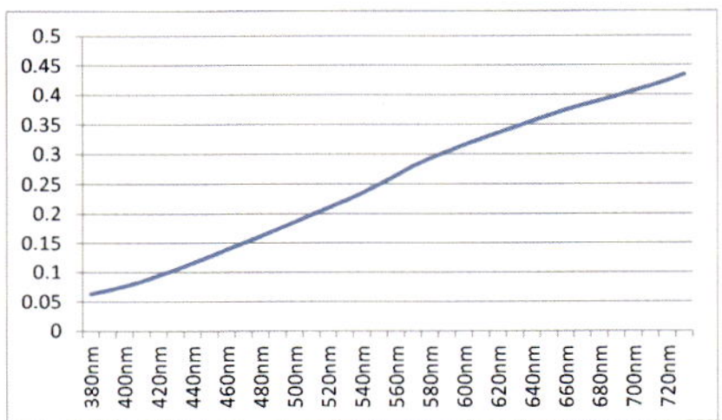

L:59.26
a:7.89
b:56.95

27 黄

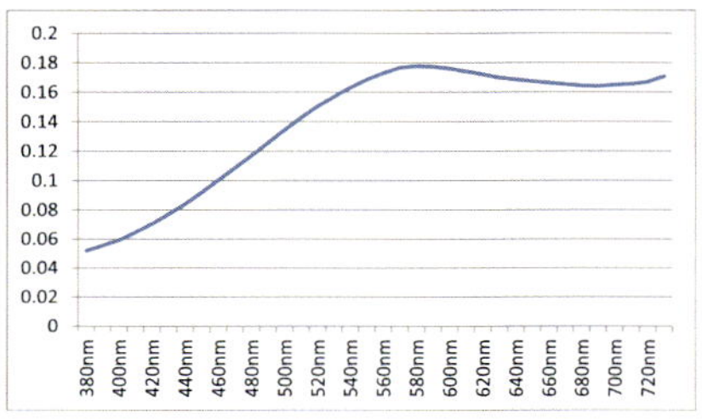

L:44.59
a:-1.39
b:16.49

19 绿

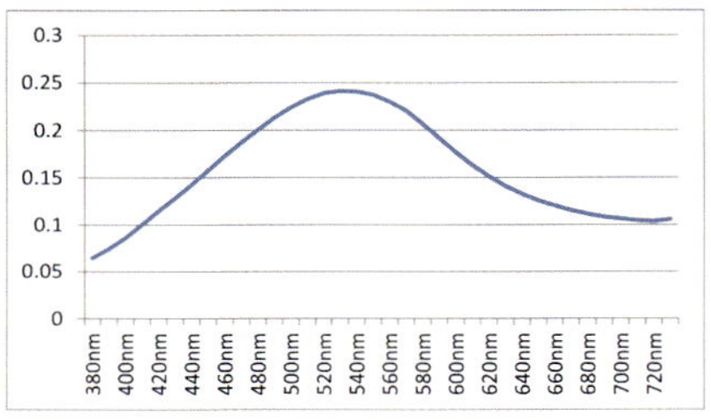

L:52.72
a:-15.36
b:8.78

8 绿

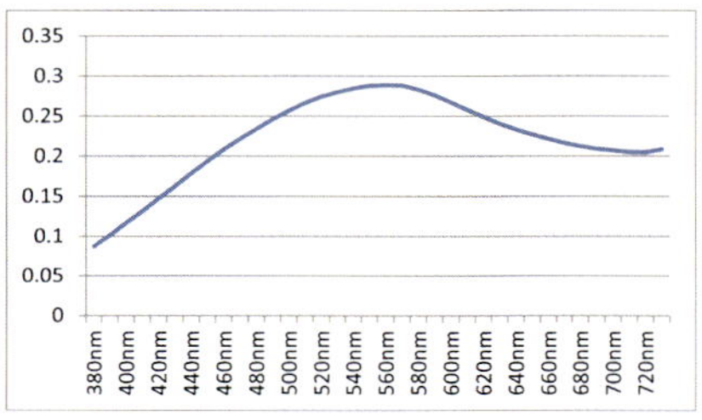

L:59.05
a:-6.85
b:12.51

23 绿

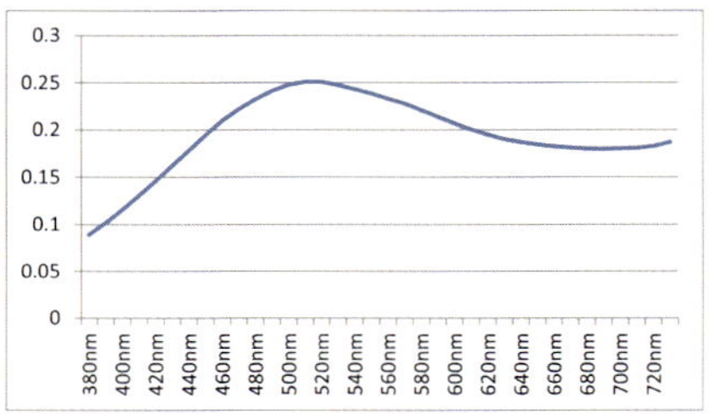

L:50.79
a:-9.62
b:0.67

9 绿

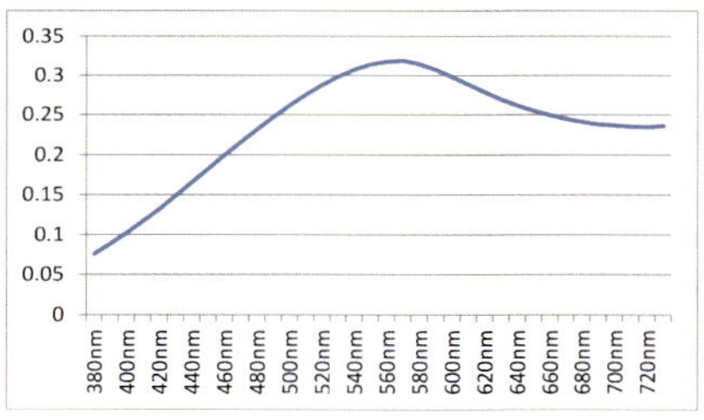

L:61.58
a: -6.37
b:17.66

12 蓝

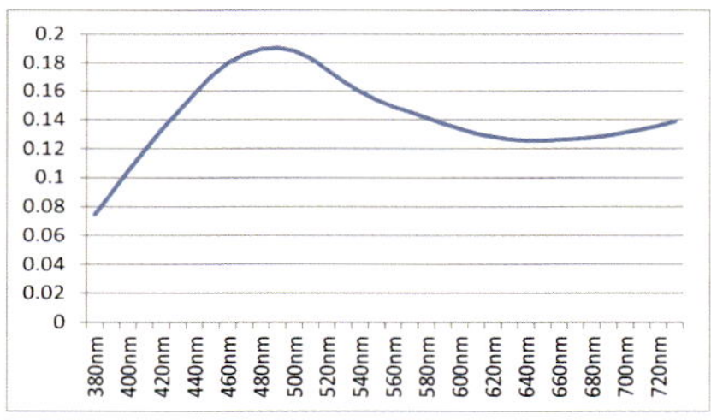

L:50.35
a:-9.79
b:1.28

10 绿

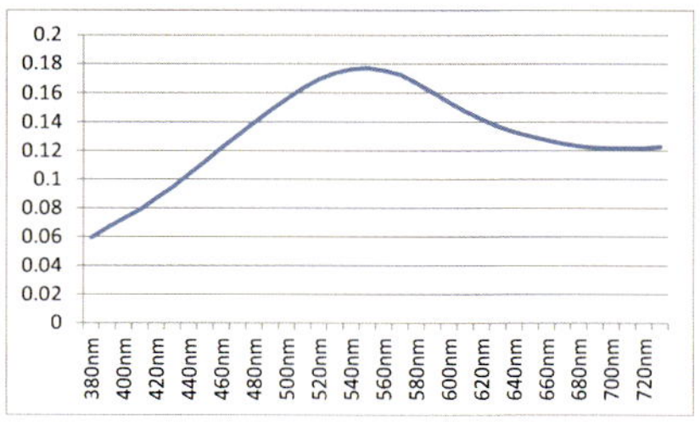

L:47.30
a:-8.30
b:10.82

13 蓝

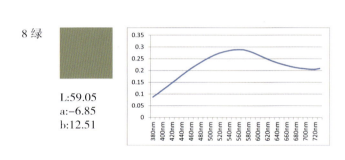

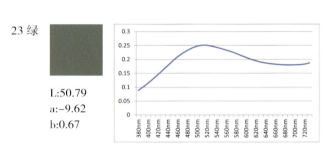

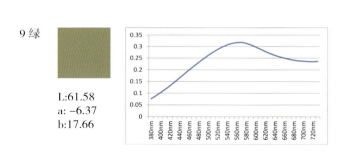

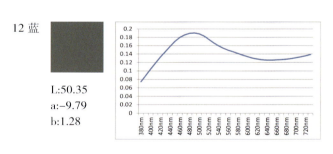

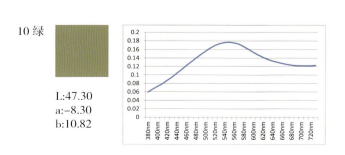

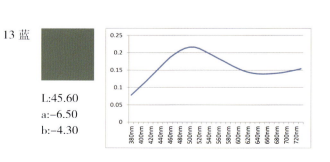

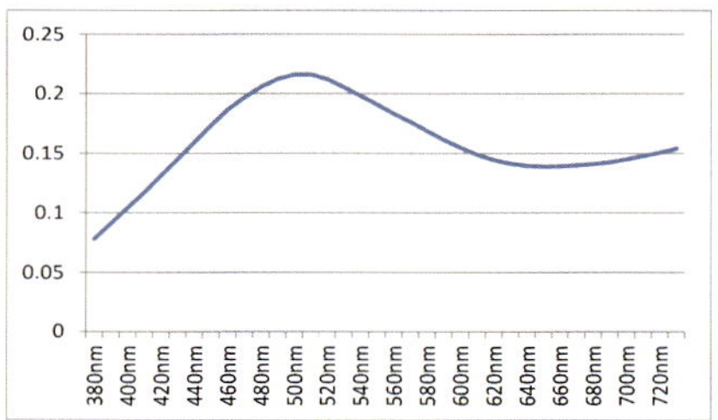

L:45.60
a:-6.50
b:-4.30

11 绿

L:43.15
a:–6.86
b:9.35

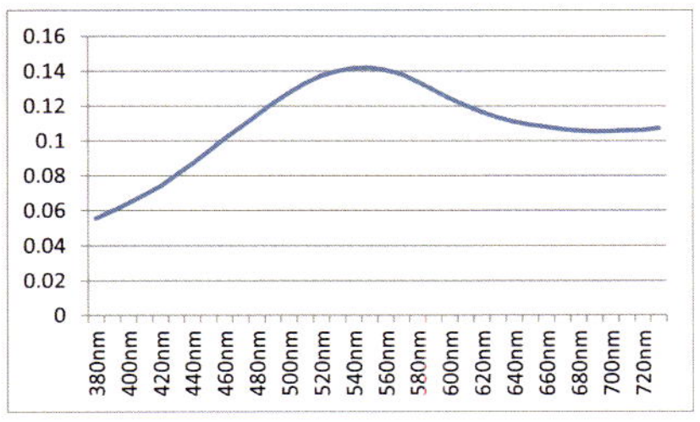

16 蓝

L:48.13
a:–5.45
b:1.76

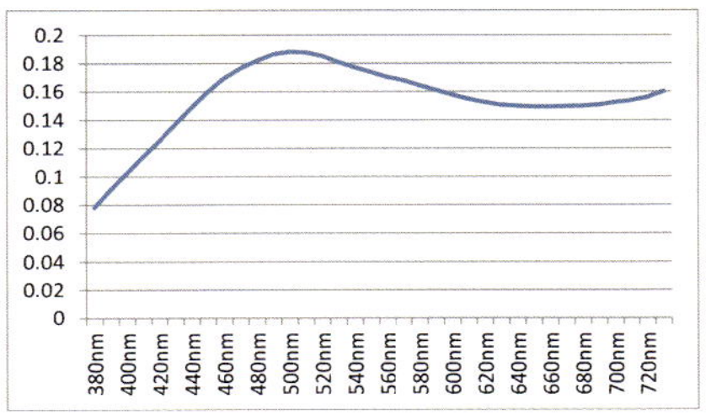

14 绿

L:54.08
a:–6.94
b:15.15

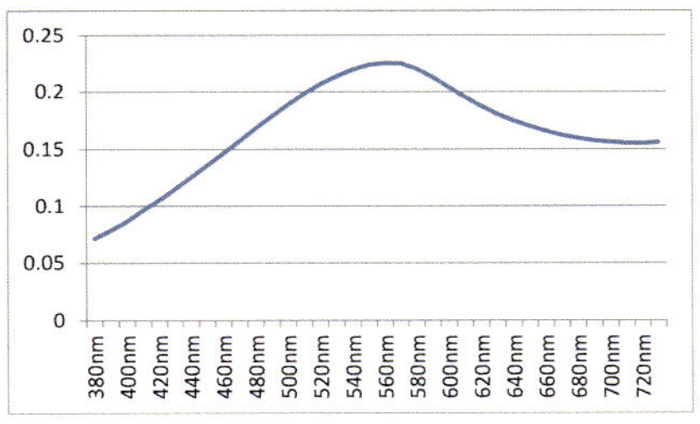

25 蓝

L:54.58
a:–8.70
b:5.02

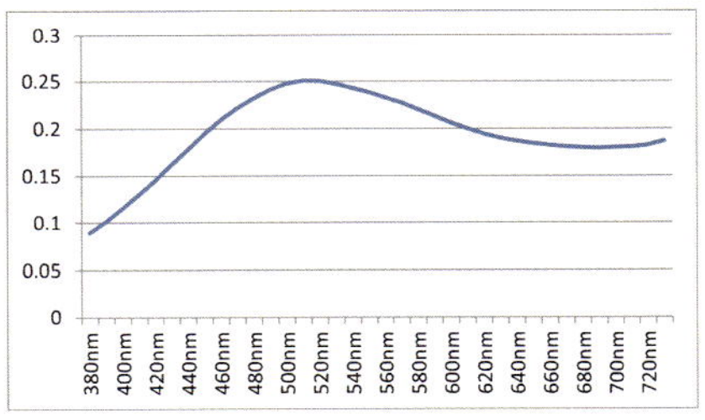

17 绿

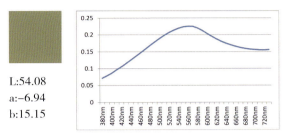

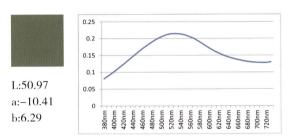

L:50.97
a:–10.41
b:6.29

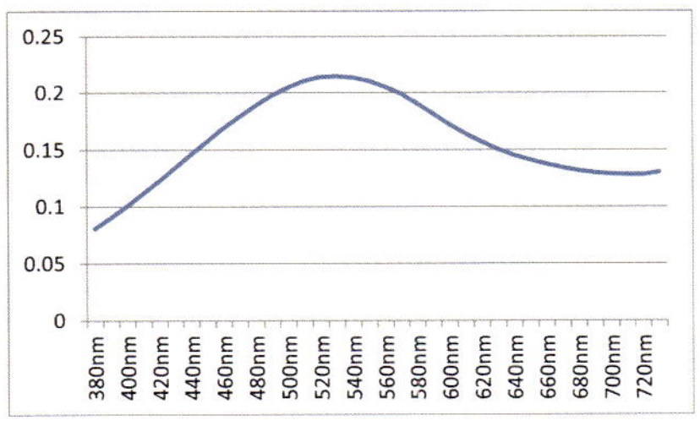

结论

1　通过检测现存壁画色彩L、a、b值，可以为计算机虚拟修复提供取色依据。

2　以本次检测为起点，可实现对壁画进行持续跟踪检测，通过L、a、b值，得知壁画色彩变化趋势，结合光照、温湿度、环境污染气体等检测数据，提出科学合理的壁画养护建议。

A02 可见光成像

A02 红外光成像

侍僧的鼻头、内眼角、鼻唇沟以及远处脸的轮廓线上可以发现第一期壁画的朱线与第二期重绘时勾画朱线的错位关系。

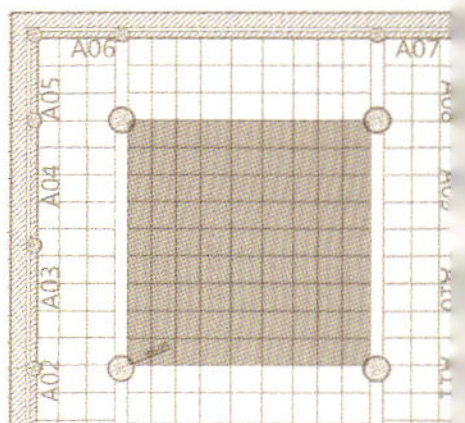

A05 可见光成像

A05 红外光成像

通过多光谱成像仪拍摄，我们利用红外光拍摄的穿透能力，可以发现多闻天王腰部衣裙遮挡住的较深的红色勾的花纹，从此处可以看出该壁画明代原作比较精细，在衣裙处均绘有花纹，但后期补绘时未达到原作水平，直接涂布红色覆盖了此处细节。

A03 可见光成像

A03 红外光成像

在多光谱红外照片中可以看到被涂抹遮盖的榜题文字："清已卯年本山释子叩化"，按天干地支纪年，对清代的五个已卯年时间考证，推测出此次壁画补绘时间为清康熙三十八年至清乾隆二十四年。

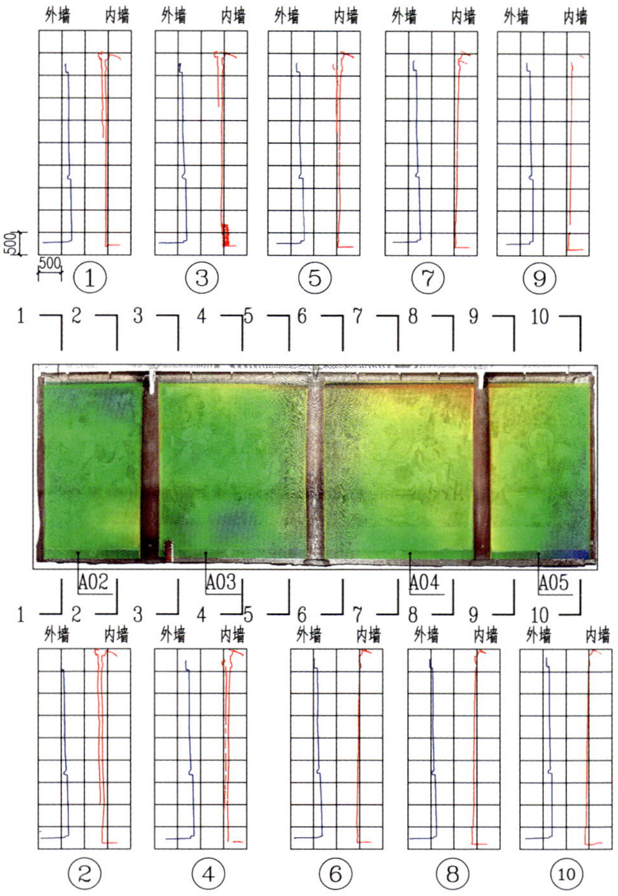

西山墙垂直剖面图

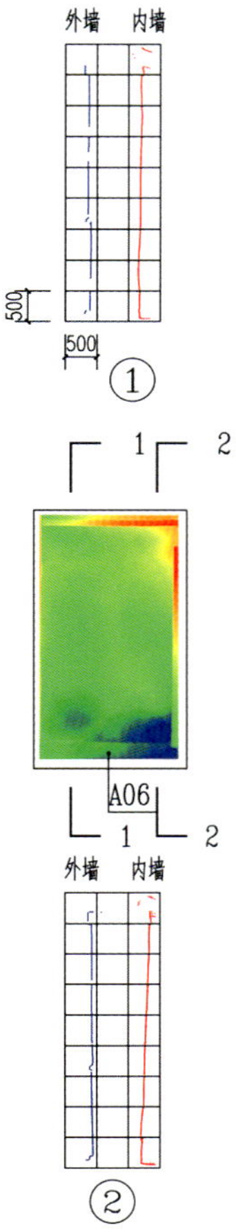

A06 垂直剖面图

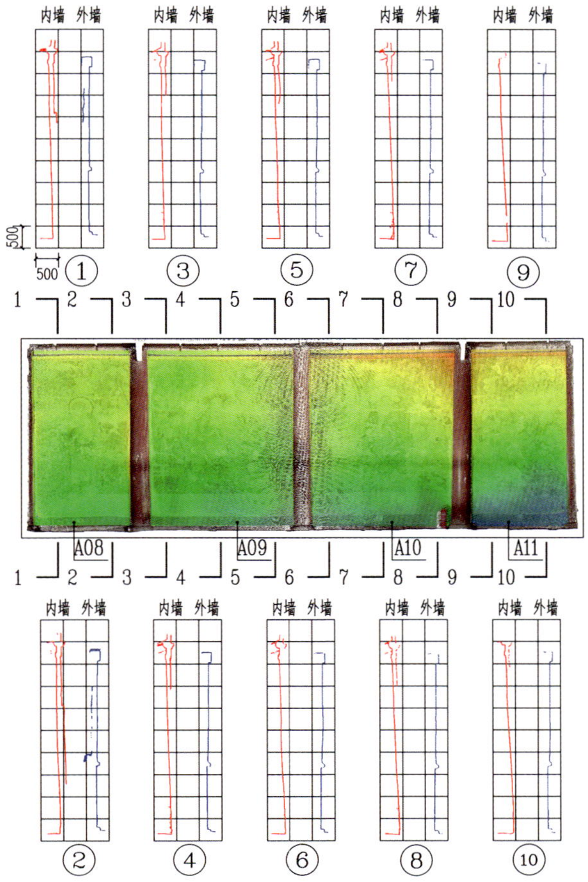

东山墙垂直剖面图

A12 垂直剖面图

结论

1 壁画支撑墙体与外侧后加护墙之间距离 500~600mm。

2 东侧壁画从南向北墙体上方向西倾斜程度由强变弱，壁画 A10 与 A11 最严重，倾斜角度 2.09°，外侧后加护墙基本垂直地面；西侧壁画从南向北墙体上方向东倾斜程度由弱变强，A04 处最严重，倾斜角度 1.07°，后加护墙整体向西倾斜，A03 对应护墙西倾最严重，倾斜角度 1.7°。

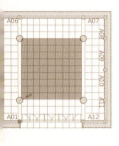

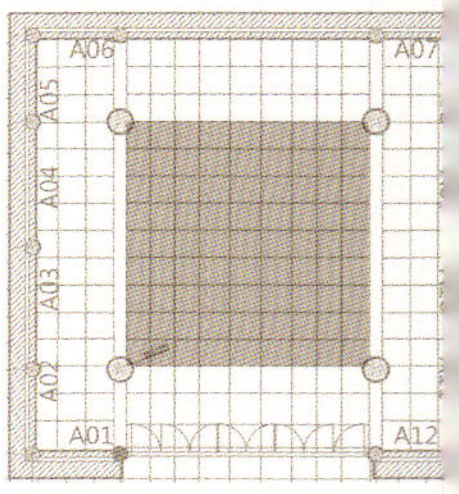

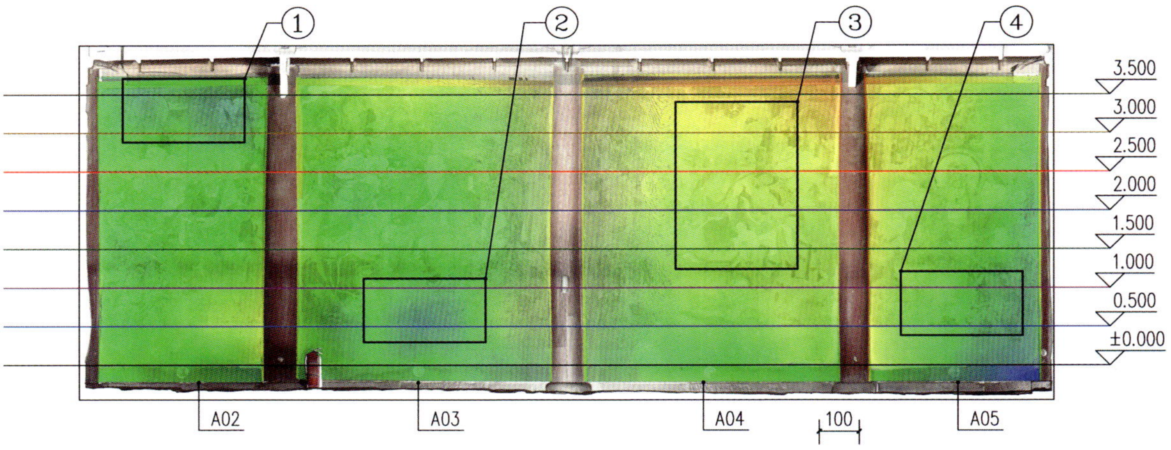

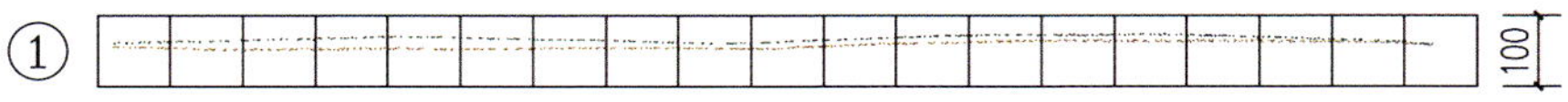

根据 A02 幅壁画在高度 3000mm 和 3500mm 处点云切片图走势判断：区域内在两处向西内陷，内陷相对于壁画两端平整处约为 21mm。

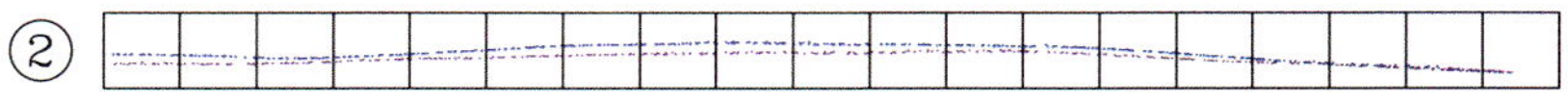

根据 A03 幅壁画在高度 500mm 和 1000mm 处点云切片图走势判断：区域内向西内陷，内陷相对于壁画两端平整处约为 28mm。

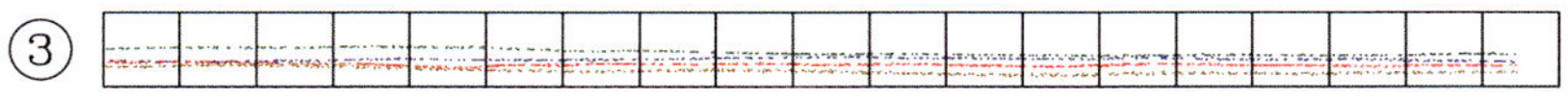

根据 A04 幅壁画从 1500～3000mm 之间的四处点云切片图走势：1、在 1500～2000mm 段，向东倾 5mm；2、在 2000～2500mm 段，向西偏移 8mm；3、2500～3000mm，向西偏移 10mm。判断：壁画在此区域内壁画墙面向西倾斜，且趋势逐渐变大。

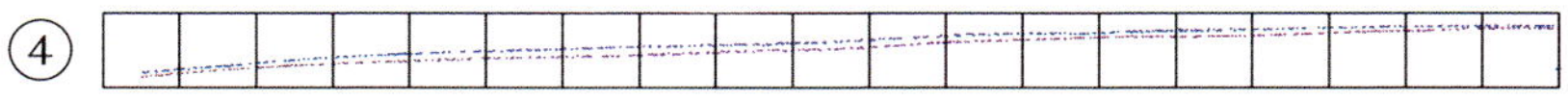

根据 A05 幅壁画在高度为 500mm 和 1000mm 处点云切片图走势判断：水平方向上每幅 100mm，向西偏移 8mm。

东山墙水平剖面图

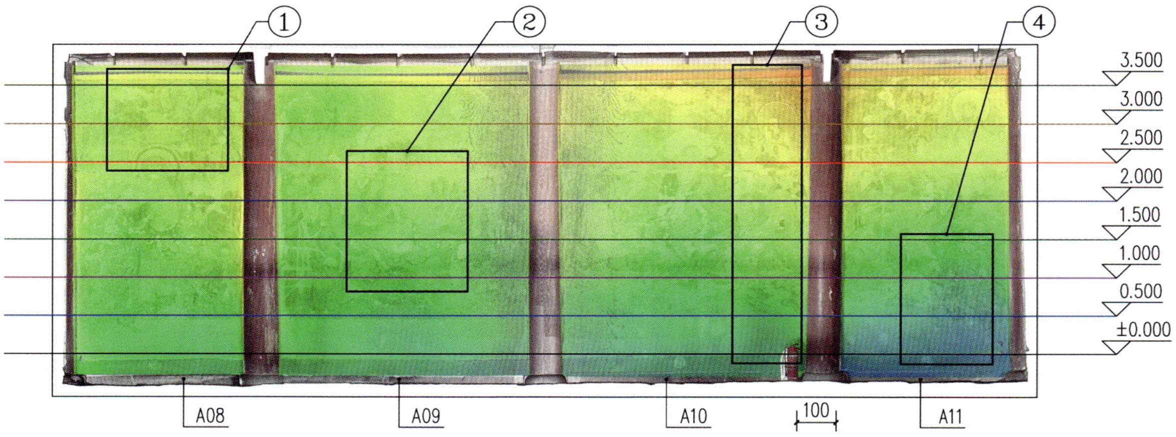

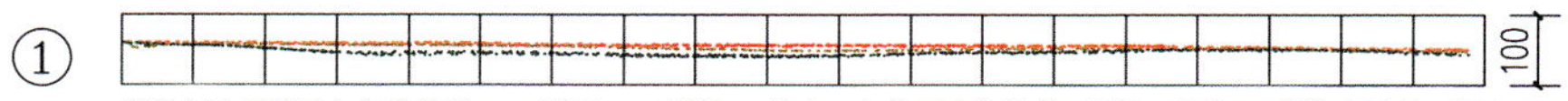

根据 A08 幅壁画在高度 2500mm、3000mm、3500mm 处点云切片图走势判断：2500～3000mm 段较为平整，3000～3500mm 段向西倾斜。

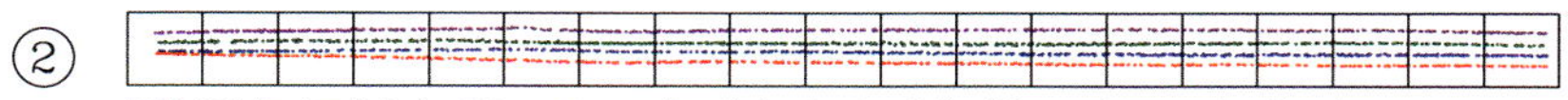

根据 A09 幅壁画在高度 1000～2500mm 段四处点云切片图走势判断：区域内壁画墙面每升高 500mm，向西倾 14mm。

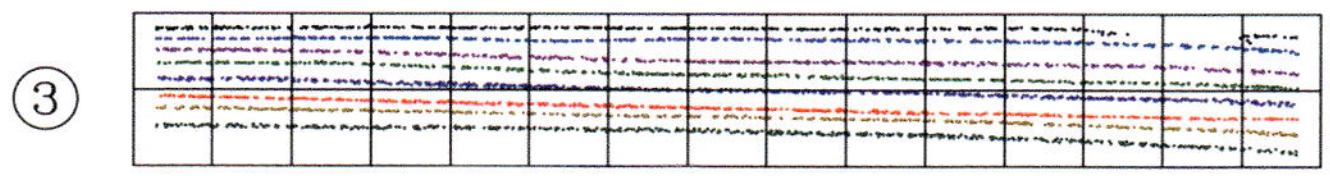

根据 A10 整幅壁画点云切片图走势判断：区域内壁画墙面每升高 500mm，向西倾 2mm。

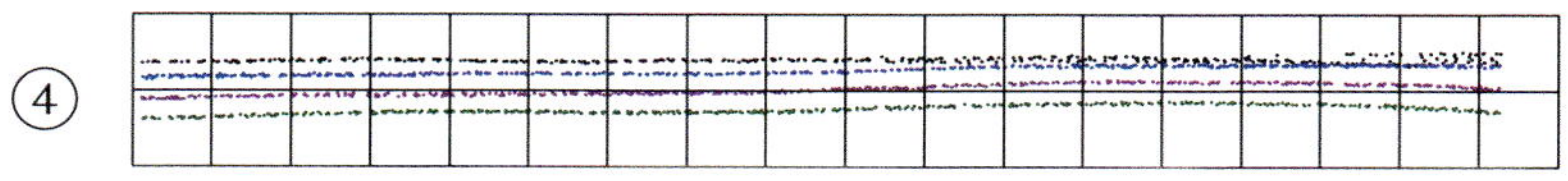

根据 A11 幅壁画在 0～1500mm 四处点云切片图走势判断 1、在 0～500 向西内陷；2、在 500～1500mm 段向东倾。

西山墙水平剖面图

结论

1　东侧、西侧壁画表面不平整，有外凸和内陷的区域。

2　东侧壁画从南向北墙体上方向西倾斜程度由强变弱，壁画 A10 与 A11 最为明显，相比平整区域，此处向西鼓闪约 100mm；西侧壁画从南向北墙体上方向东倾斜程度由弱变强，最南端壁画 A02 墙体上方部分区域向西内陷，内陷值最大 25mm，往北 A04 向东鼓闪程度最大，最大值为 90mm。

3　壁画外凸鼓闪的程度随高程增加，从高程 1.5~3m 处，每高 500mm，外凸鼓闪约 2mm；3 米以上外凸鼓闪的程度逐渐加大。

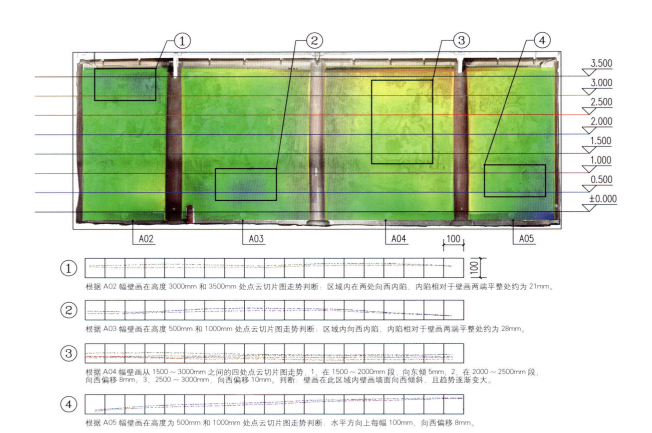

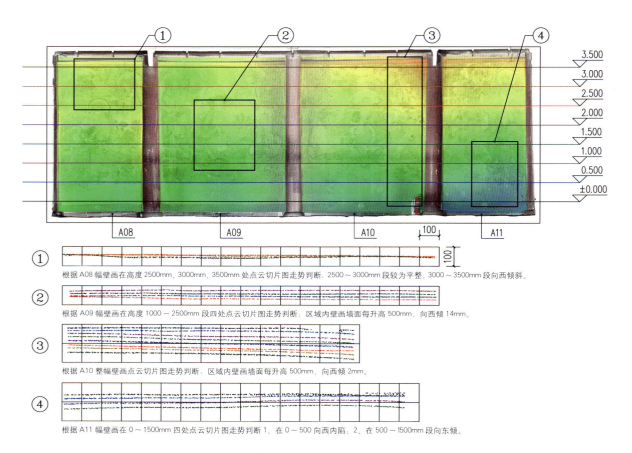

大雄殿壁画

柱网歪闪情况分析

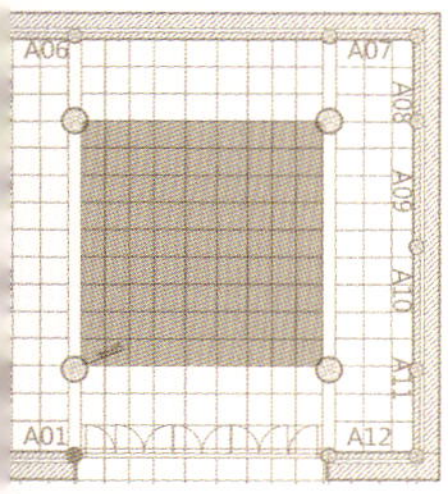

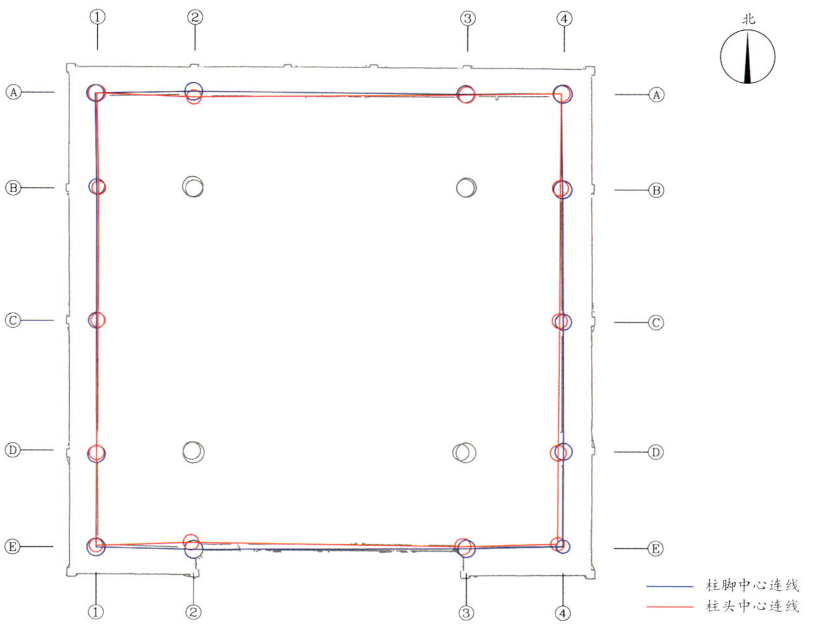

柱头、柱脚连线图

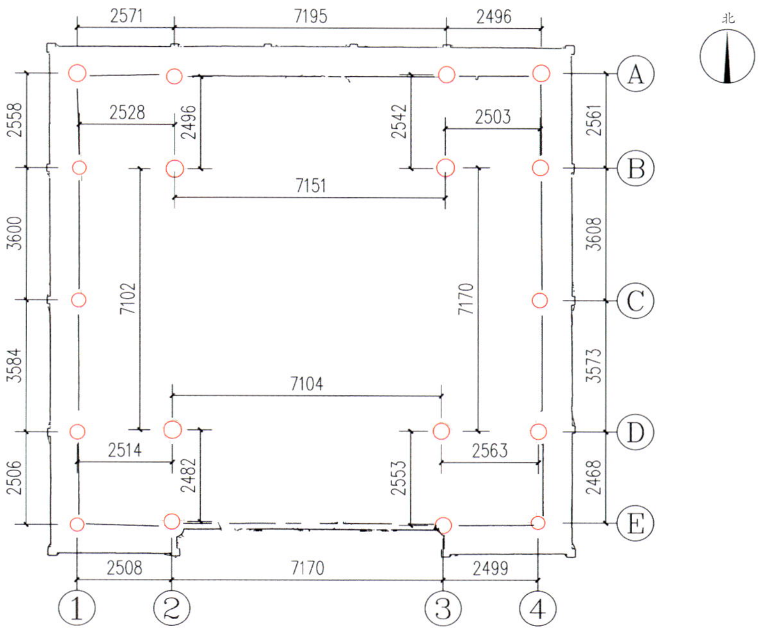

柱头平面图

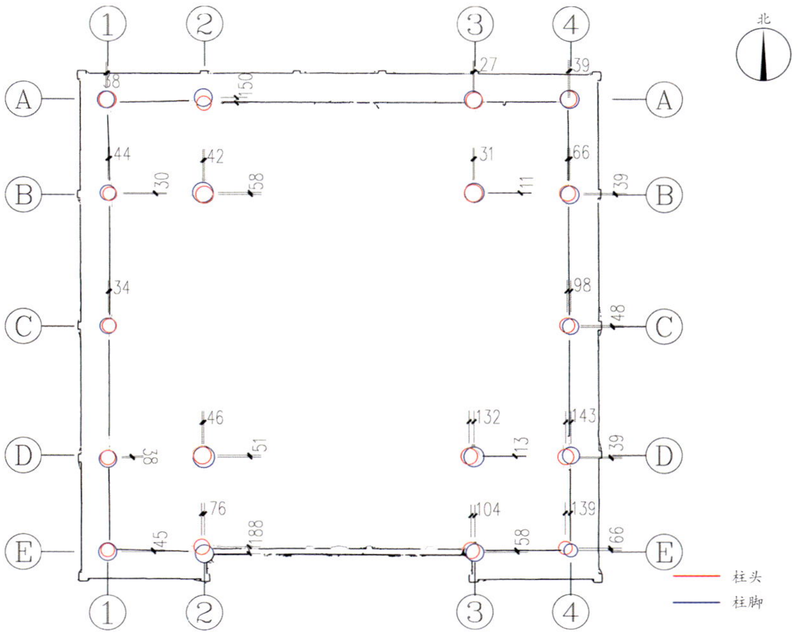

柱头、柱脚偏移图

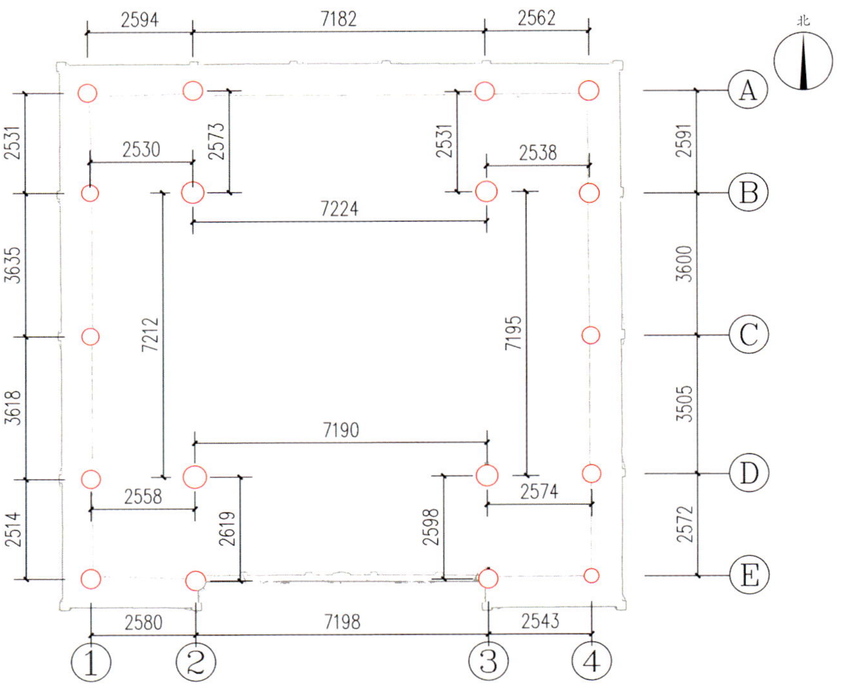

柱脚平面图

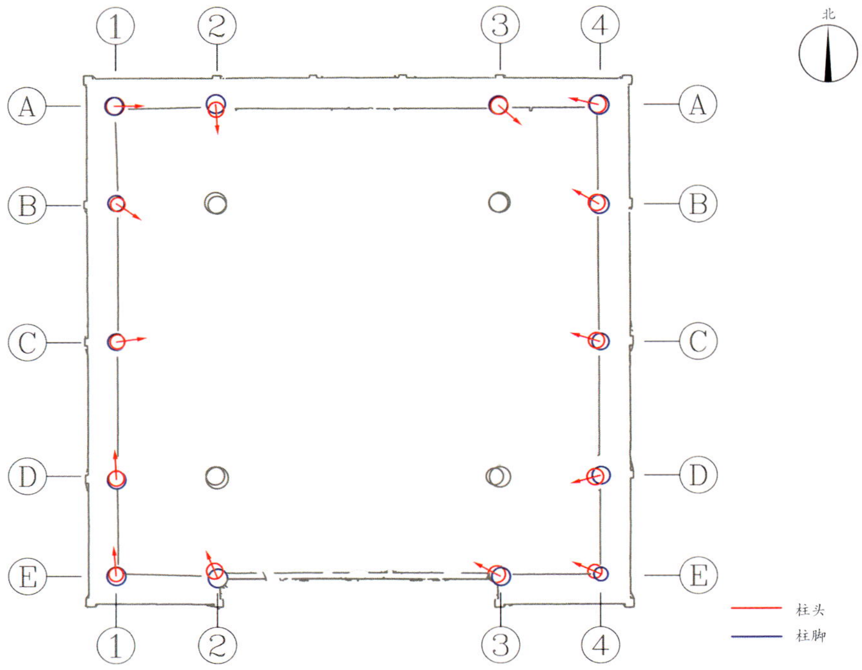

柱子偏移方向图

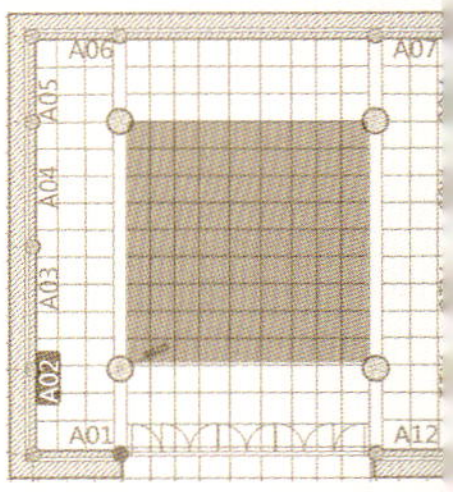

结论

1　大雄殿坐北朝南，每根柱子在设计上都存在侧脚；柱头整体都向中心倾斜，前檐往北，后檐往南，东侧向西，西侧向东。

2　在面阔方向和进深方向上，柱底柱顶中心偏移最大值为 E2，为 180mm；另有五根柱子柱底柱顶中心偏移值大于 100mm，多数位于前檐；根据倾斜方向和数值，判断建筑前檐柱网向西歪闪。

3　前檐柱网向西歪闪，直接影响与立柱相连的壁画支撑墙体出现鼓闪，壁画表面出现裂隙。

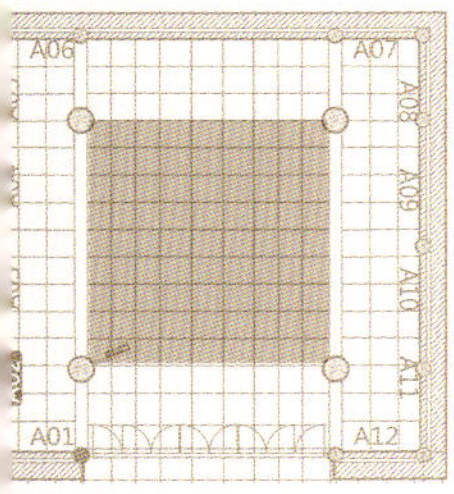

病害分析——空鼓

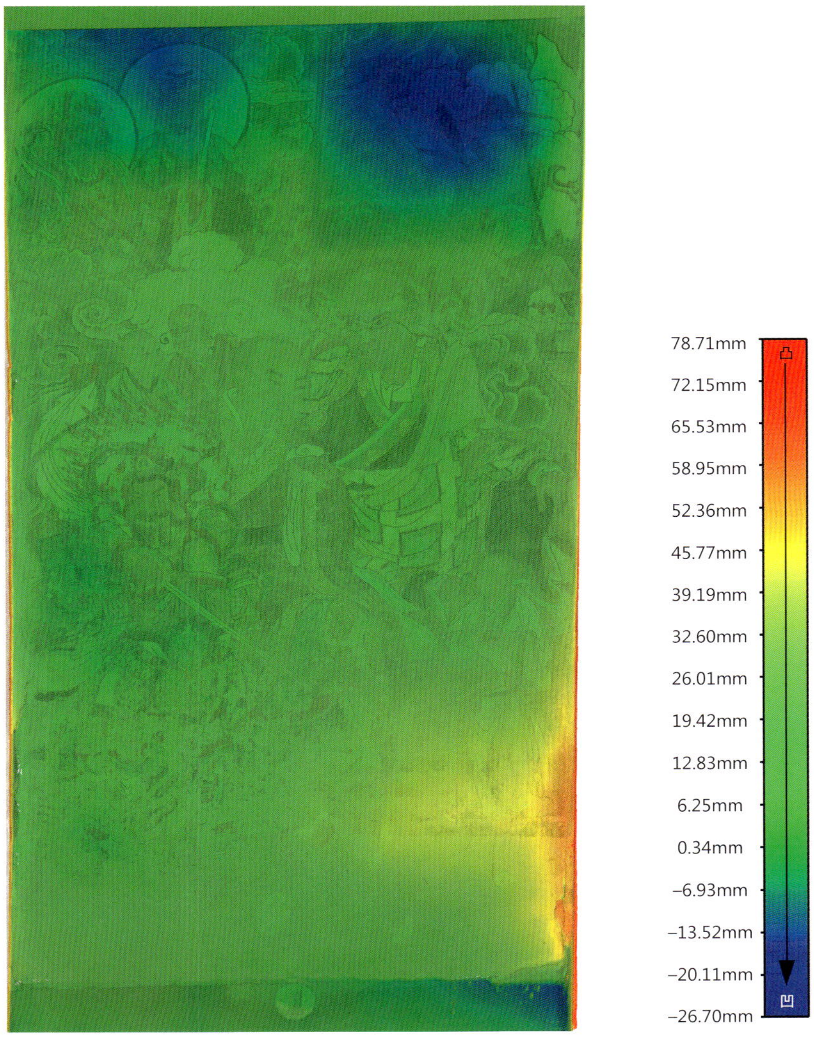

支撑体形变分析图

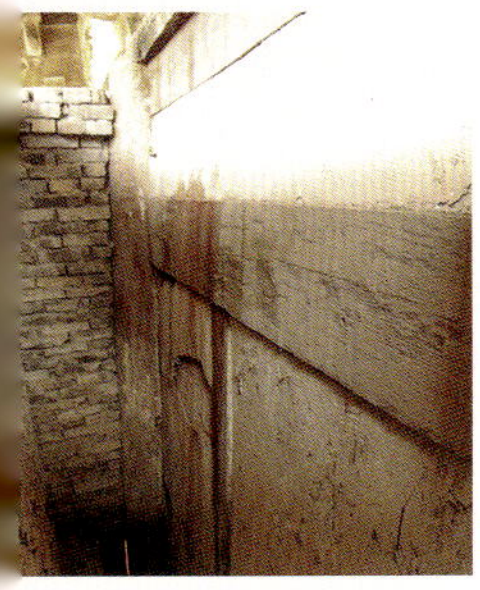

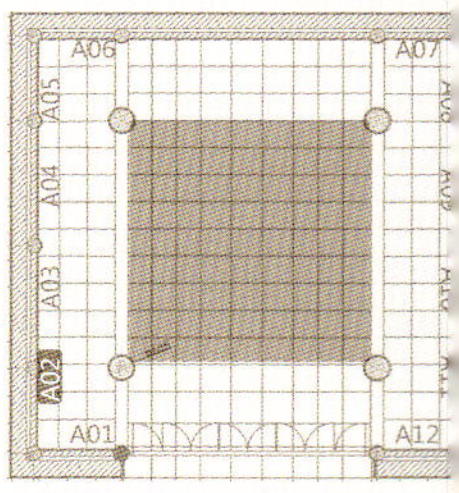

三维点云垂直剖面位置示意图

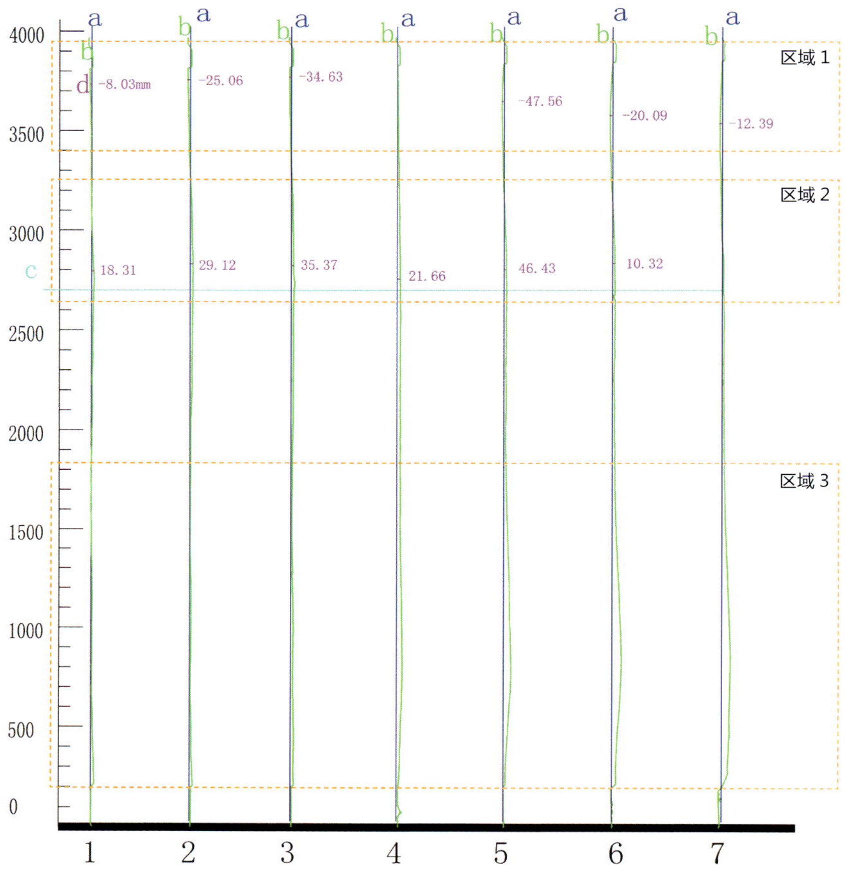

三维点云垂直剖面位置示意图

单位：mm

说明：
a-以壁画未变形区域为基准的平面
b-以横向30cm为间隔壁画切面形态
c-壁画横向贯穿大裂隙所在位置
d-壁画形变程度，“+”为外凸，“-”为内凹
现场调查，横向裂隙以上区域壁画存在空鼓病害，与三维纵截面壁画形变相吻合。

结论

区域1属于壁画整体内凹，区域2、3壁画整体外凸，其中区域2为现场查勘空鼓病害发生区域。空鼓病害的发生多属于壁画支撑体、地仗层、颜料层之间分层所致，结合建筑结构特点，区域2属于支撑体木梁所在位置，木梁本身并未产生形变，壁画泥质地仗层与木梁脱离，出现空鼓。而区域3的壁画整体外凸属于竹编夹泥墙变形引起外凸，不存在壁画地仗层和支撑体之间的分层现象，故无空鼓病害存在。

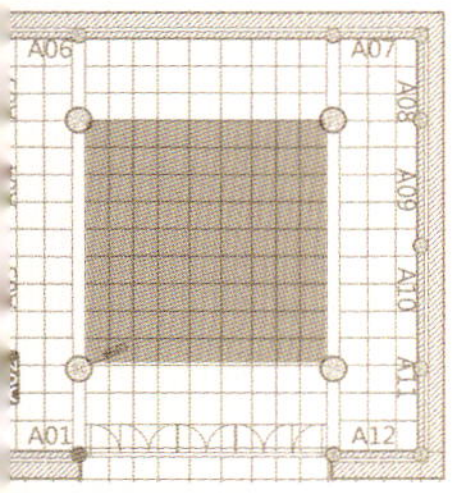

壁画表面起甲卷翘情况在高分辨率的侧射光成像中可以很容易识别出来，但是起甲面积难以精确统计

用高精度三维精光扫描仪获取壁画表面准确模型，准确记录壁画表面微小形变

通过计算机模拟去掉发生形变的起甲卷翘部分，获得反映壁画起甲面积的模型图，经过计算机识别处理，精确计算出起甲部分的面积，为壁画保护与监测提供依据

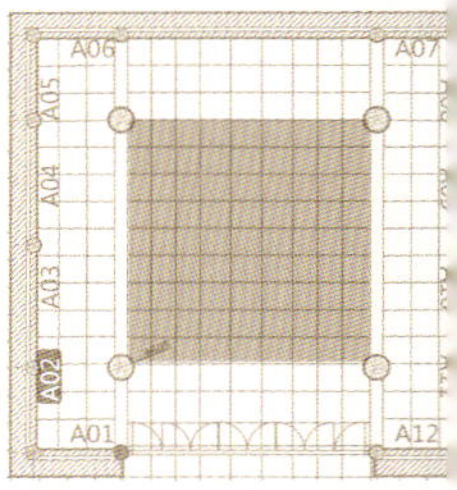

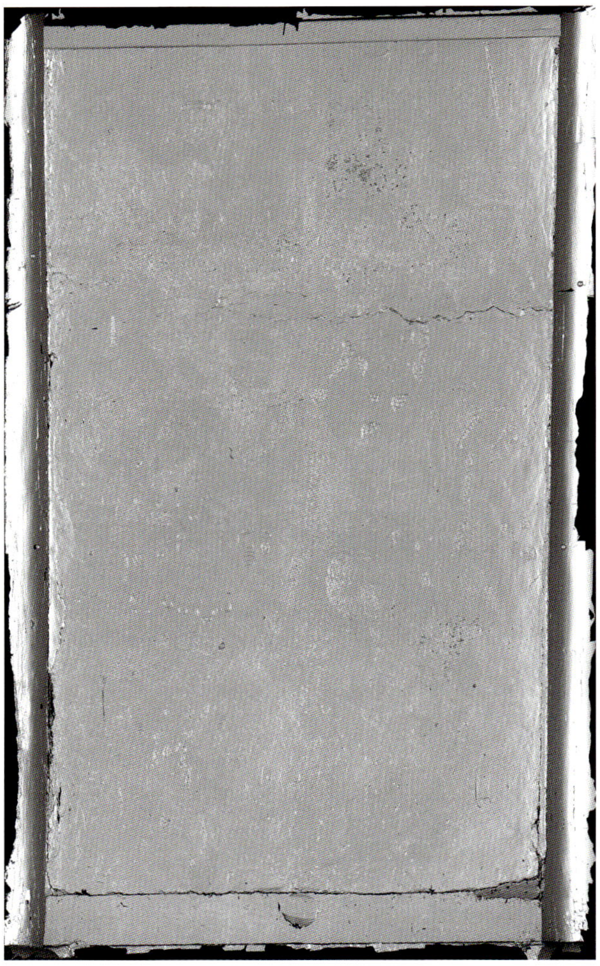

高精度三维扫描

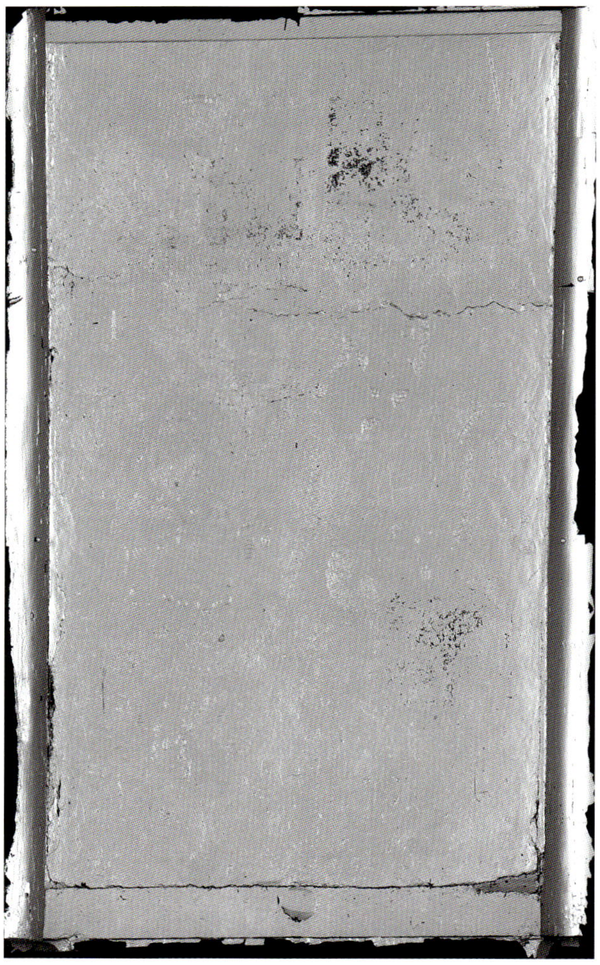

三维扫描数据去甲处理

结论

A02 壁画总面积为 7.58m²，起甲区域面积总计 1.12m²，占总面积的 14.78%。经过高精度三维扫描去甲分析，颜料层起翘脱离画面量为 0.51m²，占到壁画面积的 5.84%。

大雄殿A02议赴佛会

病害提取——颜料层脱落

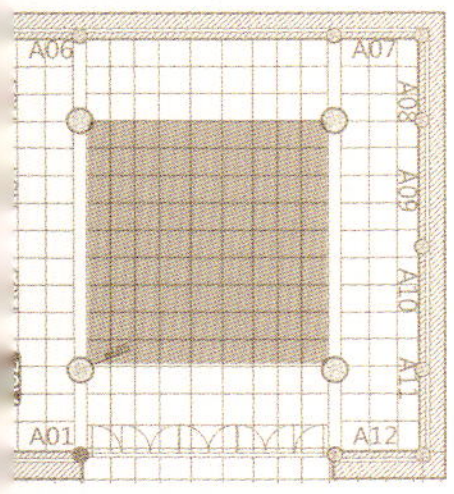

壁画表面颜料层脱落后，露出地仗层部分

颜料脱落区域在高清晰影像中显示出与周边画面色彩纹理明显不同

依据颜料脱落区域与周边画面色彩纹理的差异，实现对裸露地仗部分画面的自动提取

通过对提取的区域进行矢量化，实现对颜料层脱落病害的准确提取与面积统计

结论

1　A02壁画总面积为7.58m²，颜料层脱落区域面积总计1.83m²，占总面积的24.14%。

2　颜料层脱落主要集中在画面层下部，属非持续性发展病害，产生原因有二：多为人为破坏所致；存在颜料层起甲导致的脱落现象，需对起甲病害予以治理。

A02 病害提取——盐霜

通过高清晰侧射光成像，盐霜病害清晰呈现，可对其辨识选取范围，精确计算面积。

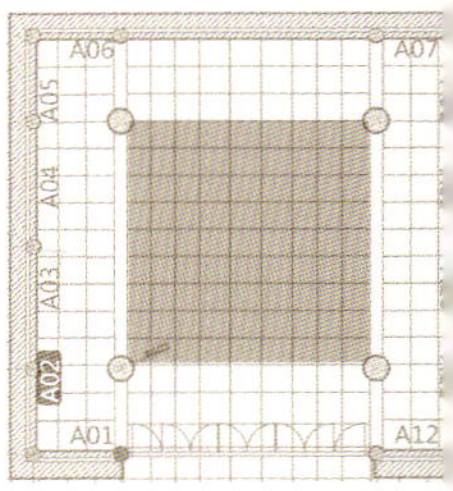

A02 病害提取——龟裂

通过高清晰侧射光成像图，可精确识别龟裂病害区域，计算其面积。

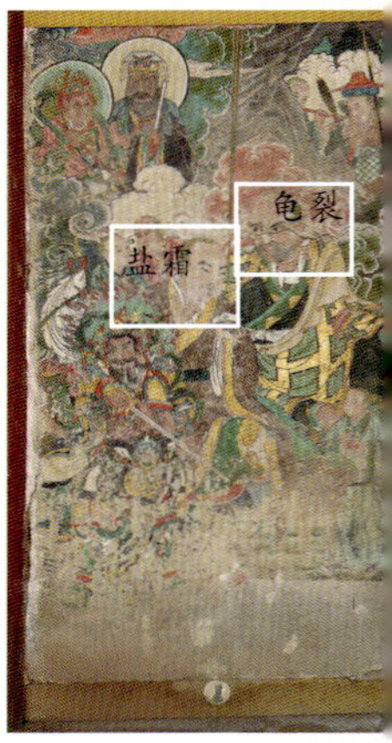

结论

A02 壁画共计存在 12 种病害，且各类病害相互叠压发生，病害量和发生区域存在很大差异。统计情况如下：

1　除裂隙和划痕外，颜料层脱落占壁画总面积的 24.14%，多集中发生在壁画 1.4m 以下的范围内。

2　起甲、龟裂、盐霜面积分别占到壁画总面积的 14.78%、9.76%、5.15%，龟裂和起甲集中发生在颜料层较薄的肉红色、黄色、褐色区域，盐霜多沿颜料层存在裂纹处发生。

3　壁画空鼓面积占壁画总面积的 12.14%，集中分布在横向裂隙以上 0.35m 范围内。

4　泥渍占到 15.17%，其余酥碱、地仗脱落、纸张覆盖合计约占 0.79%。

大雄殿 A02 议赴佛会

病害总图

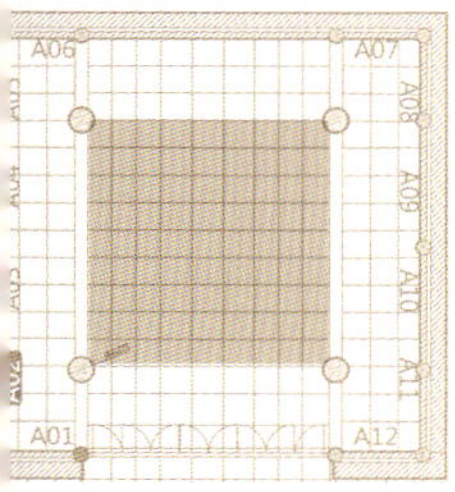

害图例

害统计图

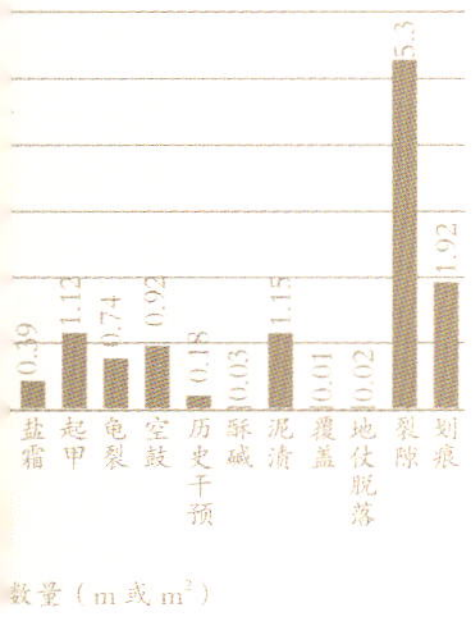

大雄殿 A03
地藏说法
正射总图

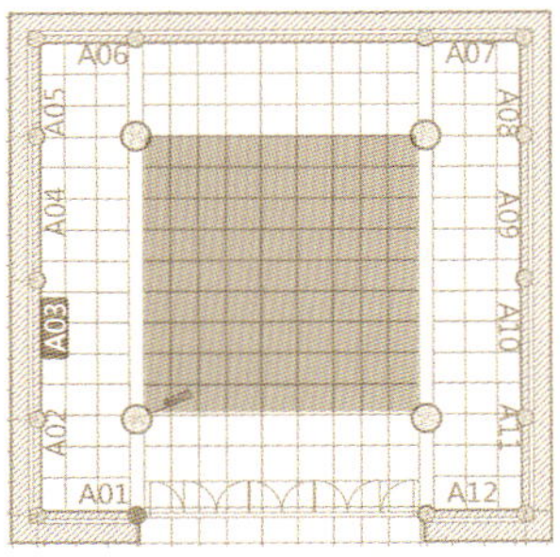

大雄殿 A03
地藏说法
正射图局部

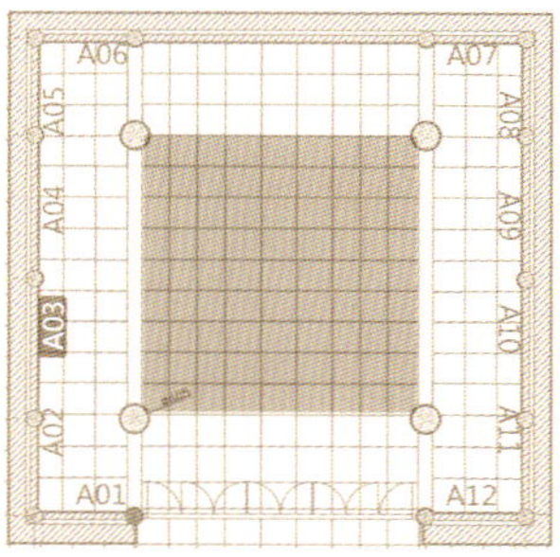

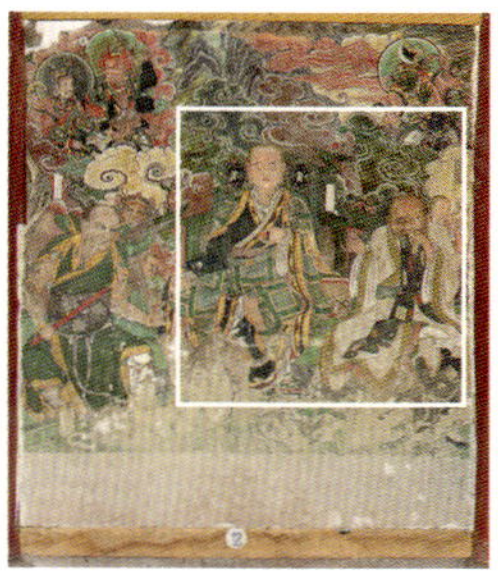

大雄殿 A03
地藏说法

侧射总图

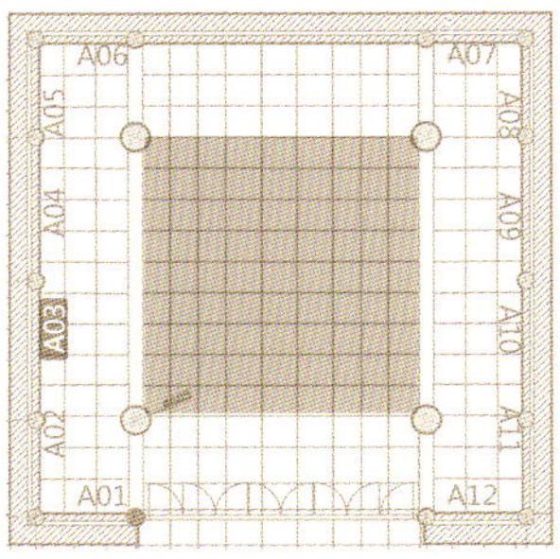

大雄殿A03 地藏说法

病害总图

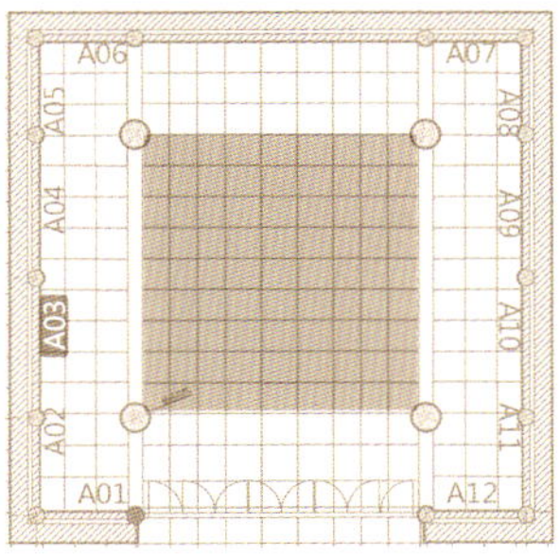

病害图例

病害统计图

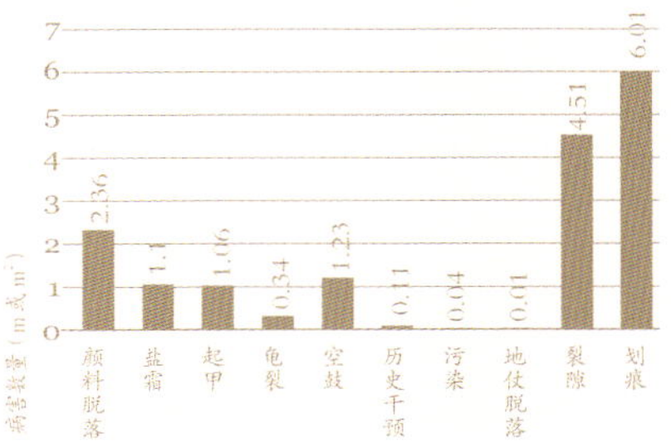

大雄殿 A04 雷音供奉

正射总图

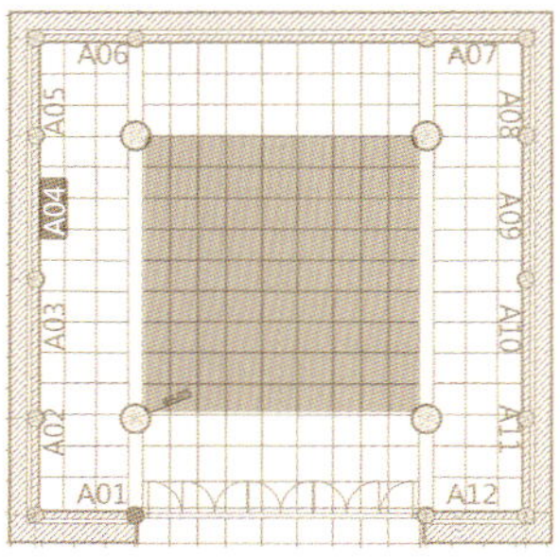

大雄殿 A04
雷音供奉
正射图局部

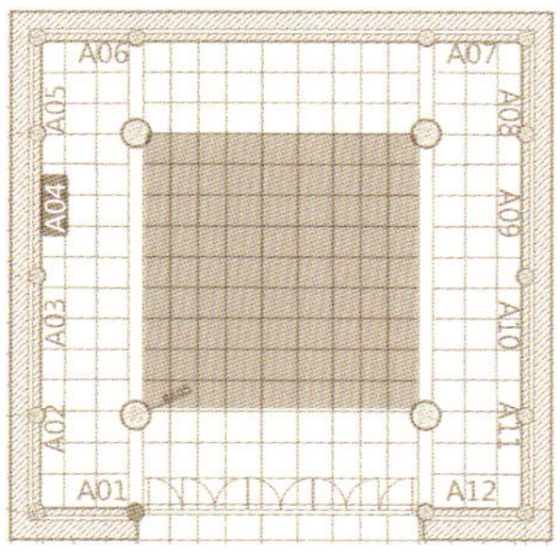

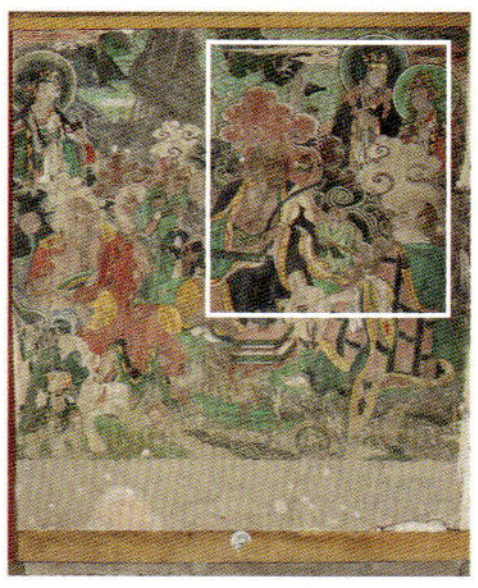

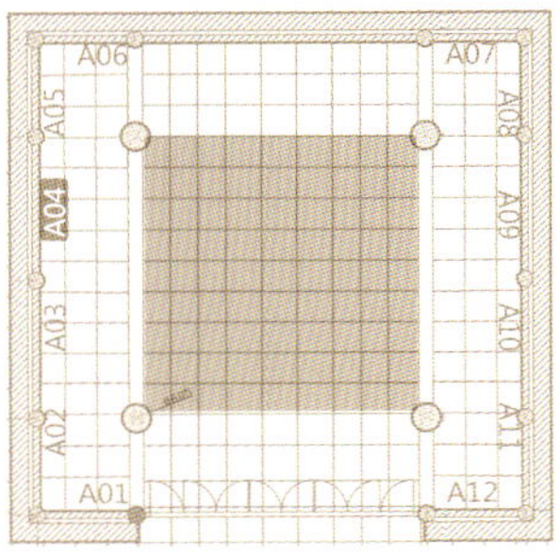

大雄殿A04 雷音供奉

侧射总图

大雄殿 A04

雷音供奉
病害总图

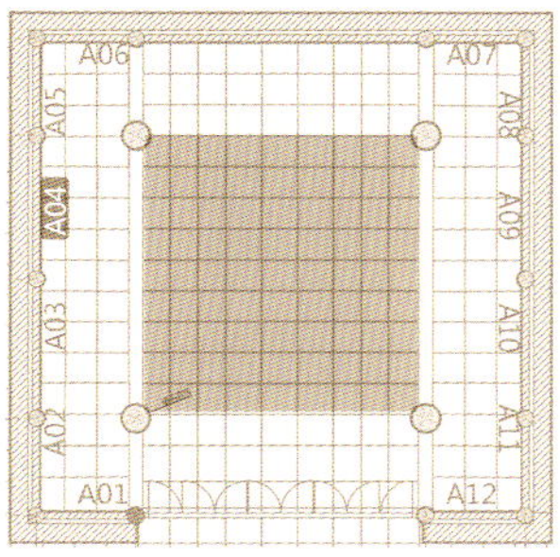

病害图例

病害统计图

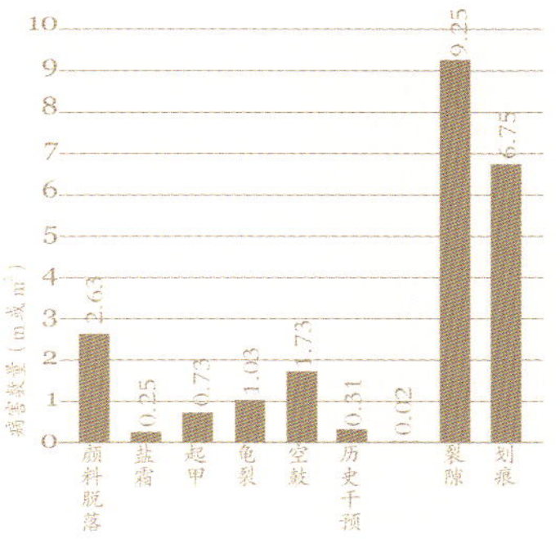

大雄殿 A05 达摩朝贡

正射总图

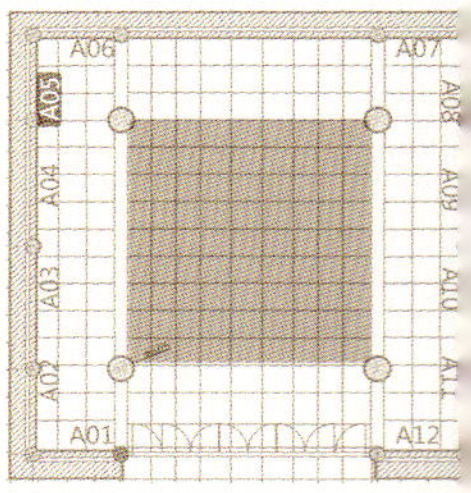

单位：mm

大雄殿A05达摩朝贡

正射图局部

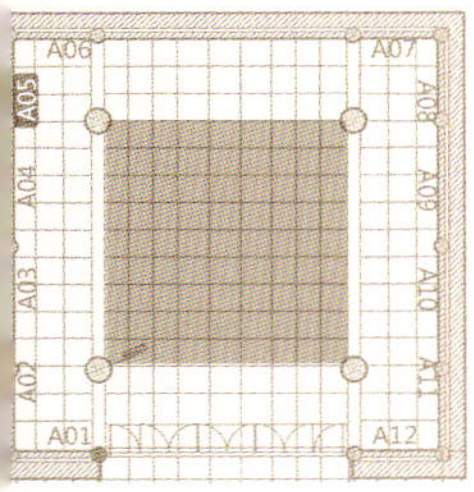

单位：mm

大雄殿 A05 达摩朝贡

侧射总图

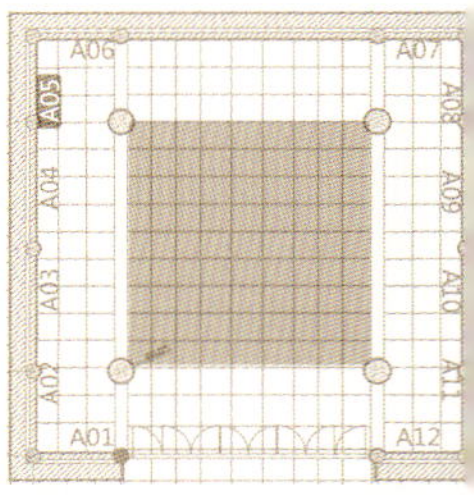

大雄殿 A05 达摩朝贡
病害总图

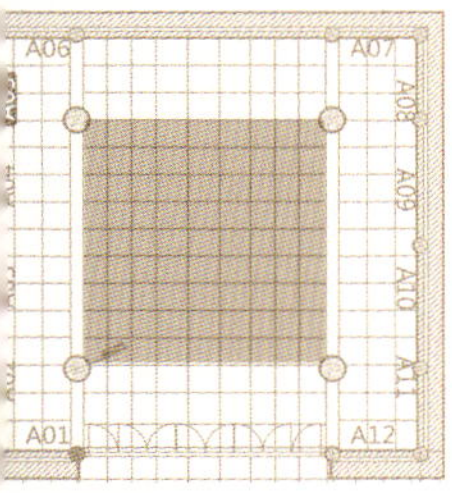

害图例

害统计图

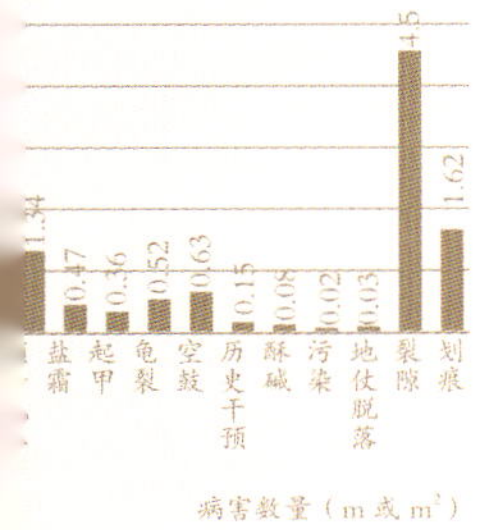

大雄殿A06准提接引

正射总图

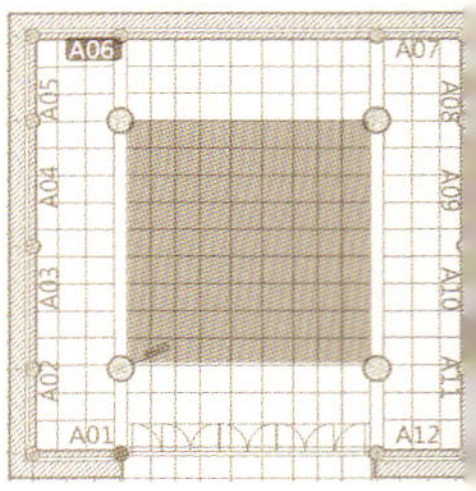

单位：mm

大雄殿 A06 准提接引

正射图局部

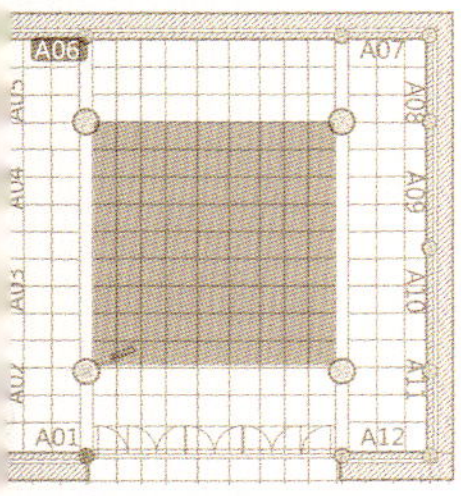

大雄殿A06准提接引
侧射总图

单位：mm

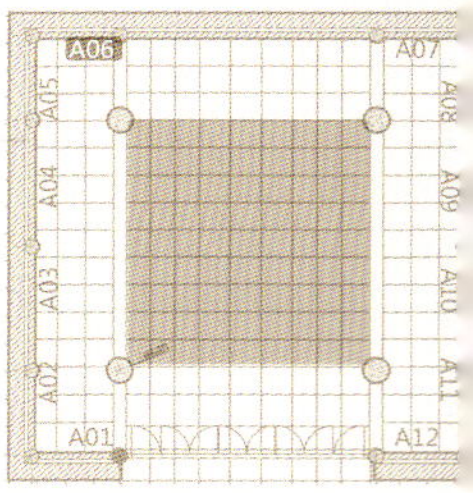

大雄殿 A06 准提接引

病害总图

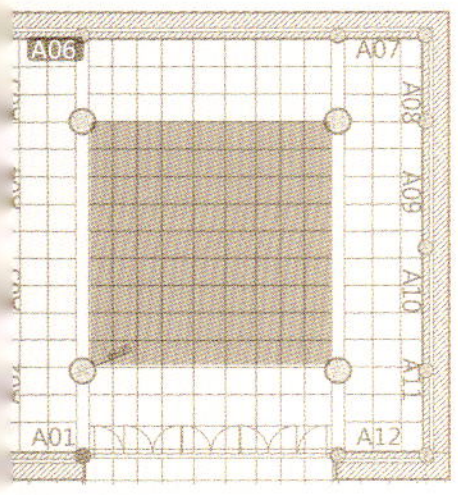

害图例

害统计图

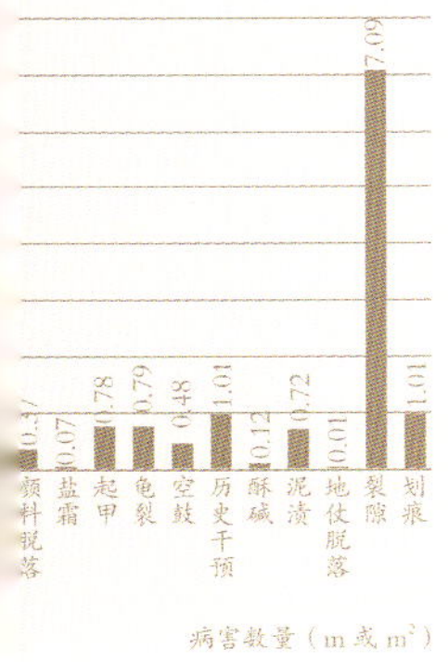

大雄殿A08功德圆满
正射总图

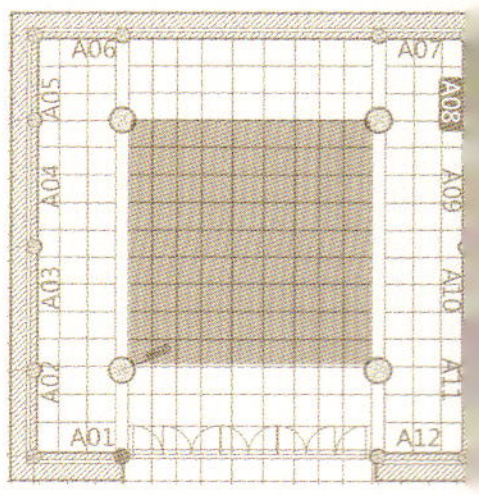

大雄殿A08功德圆满

正射图局部

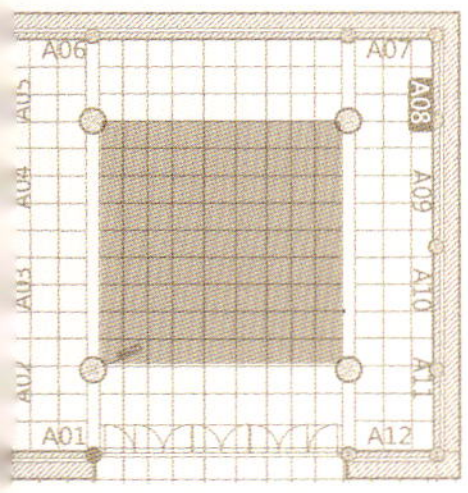

单位：mm

大雄殿A08功德圆满

侧射总图

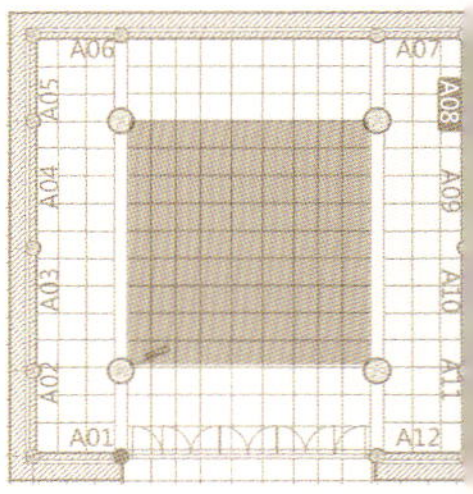

大雄殿A08功德圆满

病害总图

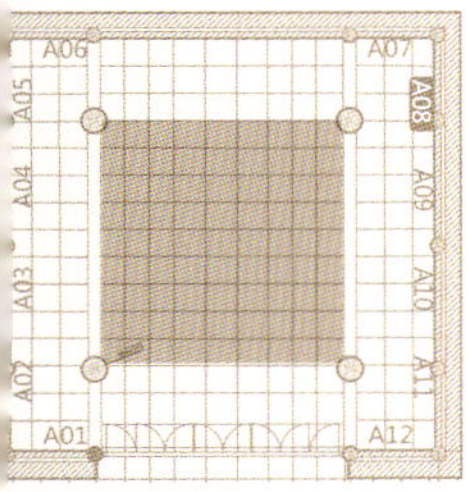

害图例

害统计图

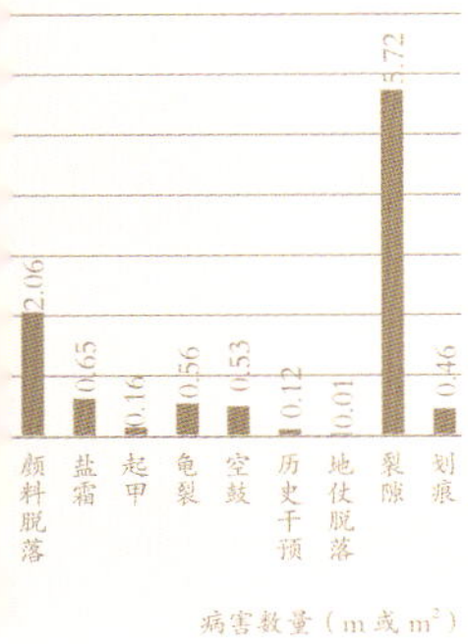

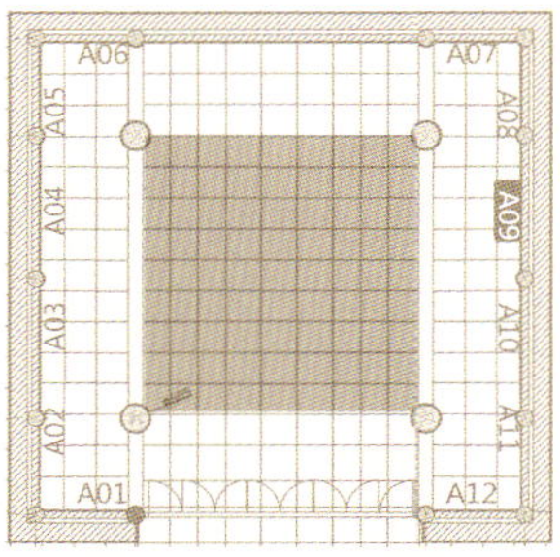

大雄殿 A09 罗汉聆经一

正射总图

大雄殿 A09 罗汉聆经一

正射图局部

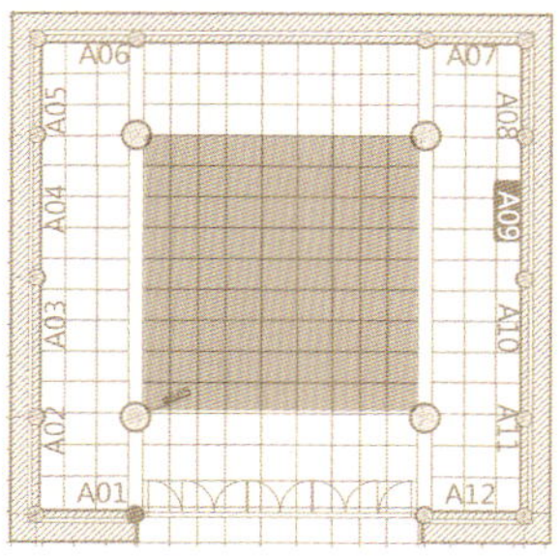

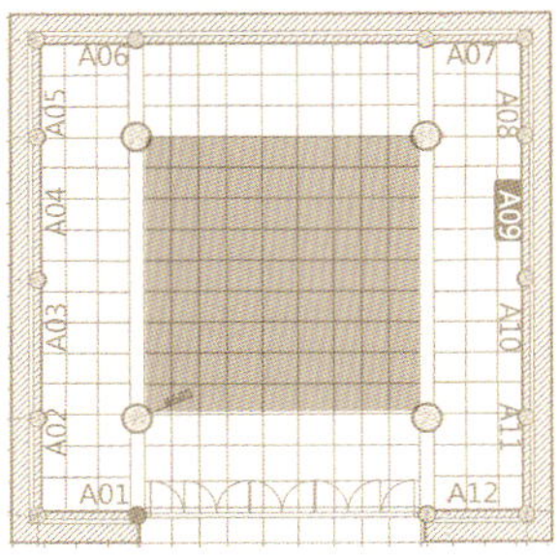

大雄殿 A09
罗汉聆经一
侧射总图

大雄殿 A09 罗汉聆经一

病害总图

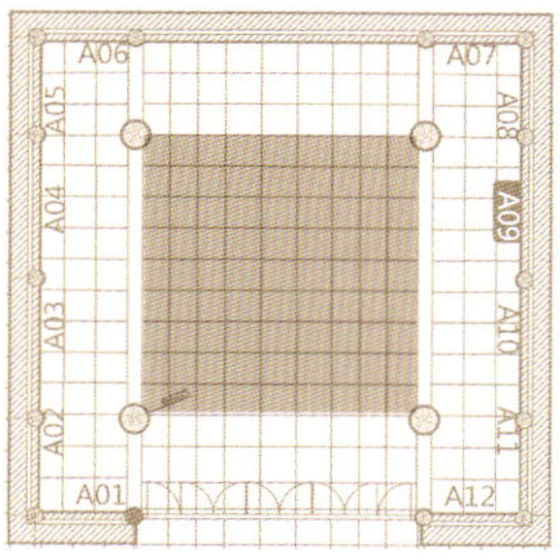

病害图例

病害统计图

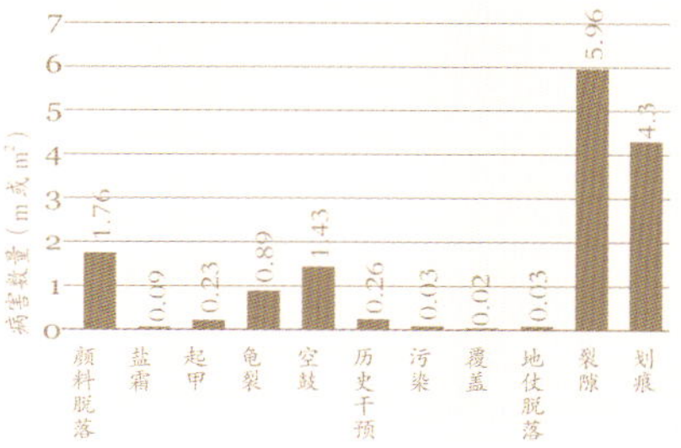

大雄殿A10 罗汉聆经二 正射总图

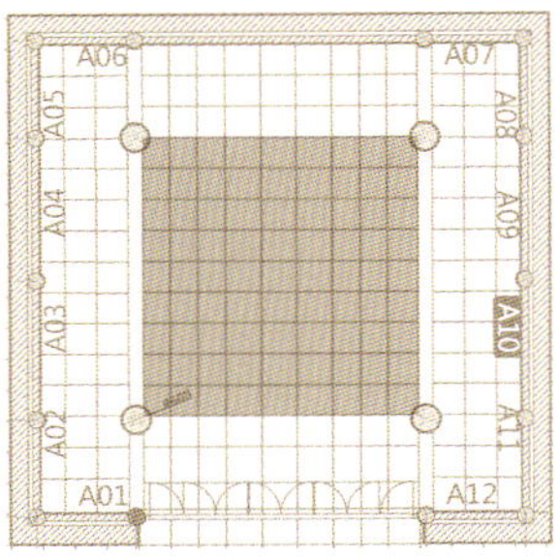

大雄殿 A10
罗汉聆经二
正射图局部

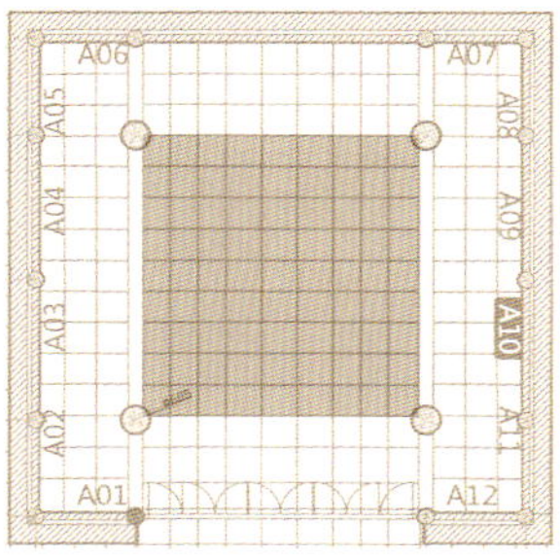

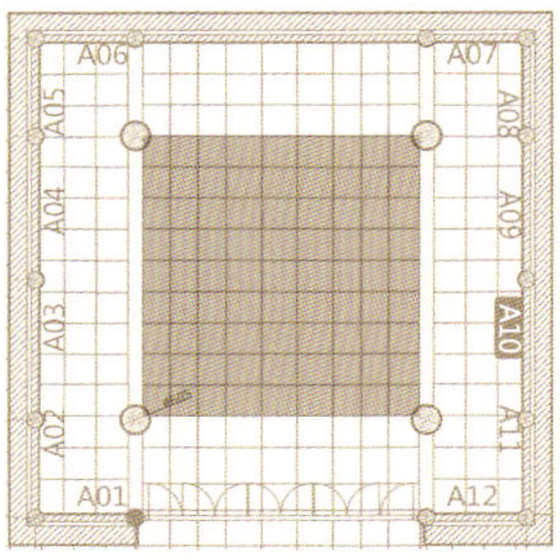

大雄殿 A10 罗汉聆经二

侧射总图

大雄殿 A10 罗汉聆经二

病害总图

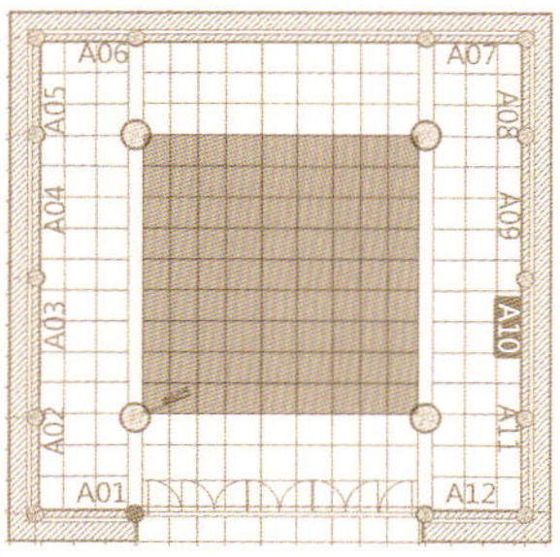

病害图例

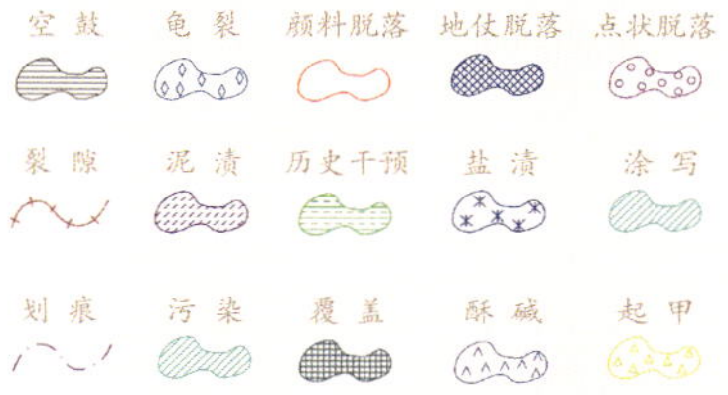

病害统计图

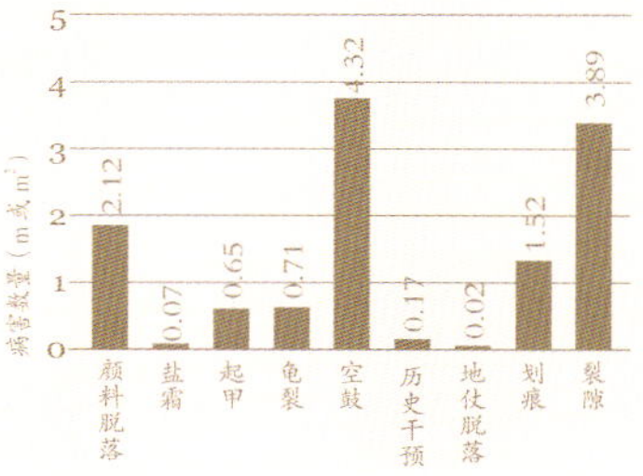

大雄殿 A11 长眉问难

正射总图

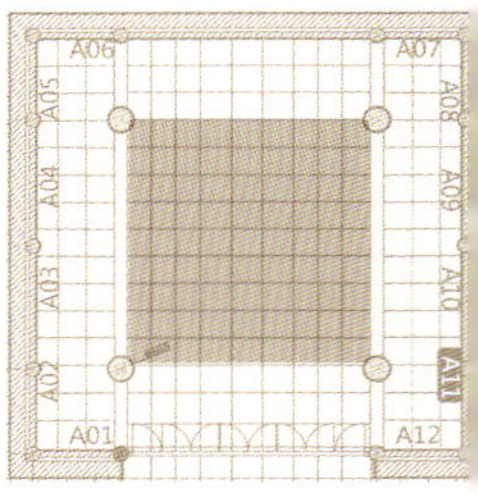

单位：mm

大雄殿 A11 长眉问难

正射图局部

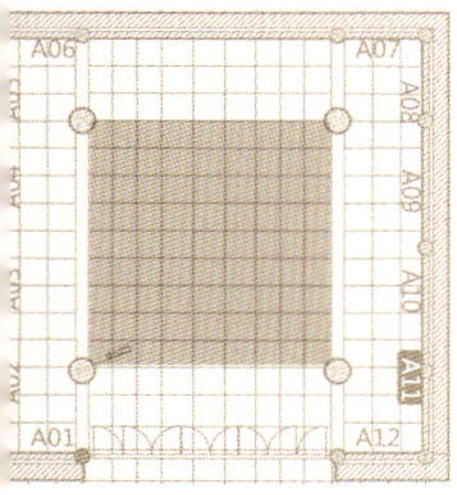

大雄殿 A11 长眉问难

侧射总图

单位：mm

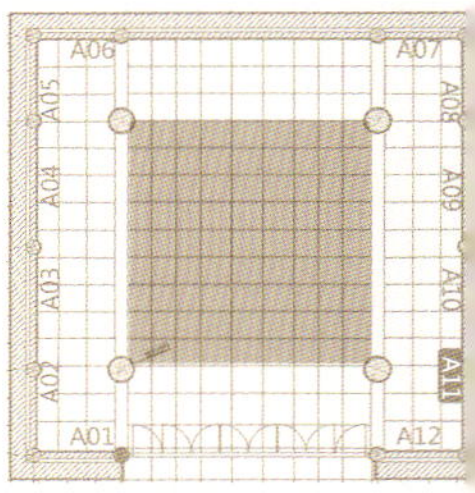

大雄殿 A11 长眉问难

病害总图

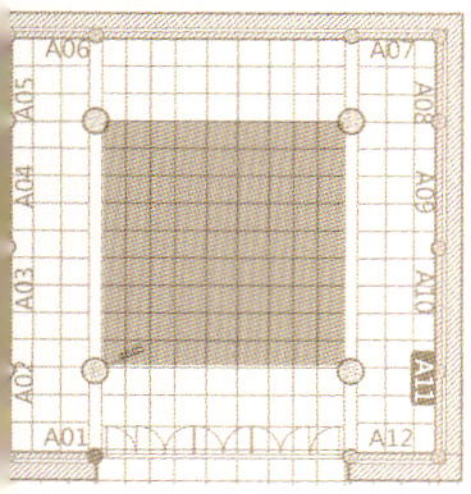

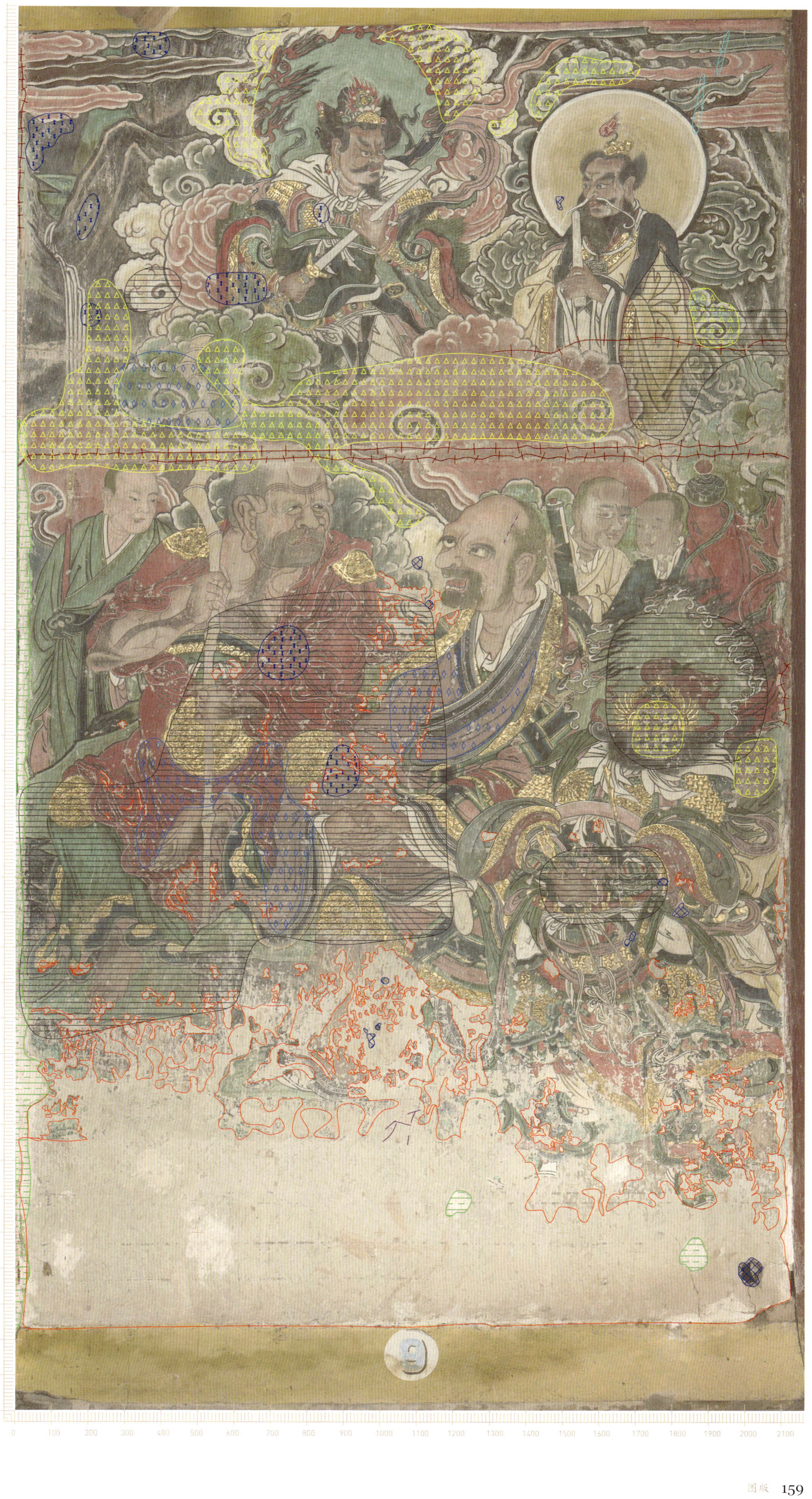

病害图例

空鼓　龟裂　颜料脱落

仗脱落　点状脱落　裂隙

泥渍　历史干预　盐渍

涂写　划痕　污染

覆盖　酥碱　起甲

害统计图

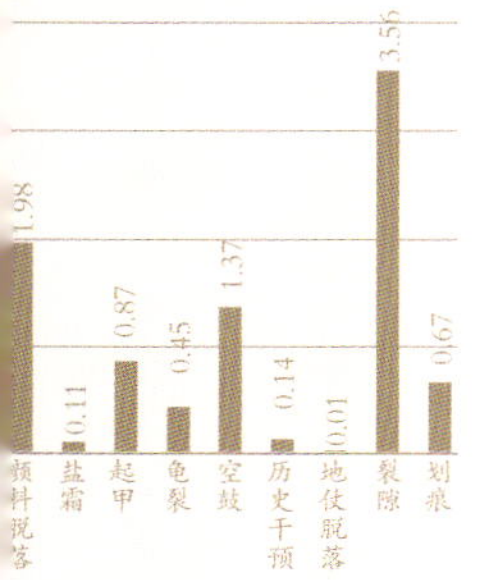

大雄殿 A12 南天西游

正射总图

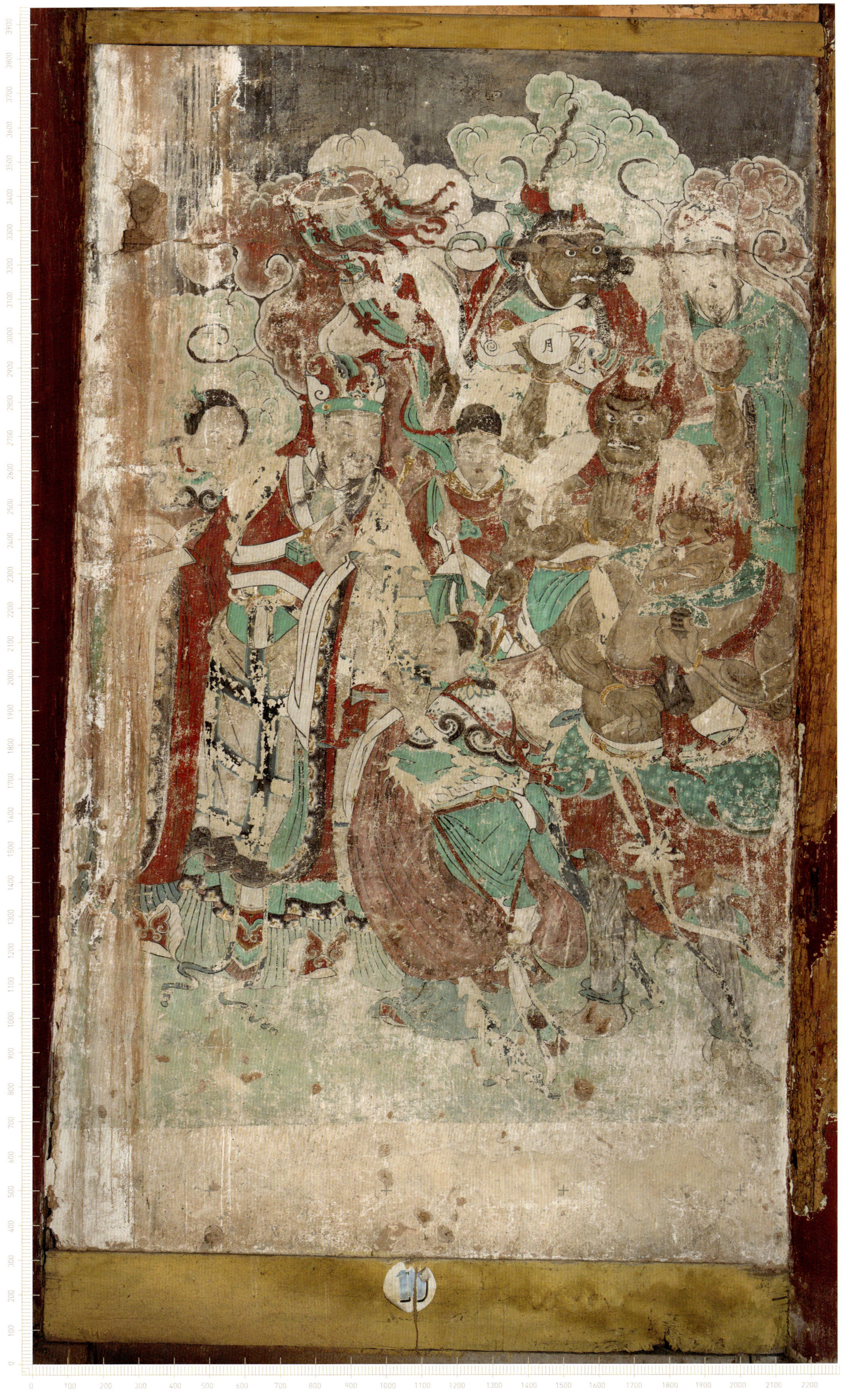

单位：mm

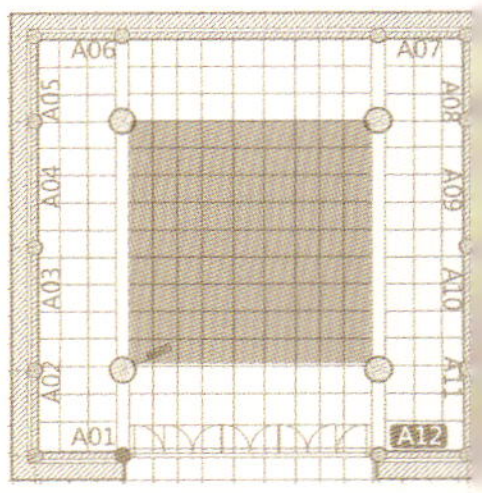

大雄殿 A12 南天西游

正射图局部

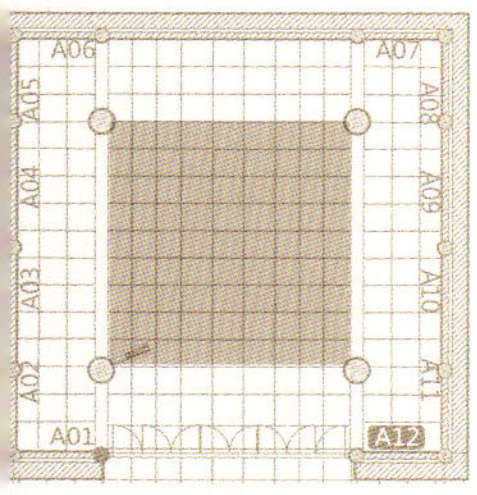

大雄殿 A12 南天西游

侧射总图

单位：mm

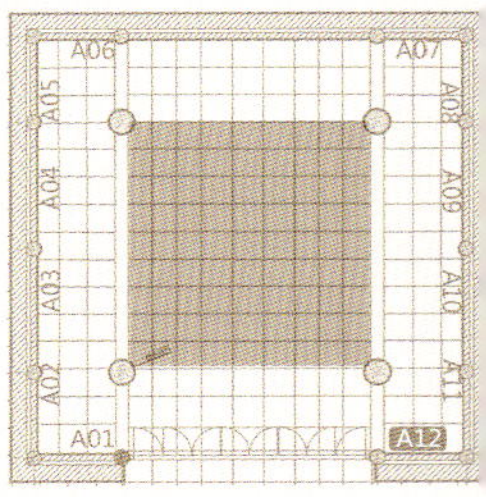

大雄殿A12南天西游

病害总图

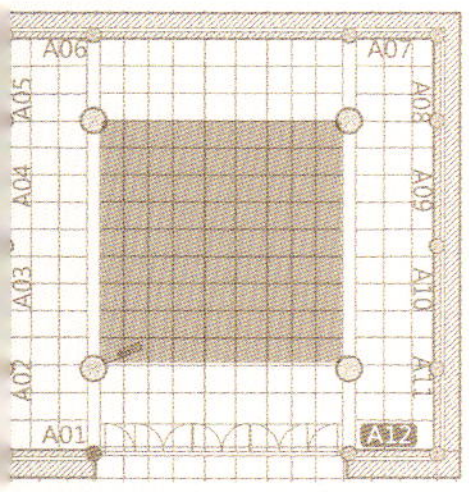

病害图例

害统计图

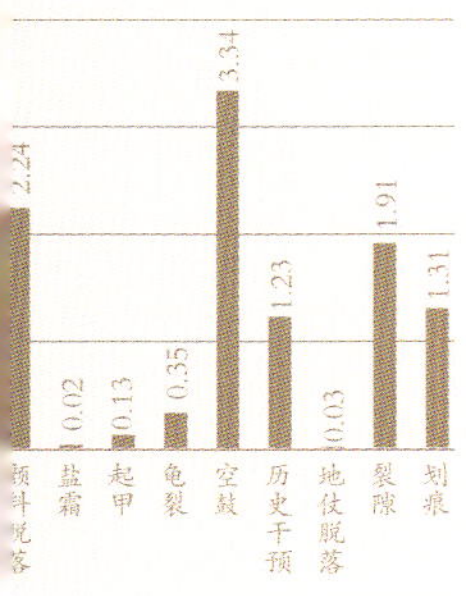

大雄殿栱眼壁壁画
正射及病害总图

A01 栱眼壁壁画正射及病害总图

A02 栱眼壁壁画正射及病害总图

病害图例

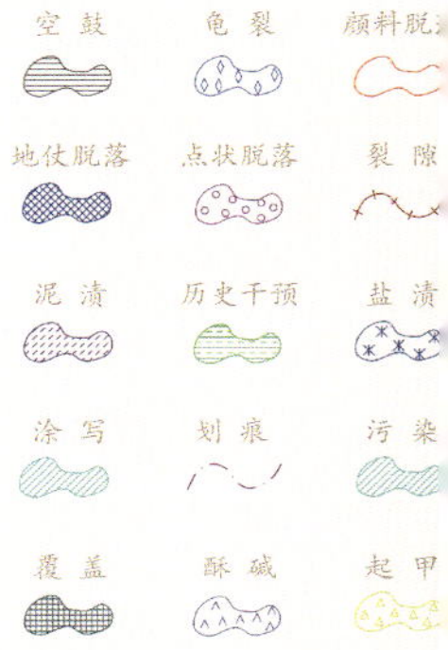

A01 栱眼壁病害统计图

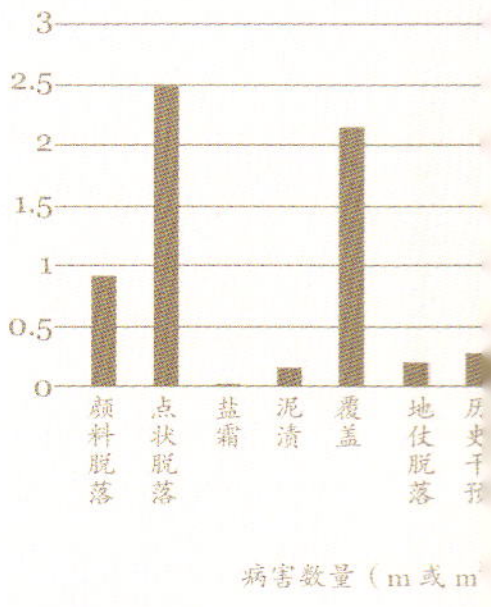

A02 栱眼壁病害统计图

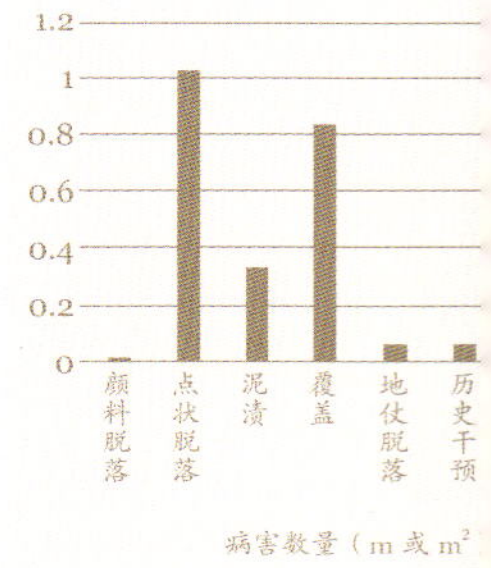

大雄殿栱眼壁壁画
正射及病害总图

A03 栱眼壁壁画正射及病害总图

害图例

03 栱眼壁病害统计图

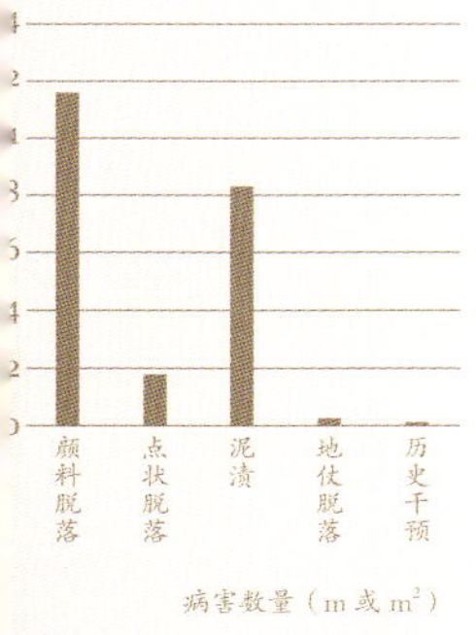

04 栱眼壁病害统计图

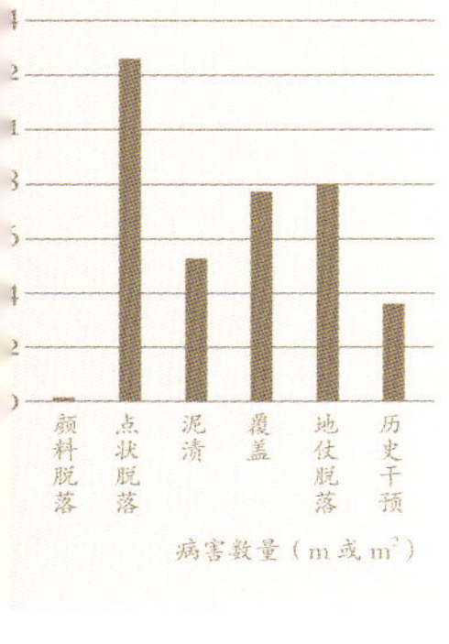

A04 栱眼壁壁画正射及病害总图

A06 拱眼壁壁画正射及病害总图

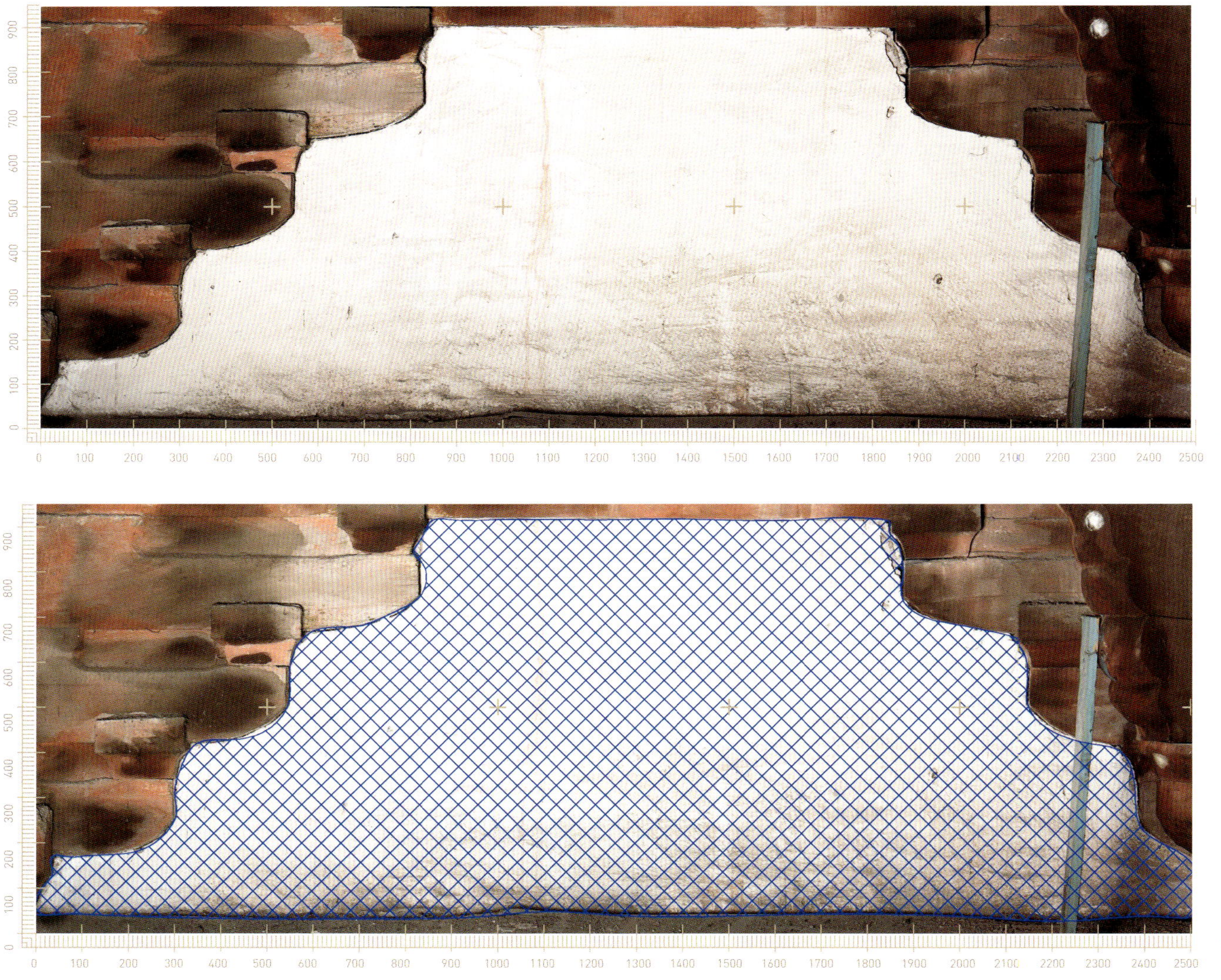

A07 拱眼壁壁画正射及病害总图

病害图例

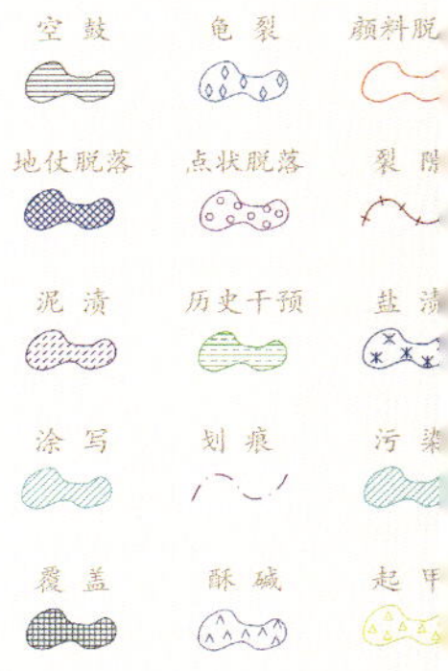

A06 拱眼壁病害统计图

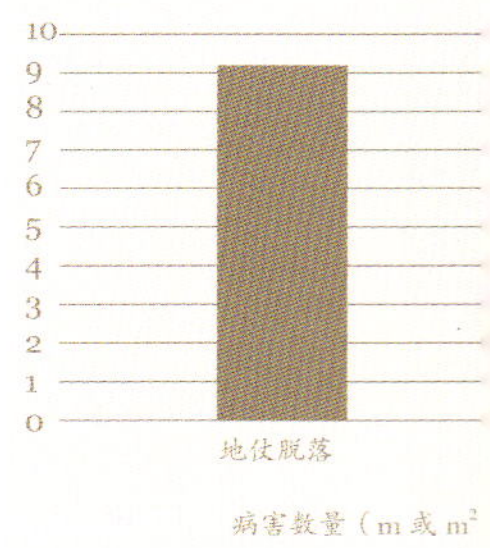

A07 拱眼壁病害统计图

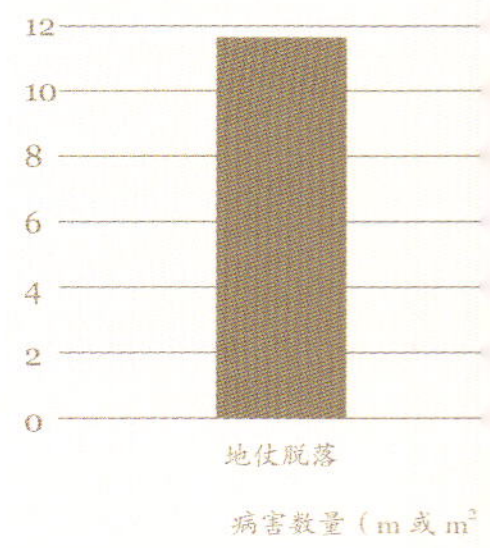

大雄殿拱眼壁壁画
正射及病害总图

A08 拱眼壁壁画正射及病害总图

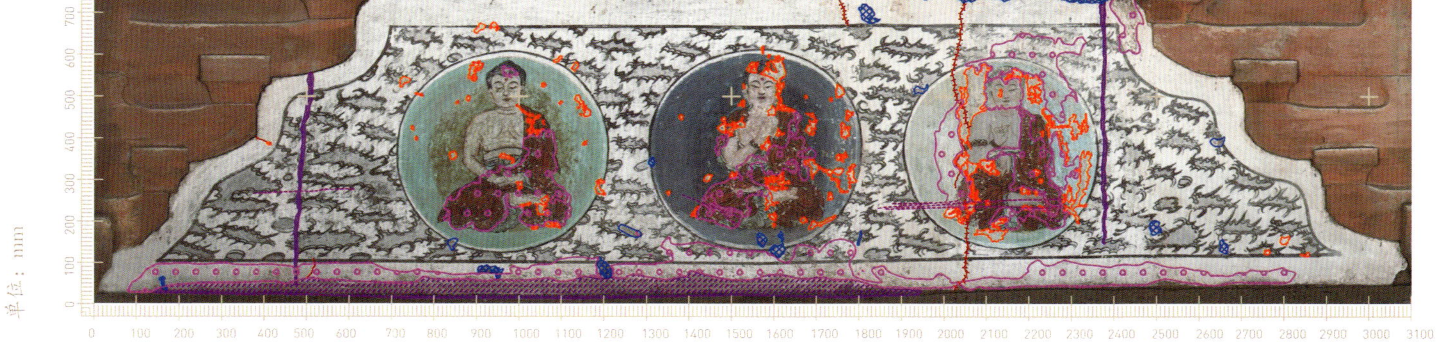

A09 拱眼壁壁画正射及病害总图

害图例

8 拱眼壁病害统计图

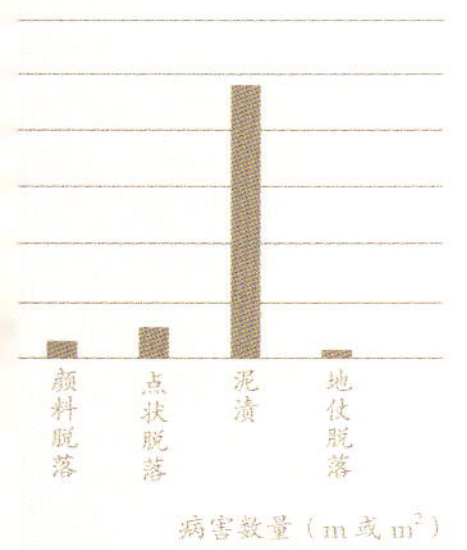

9 拱眼壁病害统计图

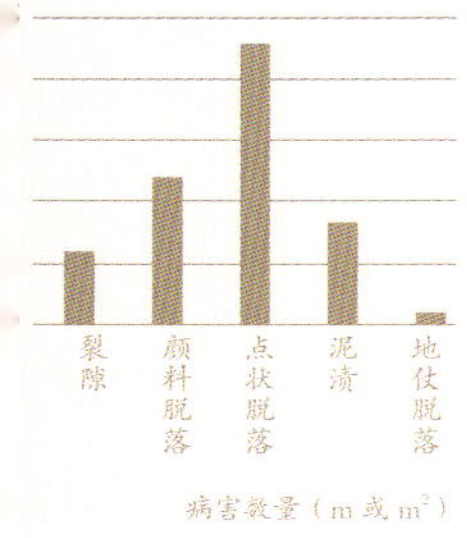

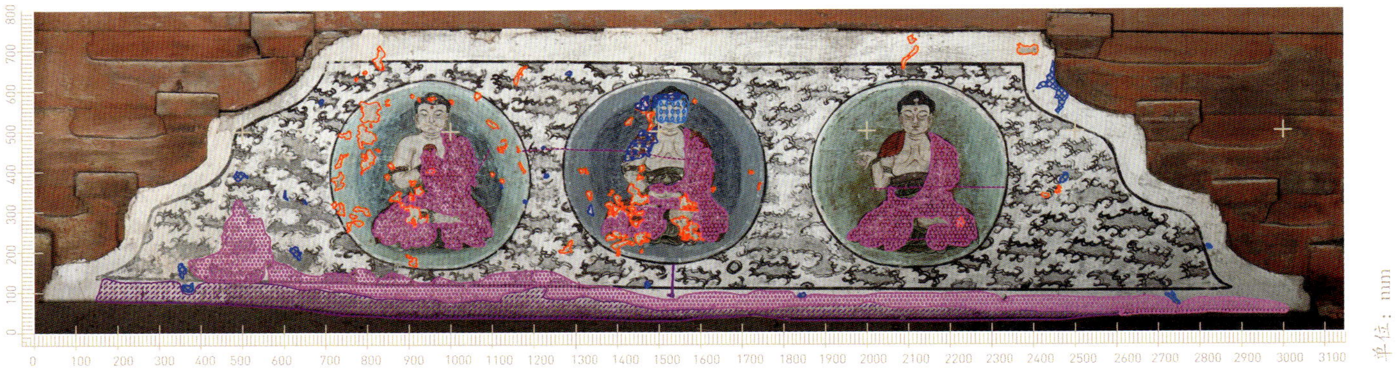

A10 栱眼壁壁画正射及病害总图

A11 栱眼壁壁画正射及病害总图

病害图例

A10 栱眼壁病害统计图

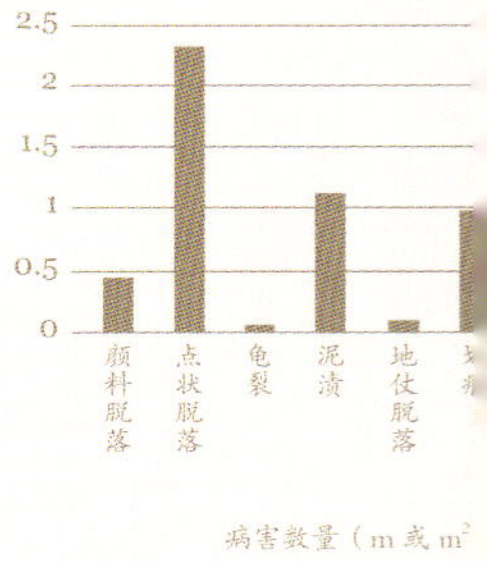

A11 栱眼壁病害统计图

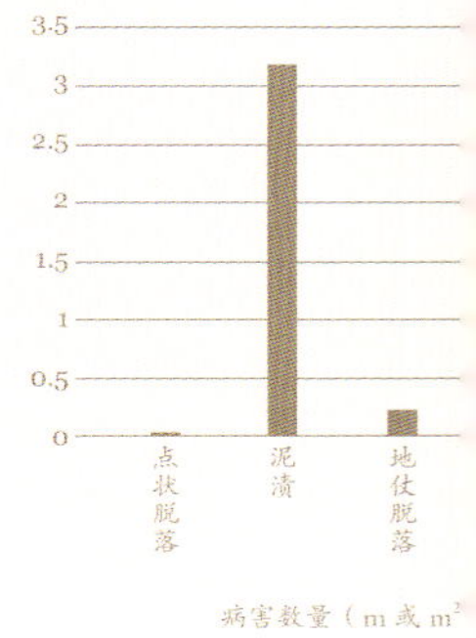

大雄殿栱眼壁壁画正射及病害总图

A12 栱眼壁壁画正射及病害总图

病害图例

12 栱眼壁病害统计图

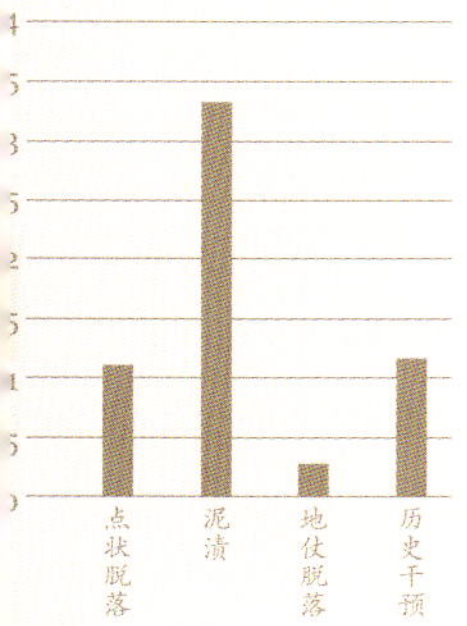

大雄殿平棊彩画

正射总图

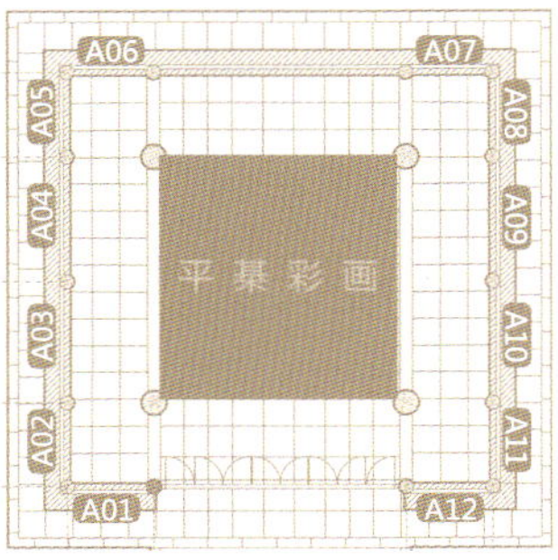

大雄殿平棊彩画

病害图局部

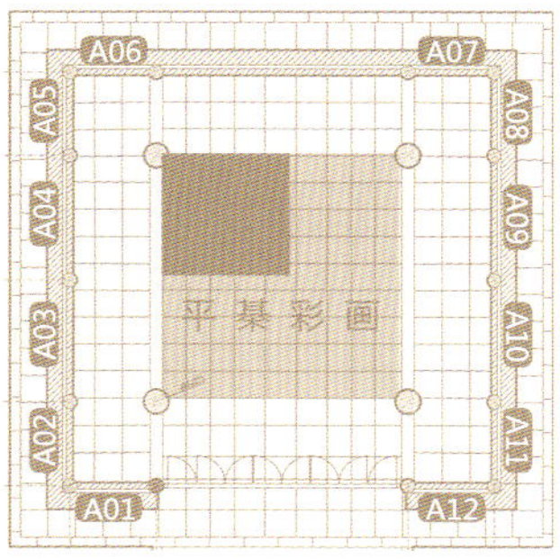

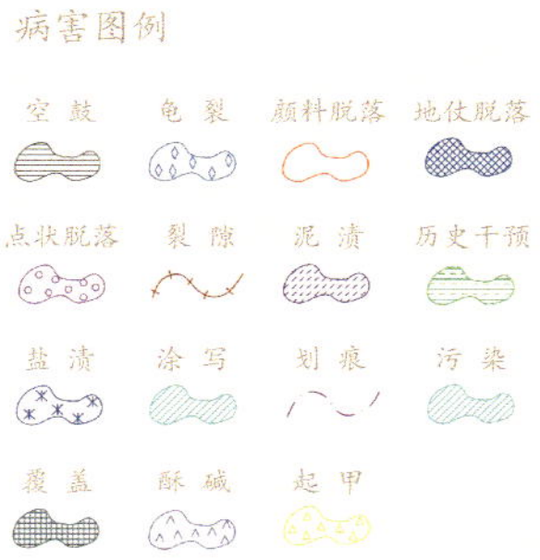

大雄殿平棊彩画

病害图局部

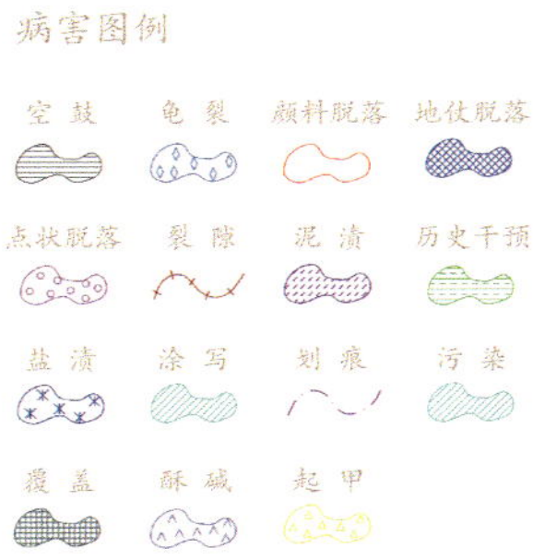

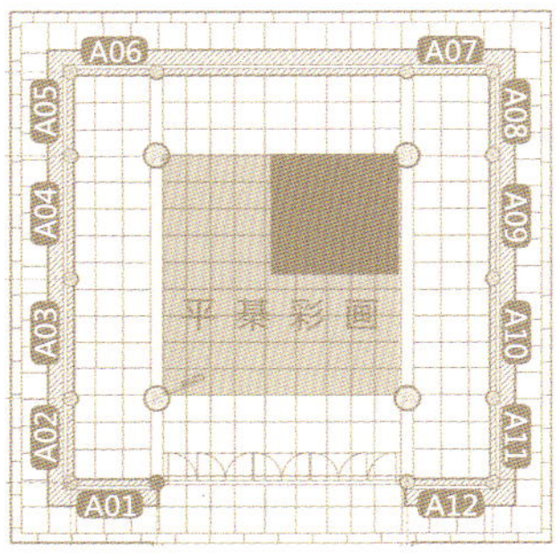

大雄殿平棊彩画

病害图局部

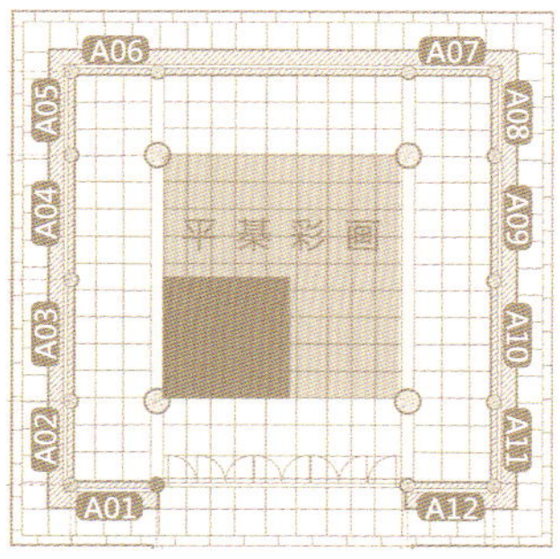

大雄殿平棊彩画

病害图局部

病害统计图

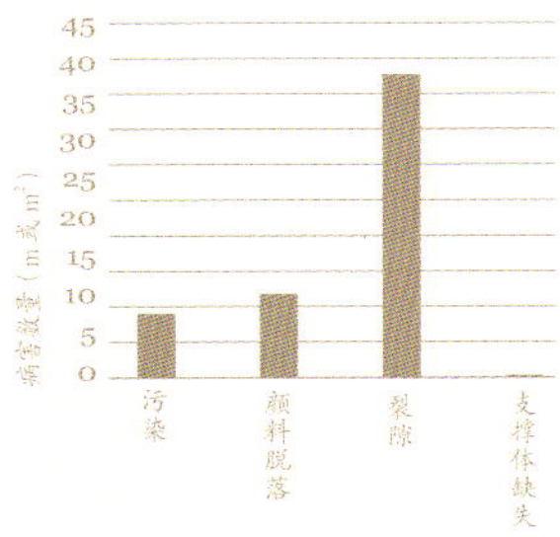

病害图例

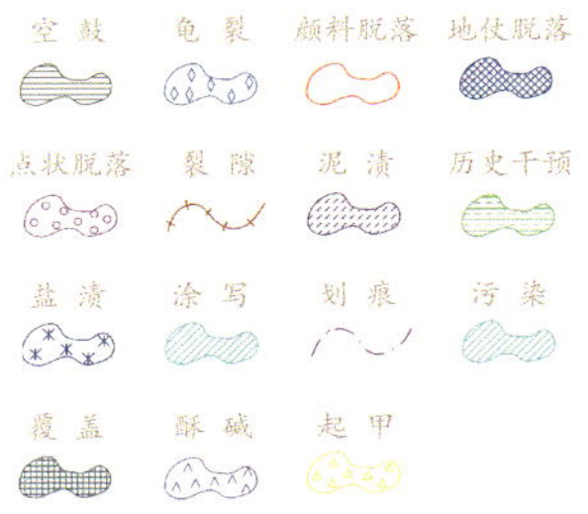

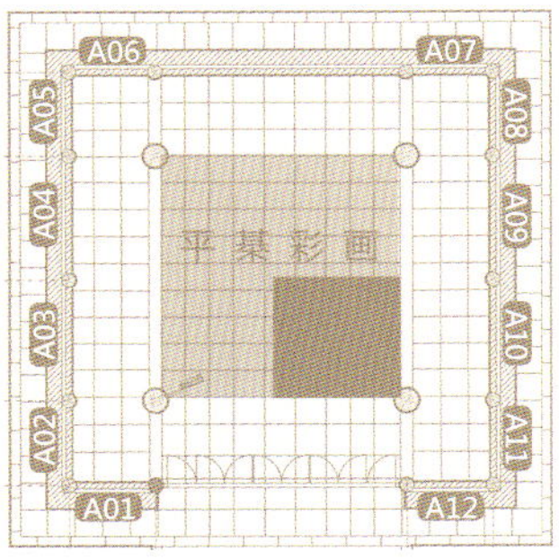

观音殿

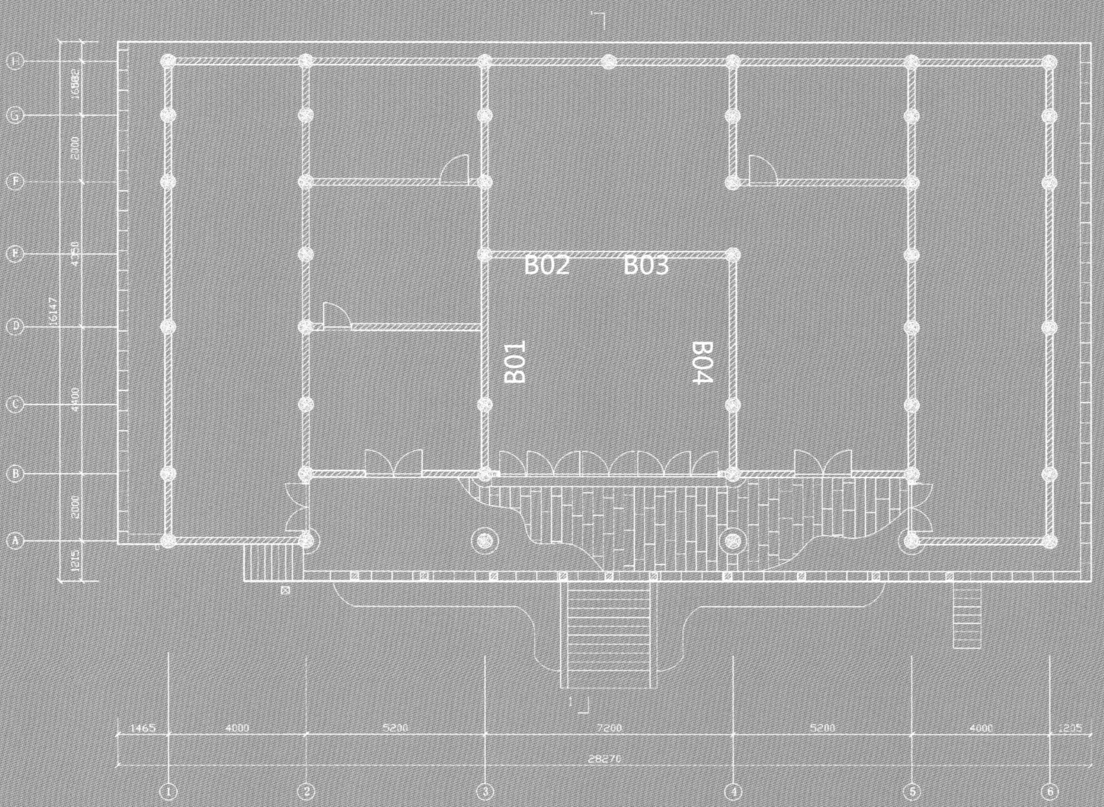

观音殿 B01

正射总图

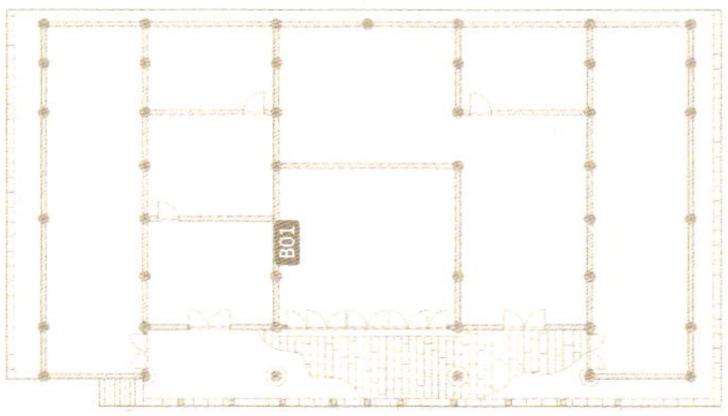

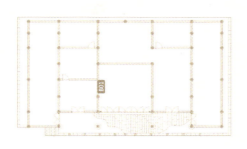

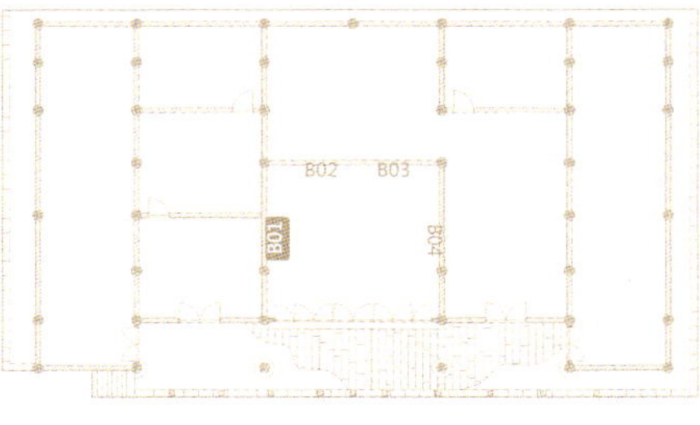

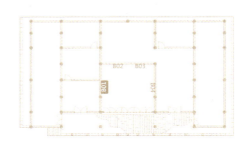

观音殿 B01
正射图局部

观音殿 B01

侧射总图

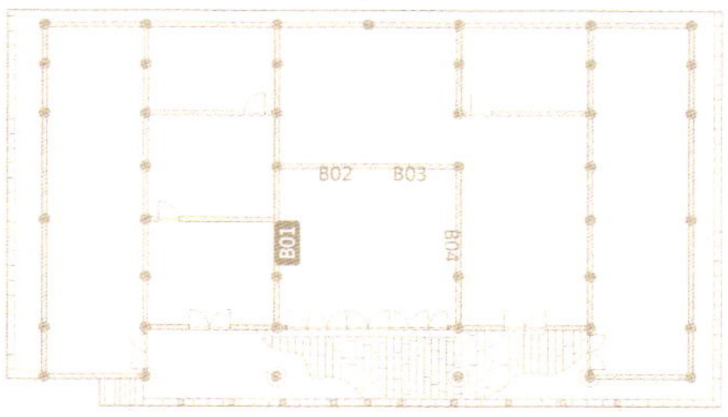

观音殿B01
病害总图

病害统计图

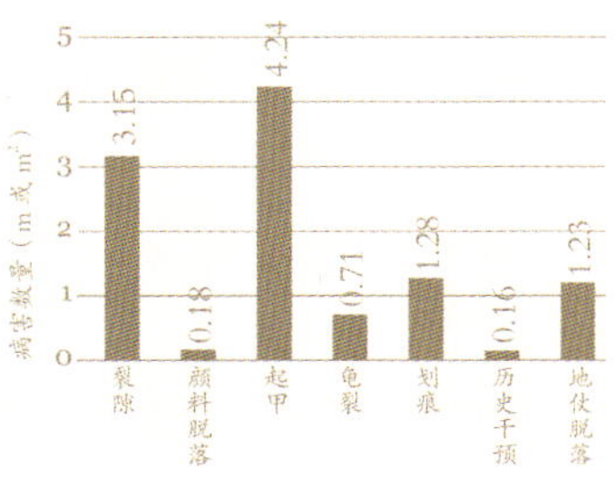

病害图例

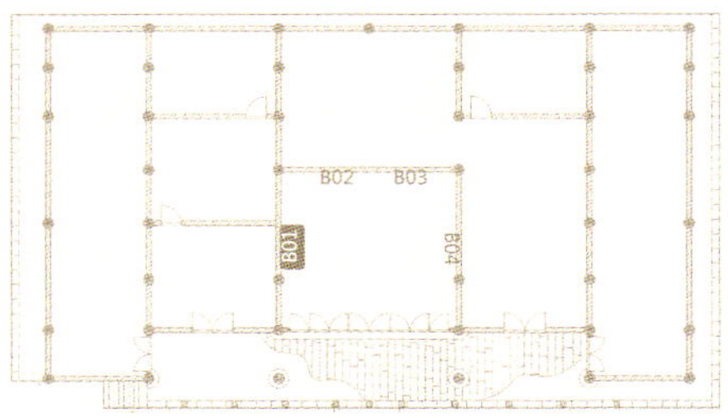

观音殿 B02

正射总图

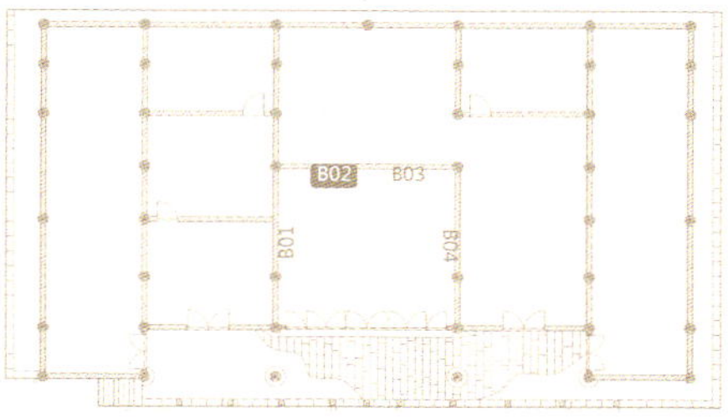

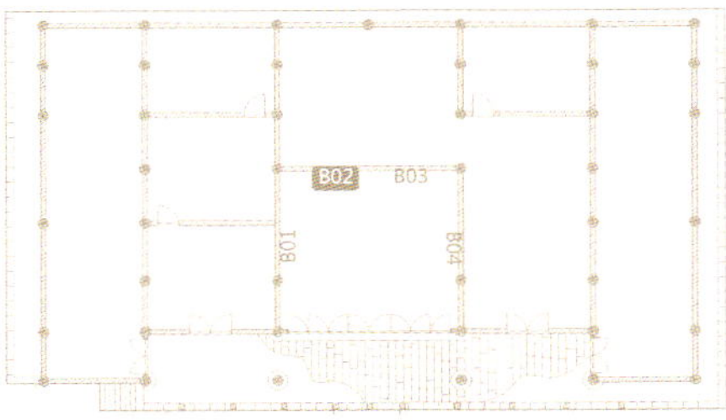

观音殿 B02
正射图局部

观音殿 B02
侧射总图

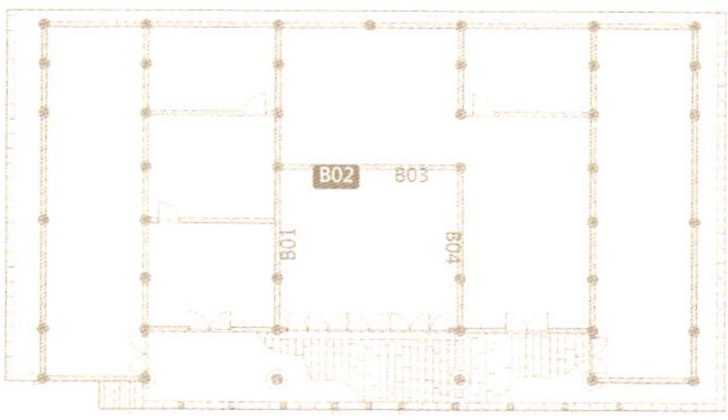

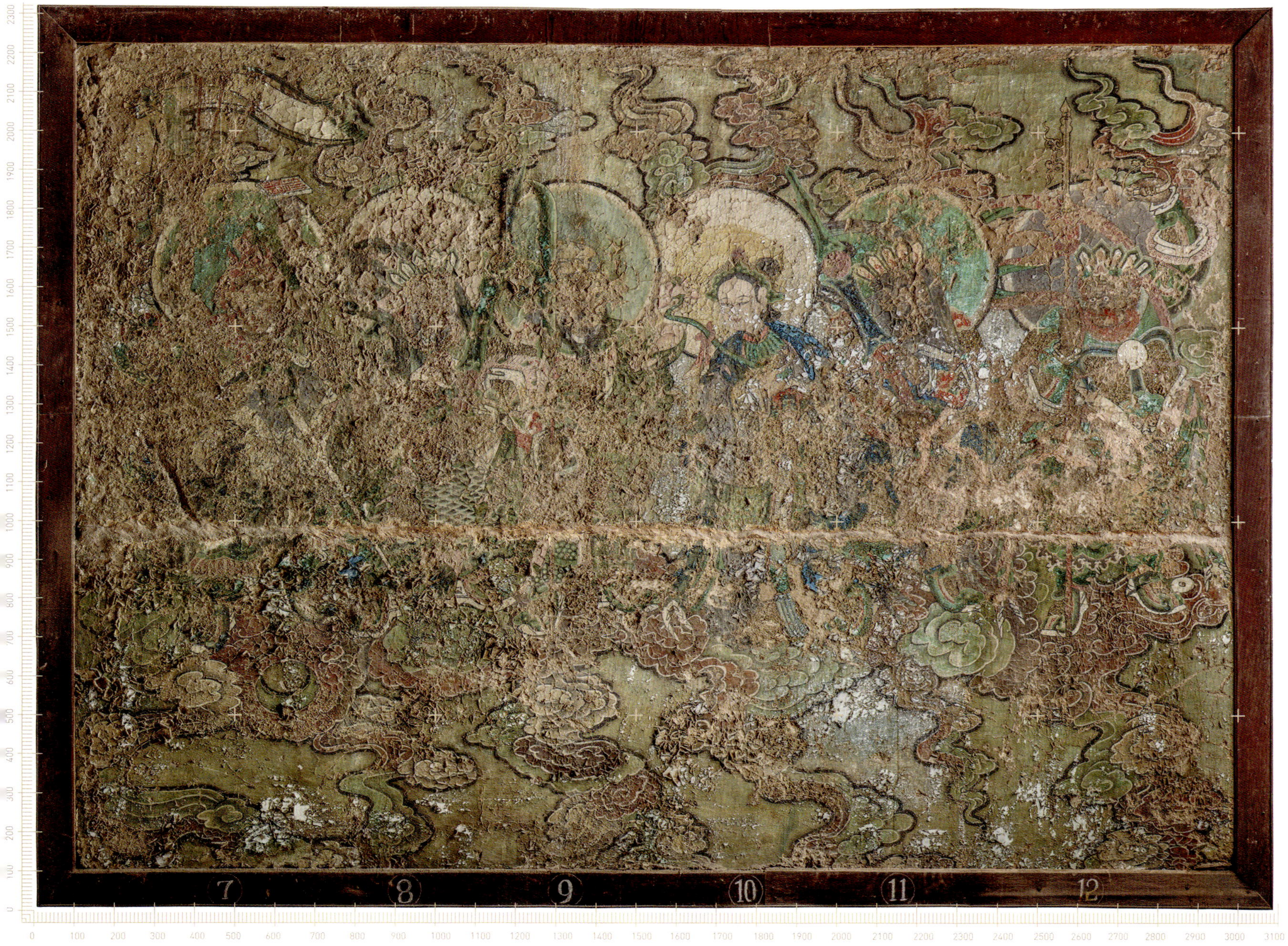

观音殿 B02

病害总图

病害统计图

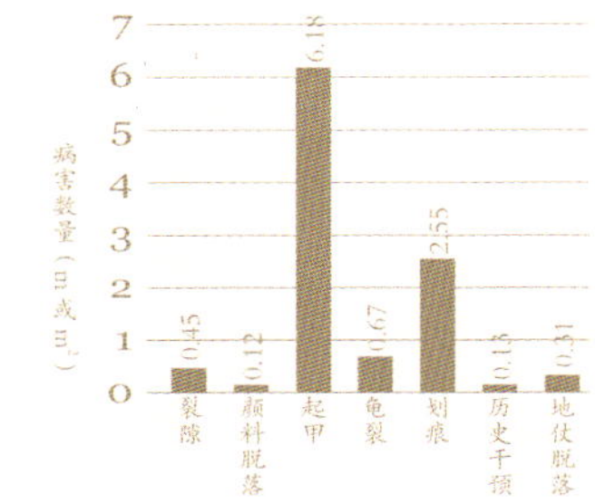

病害图例

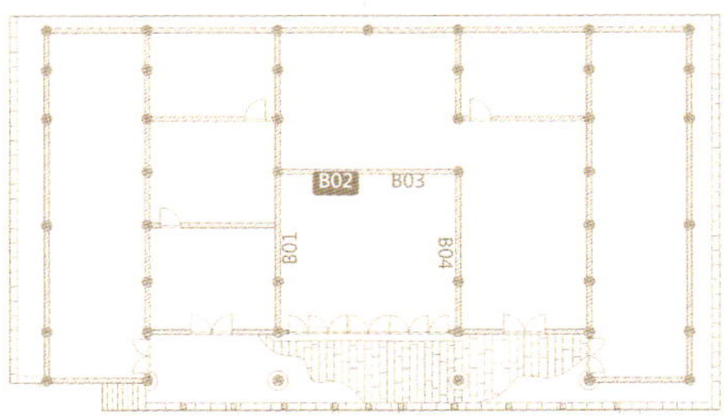

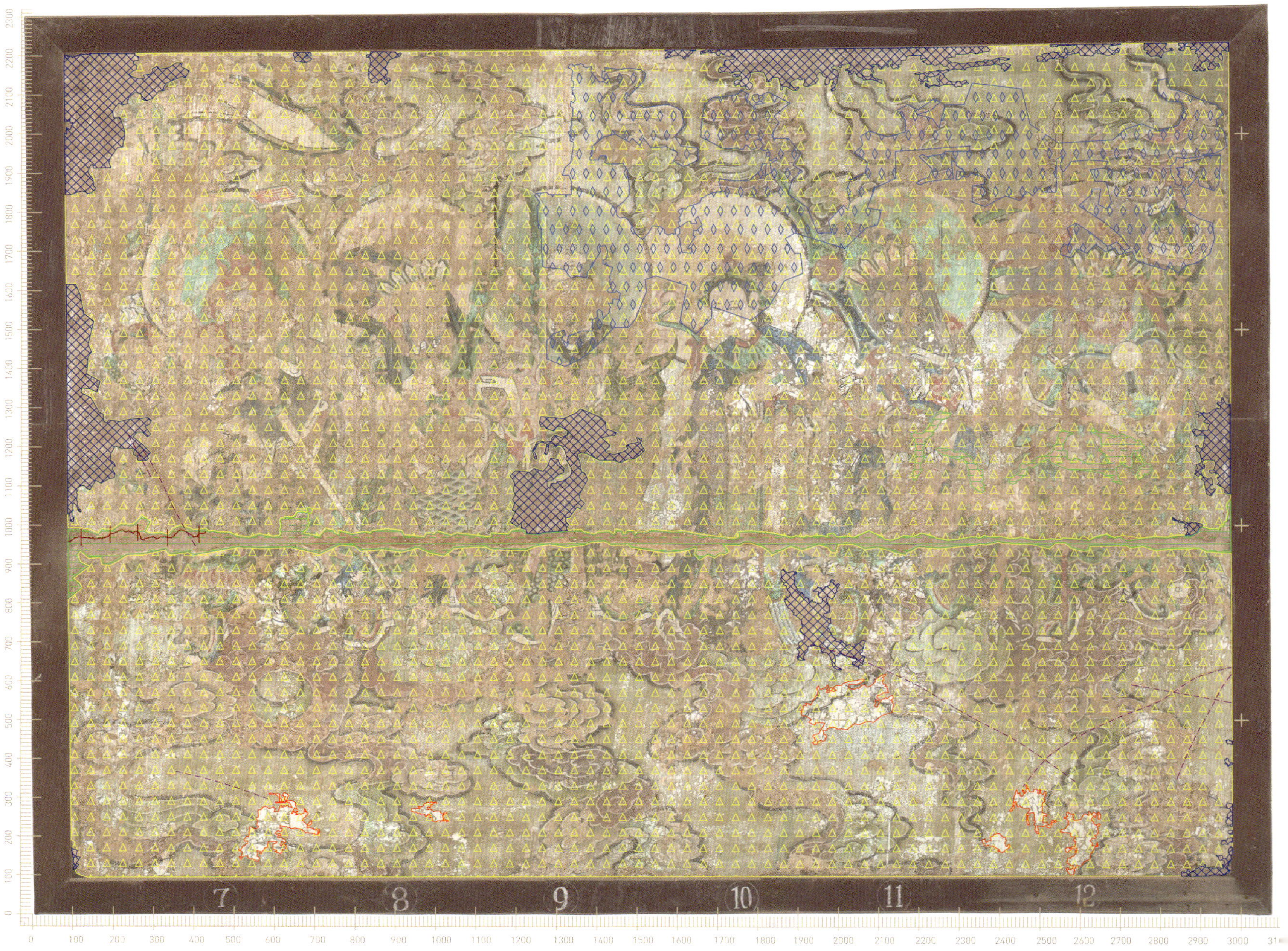

观音殿 B03

正射总图

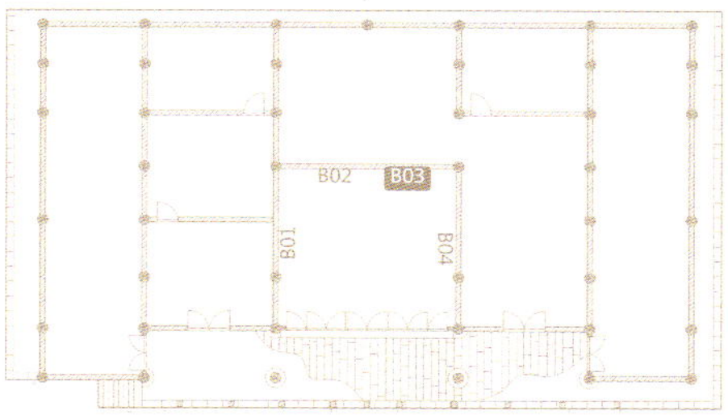

观音殿 B03
正射图局部

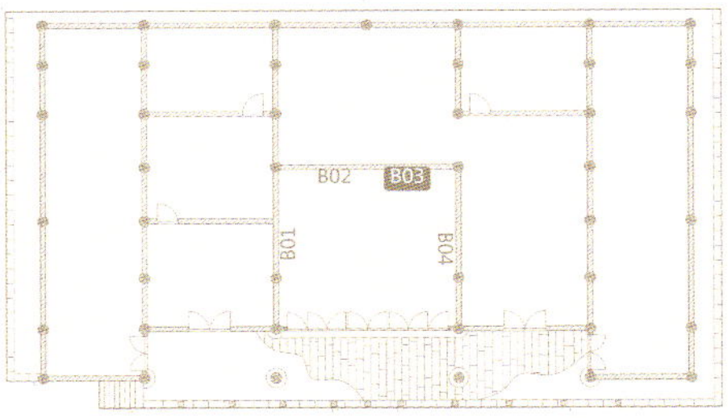

观音殿 B03

侧射总图

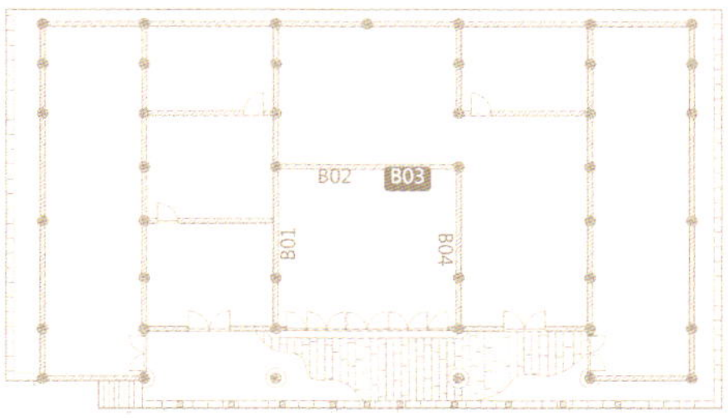
B02
B03
B01
B04

24
23
22
21
20
19
0
100
200
300
400
500
600
700
800
900
1000
1100
1200
1300
1400
1500
1600
1700
1800
1900
2000
2100
2200
2300
2400
2500
2600
2700
2800
2900
3000
3100

观音殿B03
病害总图

病害统计图

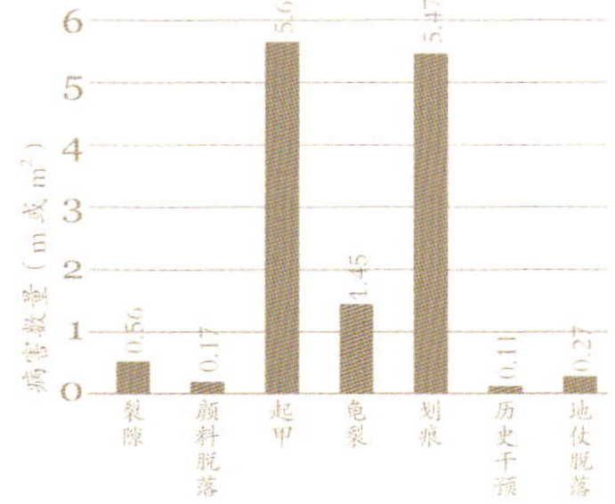

病害图例

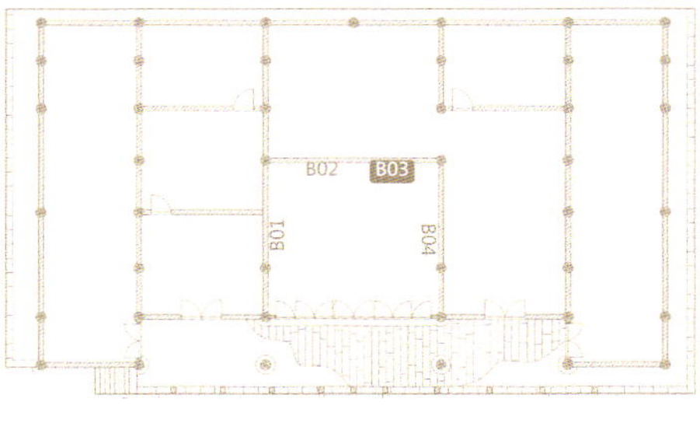

观音殿 B04

正射总图

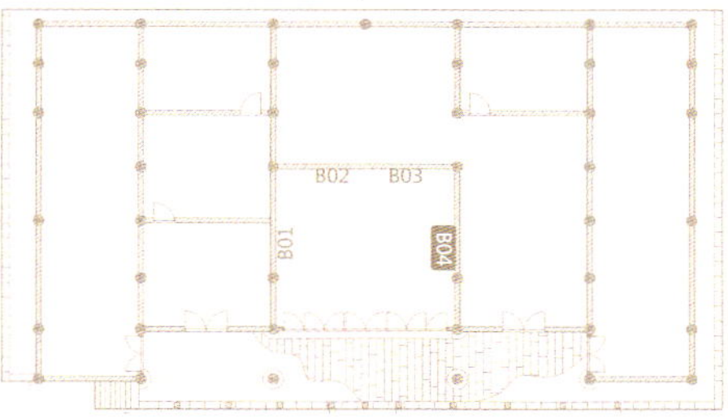

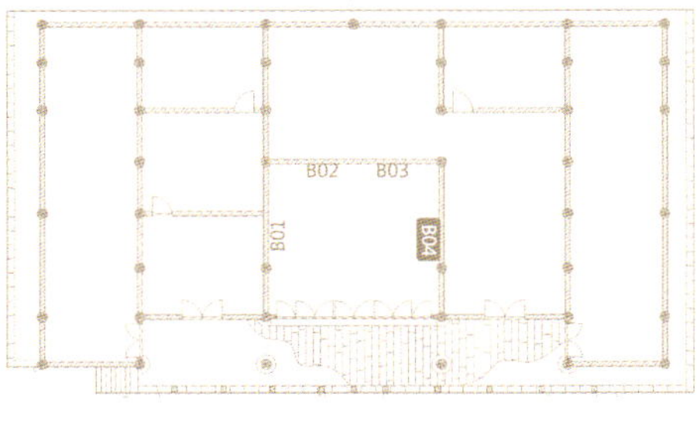

观音殿 B04
正射图局部

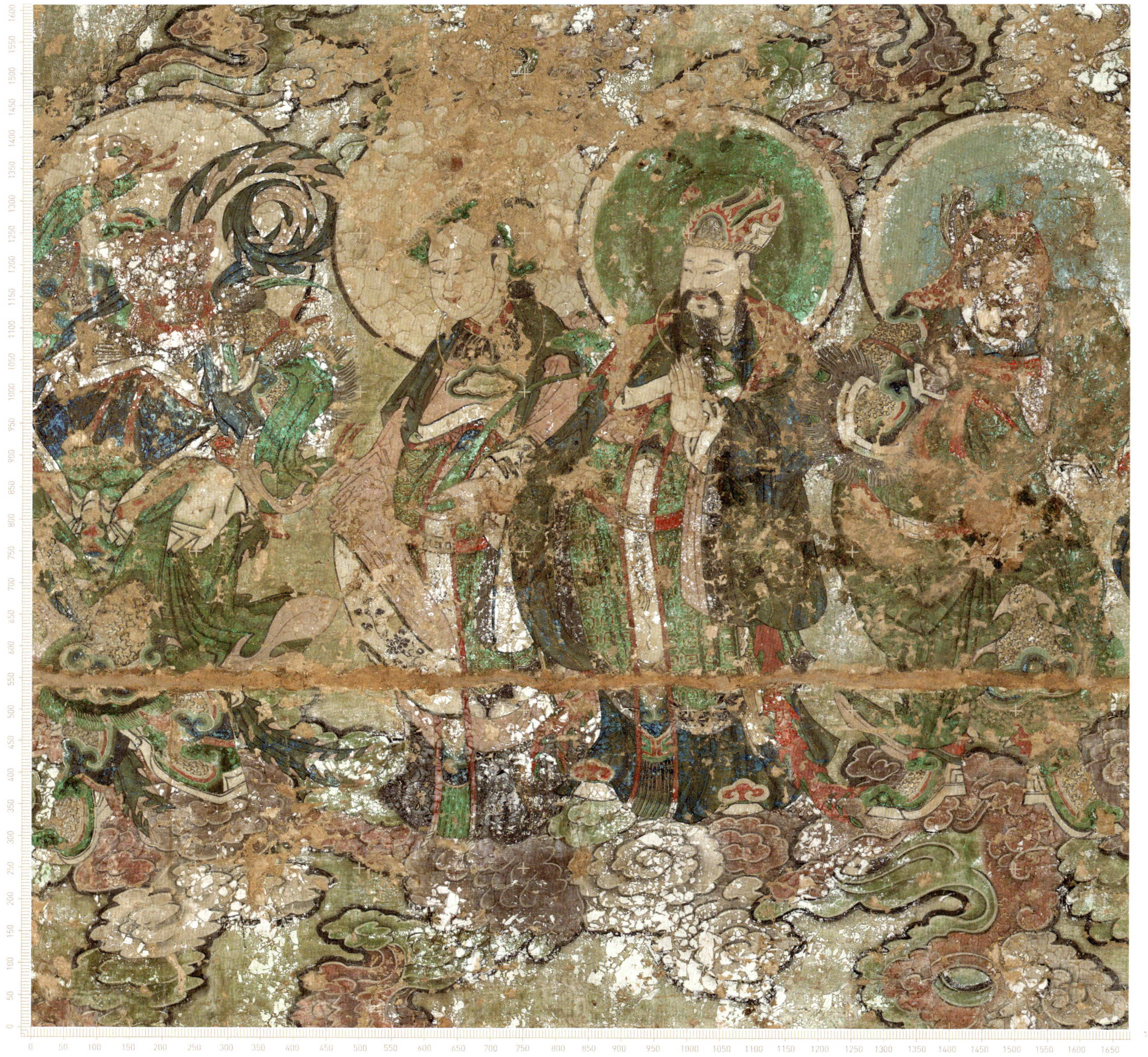

观音殿 B04
侧射总图

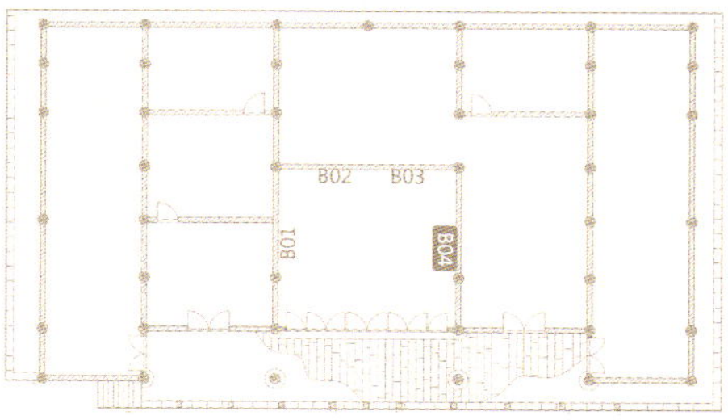

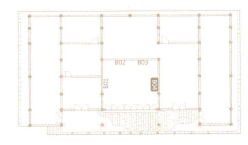

观音殿 B04
制作材料和工艺
采样分析

- XRF X 射线荧光元素分析取样点 (XRF)
- XRD X 射线衍射成分分析取样点 (XRD)
- RAM 拉曼成分分析取样点 (RAM)
- 高 高光谱分析区域
- 剖 剖面显微镜结构分析取样点
- 9 分光光度计色彩信息采集点

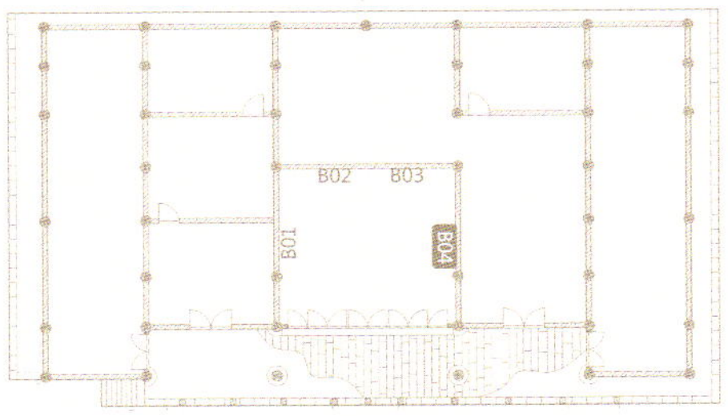

1# 绿色

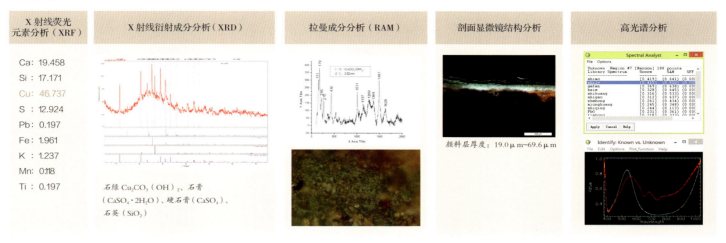

X 射线荧光元素分析（XRF）	X 射线衍射成分分析（XRD）	拉曼成分分析（RAM）	剖面显微镜结构分析	高光谱分析
Ca：19.458 Si：17.171 Cu：46.737 S：12.924 Pb：0.197 Fe：1.961 K：1.237 Mn：0.118 Ti：0.197	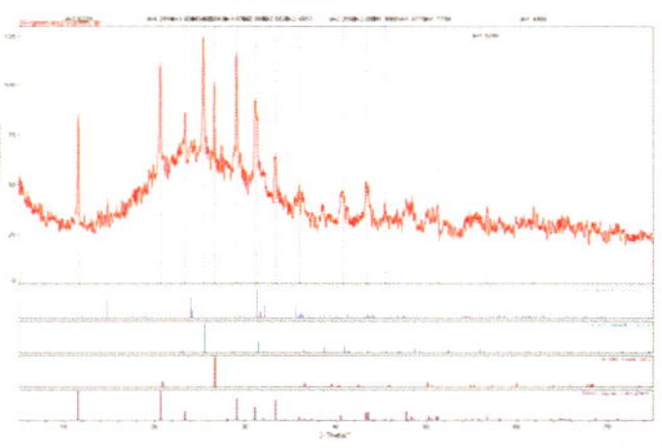 石绿 $Cu_2CO_3(OH)_2$、石膏（$CaSO_4 \cdot 2H_2O$）、硬石膏（$CaSO_4$）、石英（SiO_2）	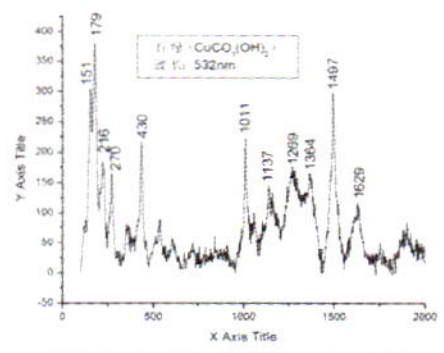 	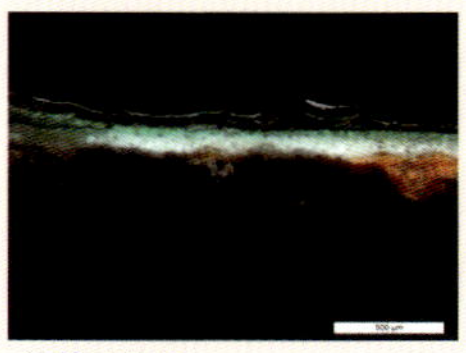 颜料层厚度：19.0μm~69.6μm	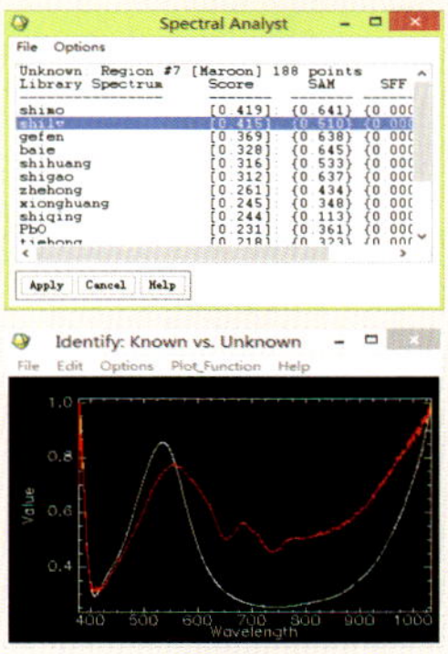

小结　1. XRF、XRD、RAM 高光谱分析结果均为石绿，XRD 中石膏、硬石膏、石英均由白粉层带入；

2. 颜料层薄厚变化较大，不均；

3. 综合各项指标，绿色颜料为石绿。

2# 红色

X 射线荧光元素分析（XRF）	X 射线衍射成分分析（XRD）	拉曼成分分析（RAM）	剖面显微镜结构分析	高光谱分析
Ca：38.674 Cu：0.349 Hg：18.886 Pb：38.998 P：3.09	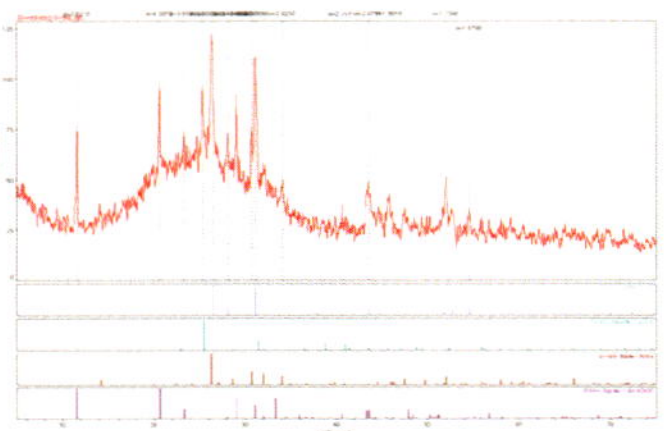 朱砂（HgS）、铅丹（Pb_3O_4）、石膏（$CaSO_4 \cdot 2H_2O$）、硬石膏（$CaSO_4$）	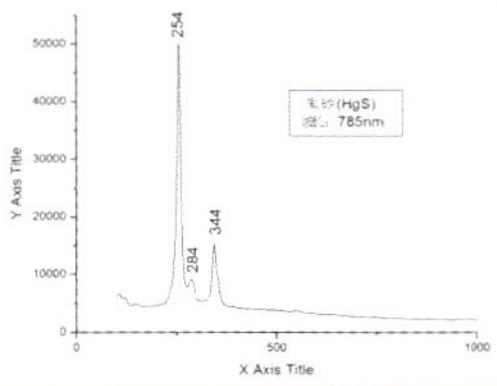 	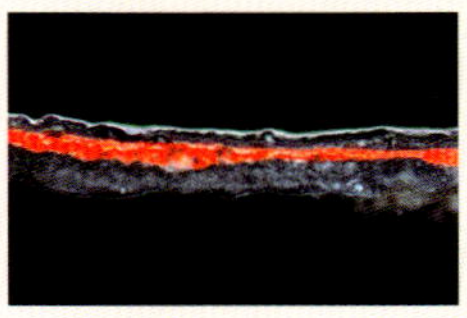 16.1μm~64.5μm	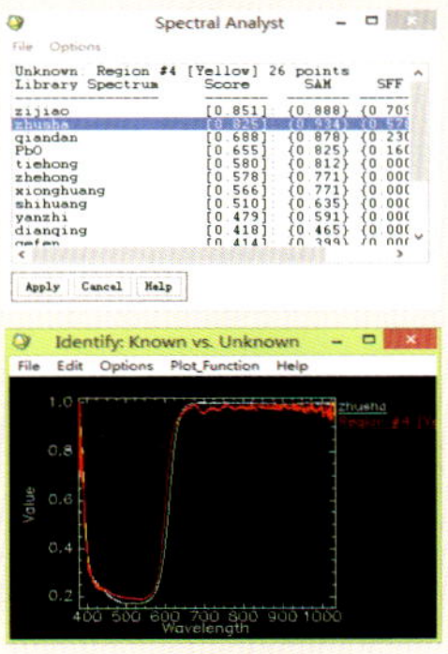

小结　1. XRF 分析含有较高的 Pb、Hg 与 XRD、高光谱检测朱砂、铅丹的结果相对应；XRD 中检出石膏、硬石膏属于白粉层带入；RAM 检测结果只有朱砂，可能是由于铅丹含量较少或者检测区域的选择导致结果不一致；

2. 颜料层薄厚变化较大，不均；

3. 综合各项指标，红色颜料为朱砂、铅丹。

3# 蓝色

X 射线荧光元素分析（XRF）	X 射线衍射成分分析（XRD）	拉曼成分分析（RAM）	高光谱分析
Ca：11.737 Si：24.908 Cu：47.906 S：10.099 Pb：1.272 Fe：0.984 K：0.490 Zn：2.605	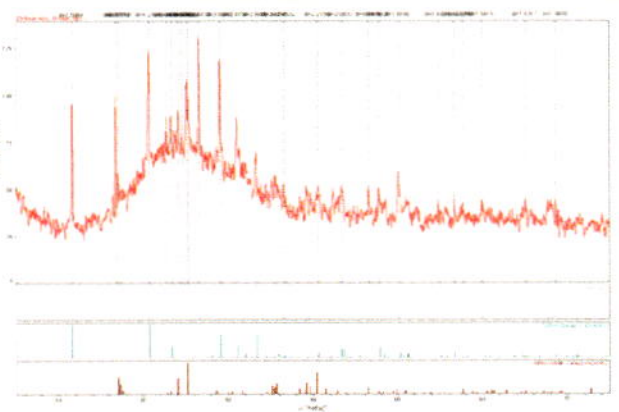 石青（$2CuCO_3 \cdot Cu(OH)_2$）、石膏（$CaSO_4 \cdot 2H_2O$）、石英（SiO_2）、硬石膏（$CaSO_4$）	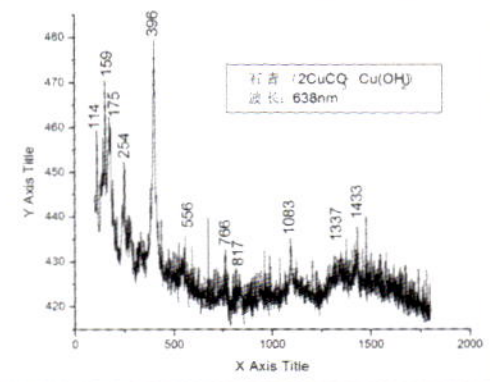 	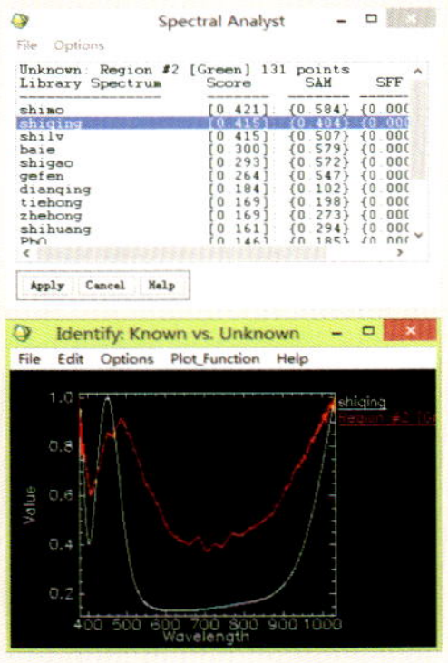

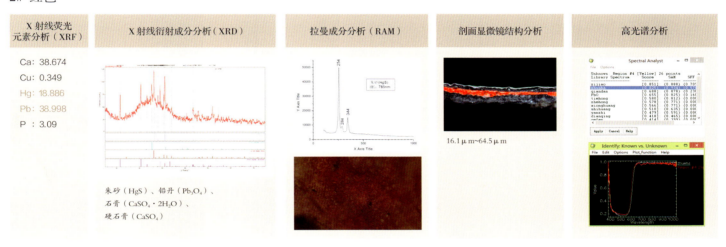

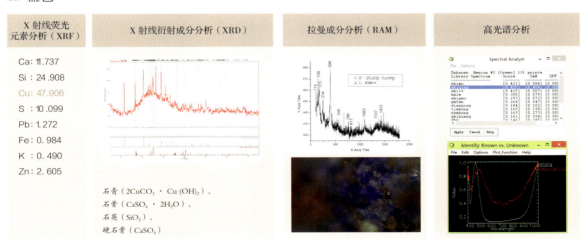

小结　1. XRF、XRD、RAM 和高光谱检测中均出现石青，XRD 检出石膏、石英、硬石膏均属于白粉层带入；

2. 综合各项指标，蓝色颜料为石青。

4# 白色

X 射线荧光元素分析（XRF）	X 射线衍射成分分析（XRD）	拉曼成分分析（RAM）
Ca：31.416 Si：15.003 Cu：0.070 Pb：25.131 Fe：3.207 K：1.325 P：23.487 Ti：0.362	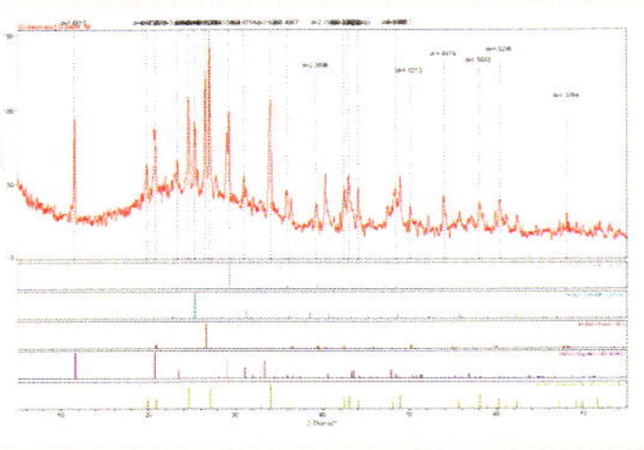 石膏（$CaSO_4 \cdot 2H_2O$）、硬石膏（$CaSO_4$）、铅白 $Pb3(CO_3)2(OH)_2$、白垩（$CaCO_3$）、石英（SiO_2）	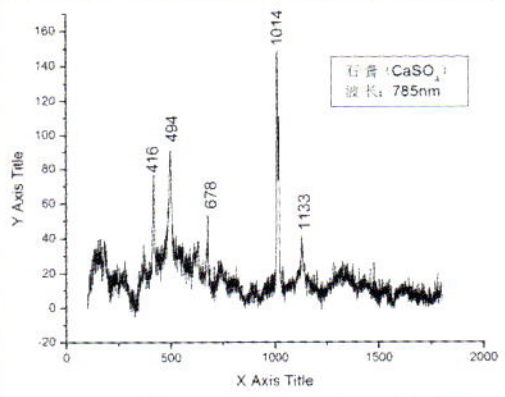 

小结　1. XRF 检测结果含 Pb 量较高，XRD 检测出铅白、白垩，RAM 结果为石膏，高光谱结果蛤粉、白垩分值都相对较高，由于壁画白粉层本身为石膏，综合检测结果，白色颜料应该为白垩和铅白的混合物；

2. 综合分析各项指标，推断结果为铅白、白垩。

5# 金色

X 射线荧光元素分析（XRF）	X 射线衍射成分分析（XRD）
Ca：50.283 Si：11.162 Cu：0.655 S：19.079 Pb：4.769 Fe：5.026 K：1.994 Au：6.420 Zn：0.612	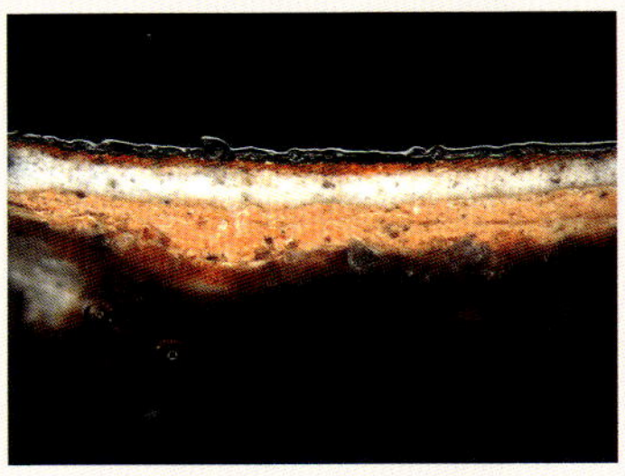 金粉厚度：49.1μm

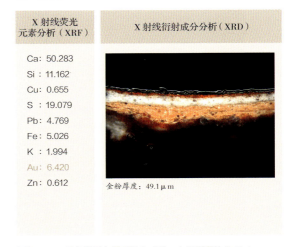

小结　1. 观音殿用金属于描金工艺，金粉厚度约为 49.1μm；

2. 综合分析各项指标，推断结果为金粉的可能性较大。

6# 黑色

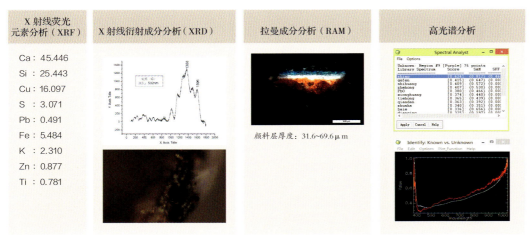

X 射线荧光元素分析（XRF）	X 射线衍射成分分析（XRD）	拉曼成分分析（RAM）	高光谱分析
Ca：45.446 Si：25.443 Cu：16.097 S：3.071 Pb：0.491 Fe：5.484 K：2.310 Zn：0.877 Ti：0.781	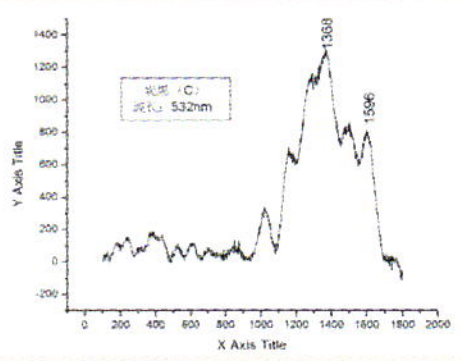 	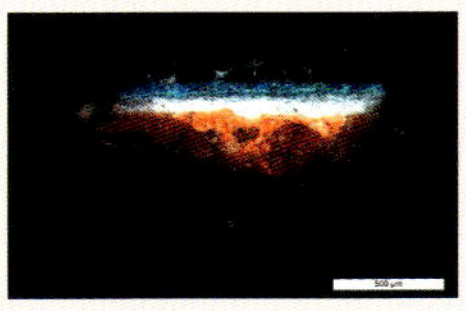 颜料层厚度：31.6~69.6μm	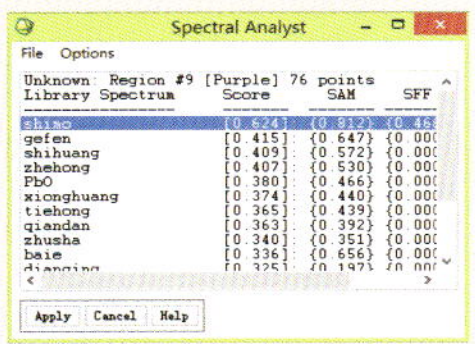 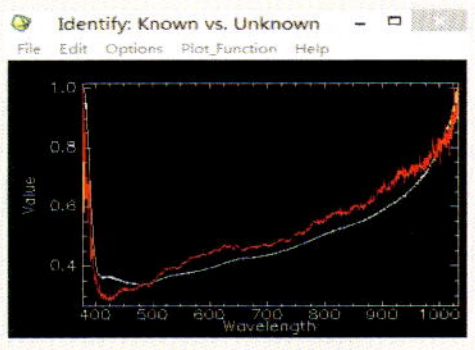

小结　1. RAM 和高光谱检测结果均为炭黑，炭黑属于有机无定型物质，XRF、XRD 无法检出；

2. 综合分析各项指标，推断结果为炭黑。

7# 白粉层

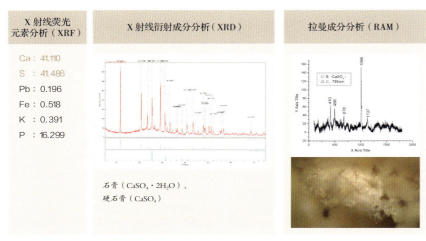

X 射线荧光元素分析（XRF）	X 射线衍射成分分析（XRD）	拉曼成分分析（RAM）
Ca：41.110 S：41.486 Pb：0.196 Fe：0.518 K：0.391 P：16.299	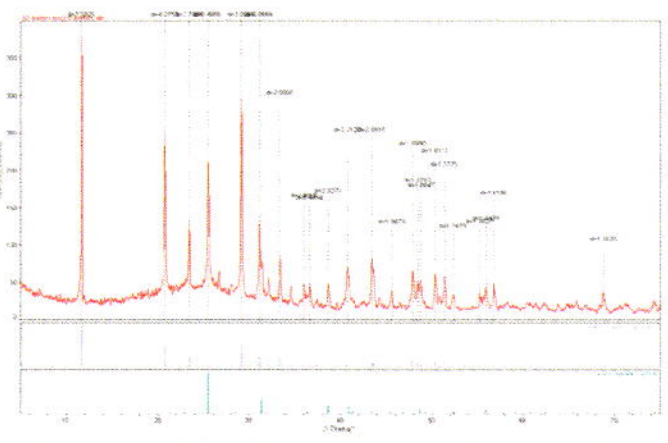 石膏（$CaSO_4 \cdot 2H_2O$）、硬石膏（$CaSO_4$）	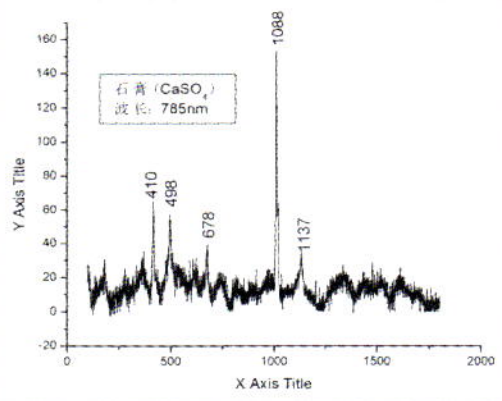 

小结　1. 白粉层主要成分为石膏和硬石膏，厚度不足 1mm；

2. 综合分析各项指标，推断结果为石膏、硬石膏。

结论

1　属于迁移可移动壁画，基本结构分为木龙骨＋玻璃钢支撑体、地仗层、白粉层、颜料层。

2　颜料层多为矿物质成分，颜料颗粒大小不同，厚度存在明显差异，且存在着混色调和现象，表达丰富的颜色层次。

3　在人物发冠、耳饰和项饰上采用了描金工艺。

观音殿B04
分光光度计色彩采集点信息

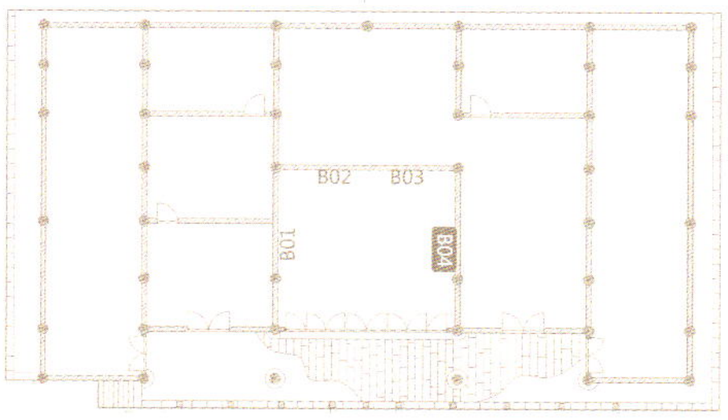

2 白

L:44.78
a:22.03
b:16.6

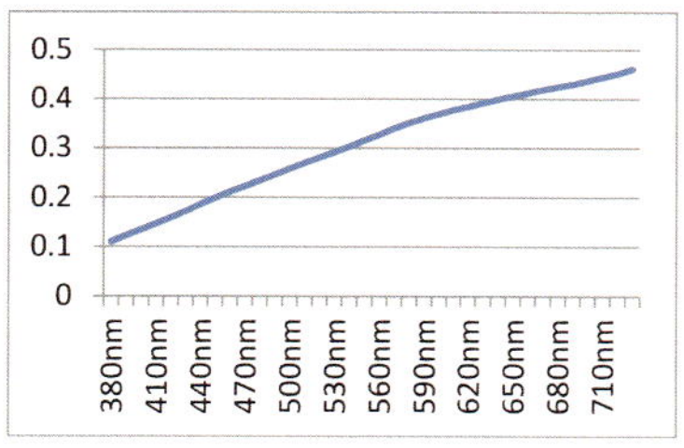

3 灰

L:45.04
a:4.01
b:11.76

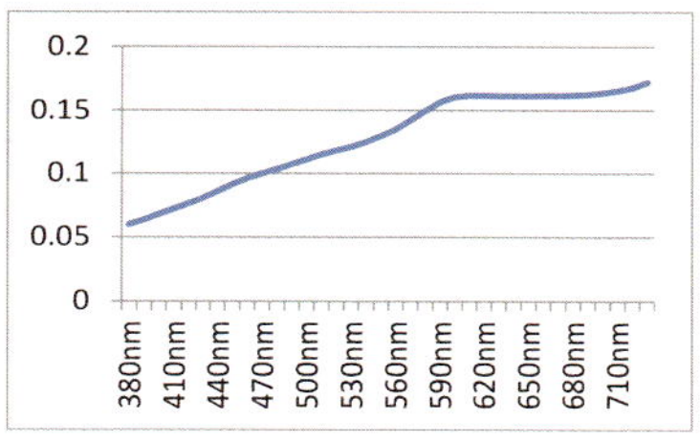

4 灰

L:46.11
a:4.01
b:7.34

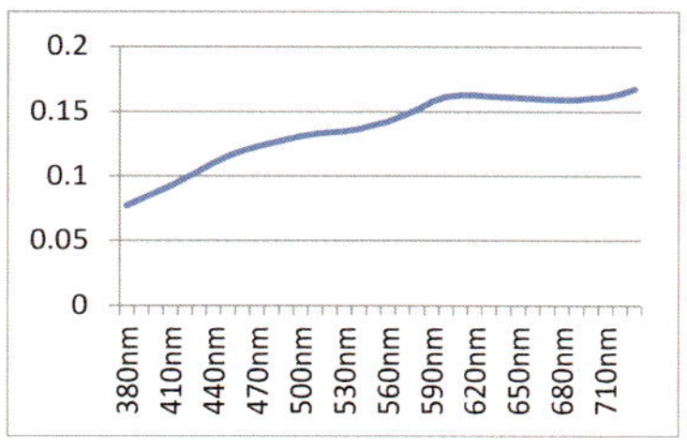

15 灰

L:50.86
a:4.05
b:19.52

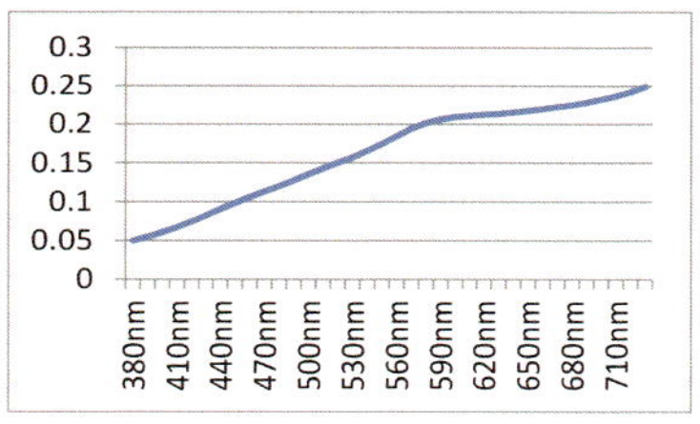

16 灰

L:47.24
a:3.47
b:5.93

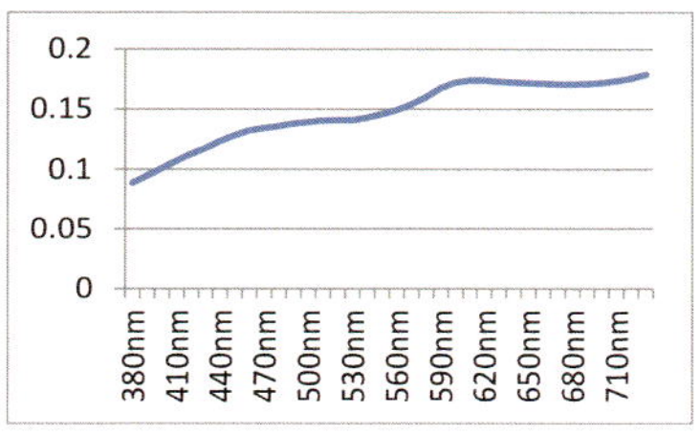

10 灯草灰

L:44.88
a:1.6
b:9.25

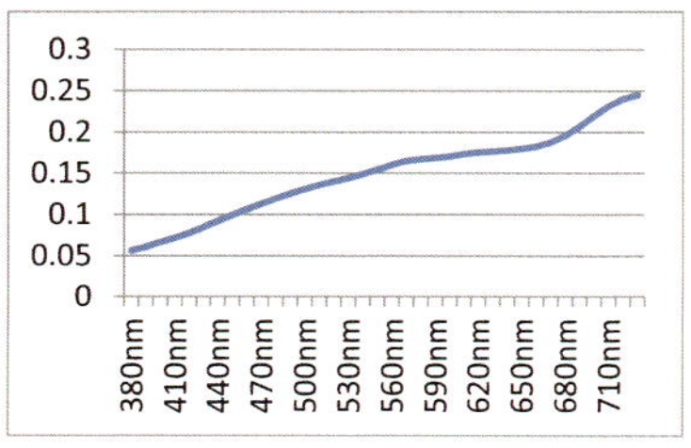

9 中棕灰

L:52.56
a:5.53
b:17.83

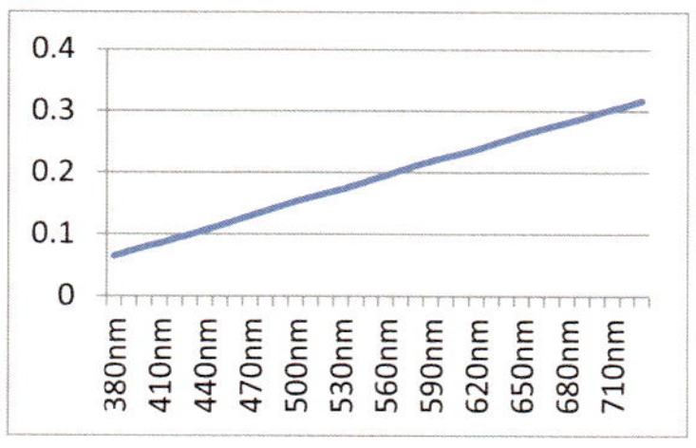

6 棕

L:44.81
a:22.08
b:16.6

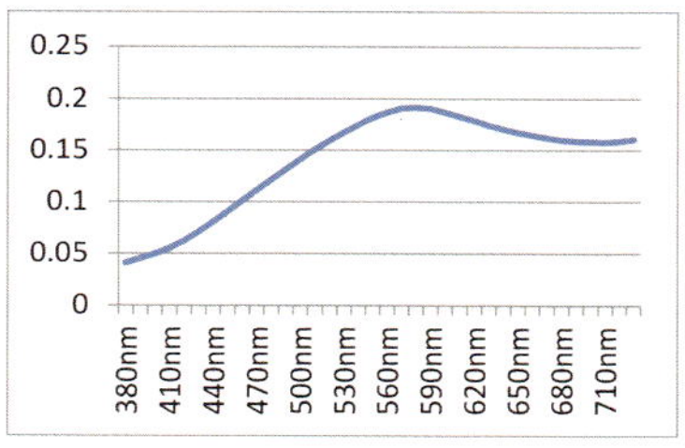

7 深棕红

L:46.8
a:12.26
b:14.24

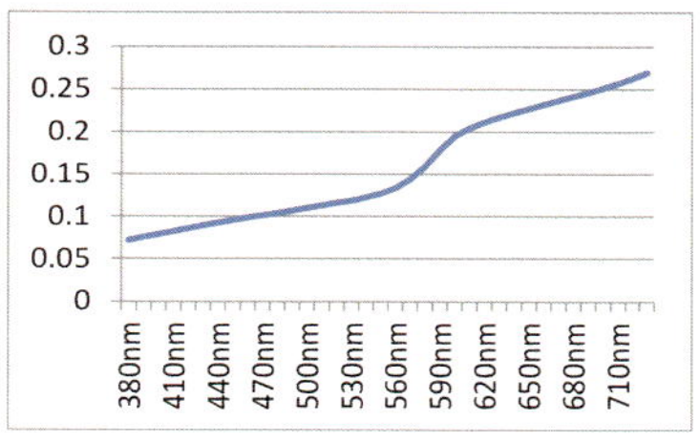

8 棕红

L:39.6
a:15.96
b:16.91

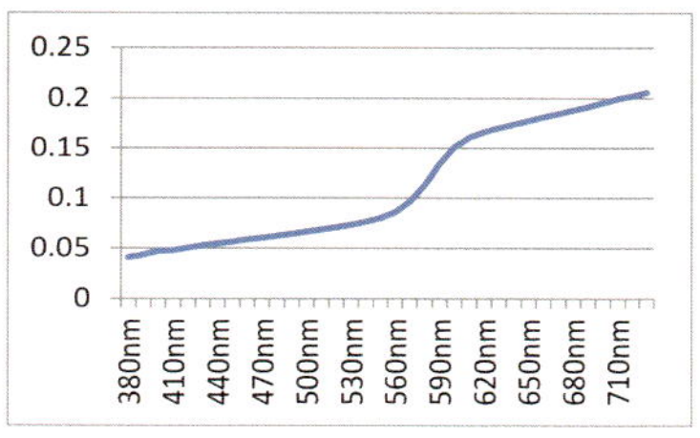

1 绿

L:67.81
a:-19.16
b:10.95

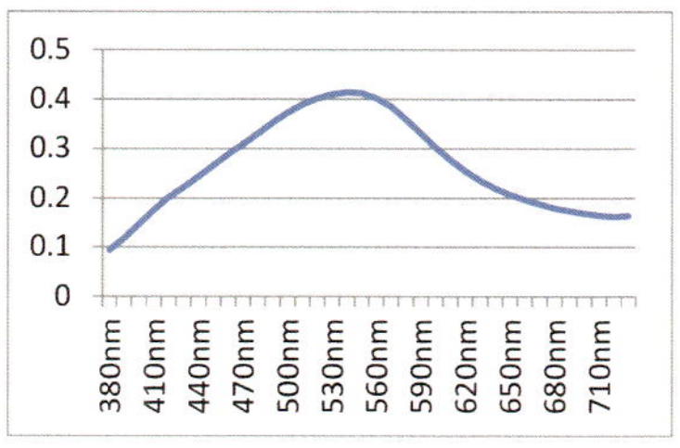

5 绿

L:45.54
a:-3.79
b:11.18

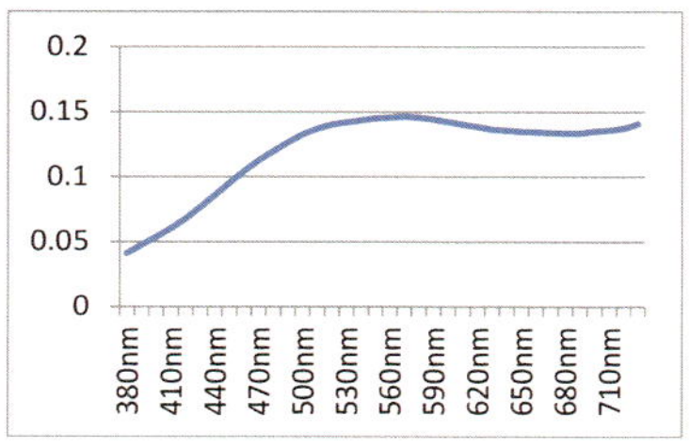

12 绿

L:45.01
a:-2.56
b:21.22

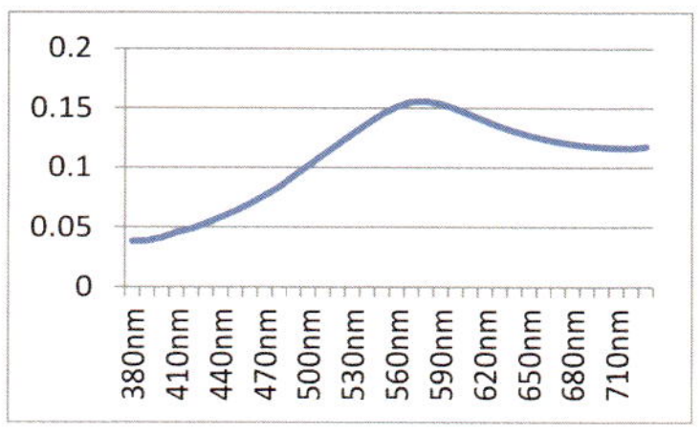

17 绿

L:52.97
a:-2.28
b:15.6

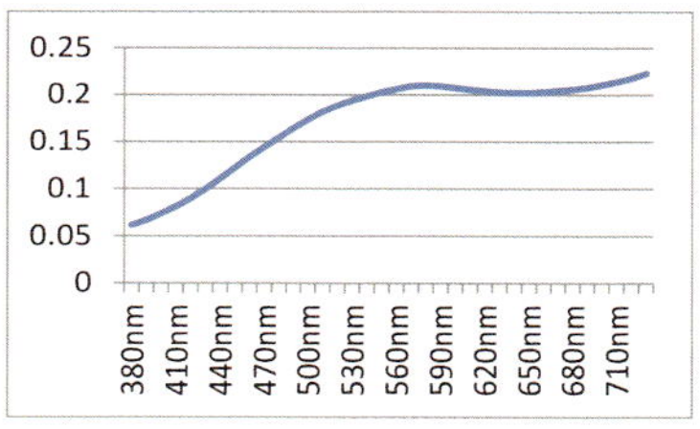

14 灰绿

L:56.82
a:-2.92
b:13.36

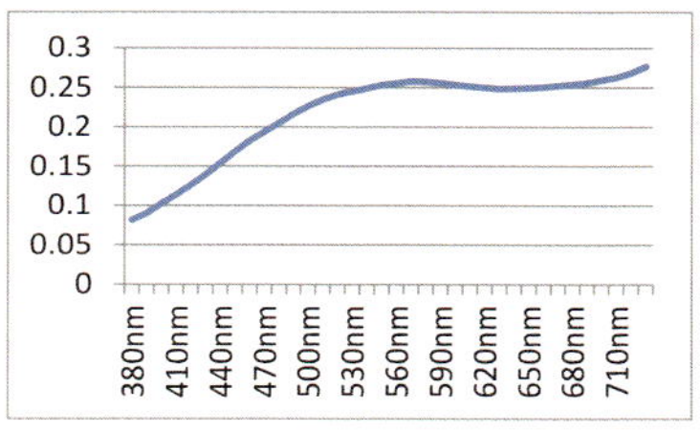

11 黑

L:31.75
a:0.91
b:3.24

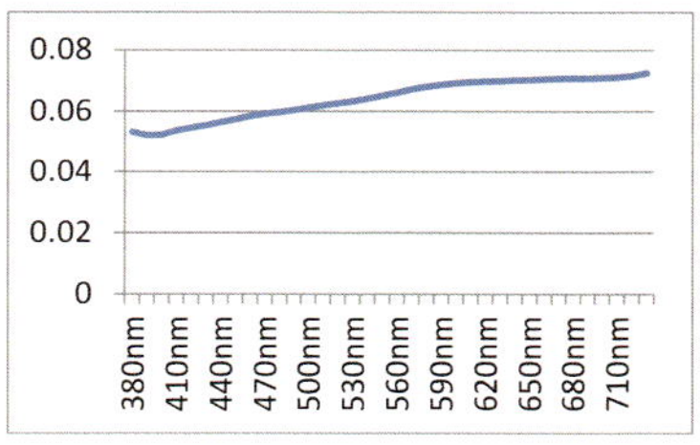

13 金

L:59.41
a:8.03
b:26.03

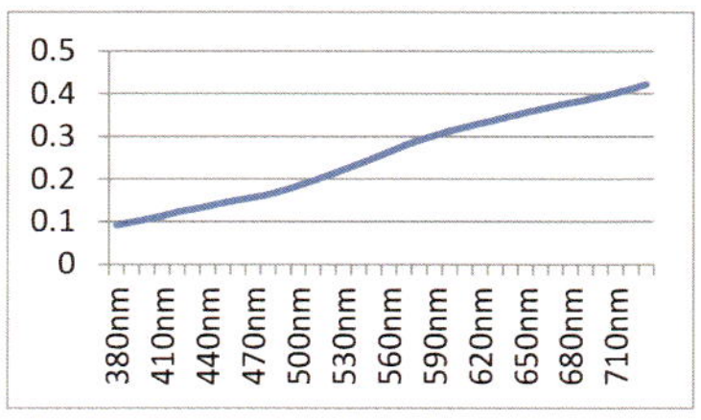

结论

1 通过检测现存壁画色彩L、a、b值，可以为计算机虚拟修复提供取色依据。

2 以本次检测为起点，可实现对壁画进行持续跟踪检测，通过L、a、b值，得知壁画色彩变化趋势，结合光照、温湿度、环境污染气体等检测数据，提出科学合理的壁画养护建议。

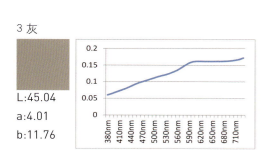

观音殿 B04
支撑体形变分析
（高精度三维扫描）

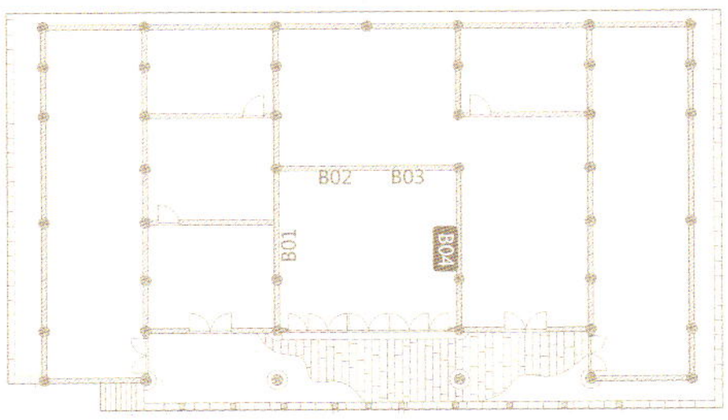

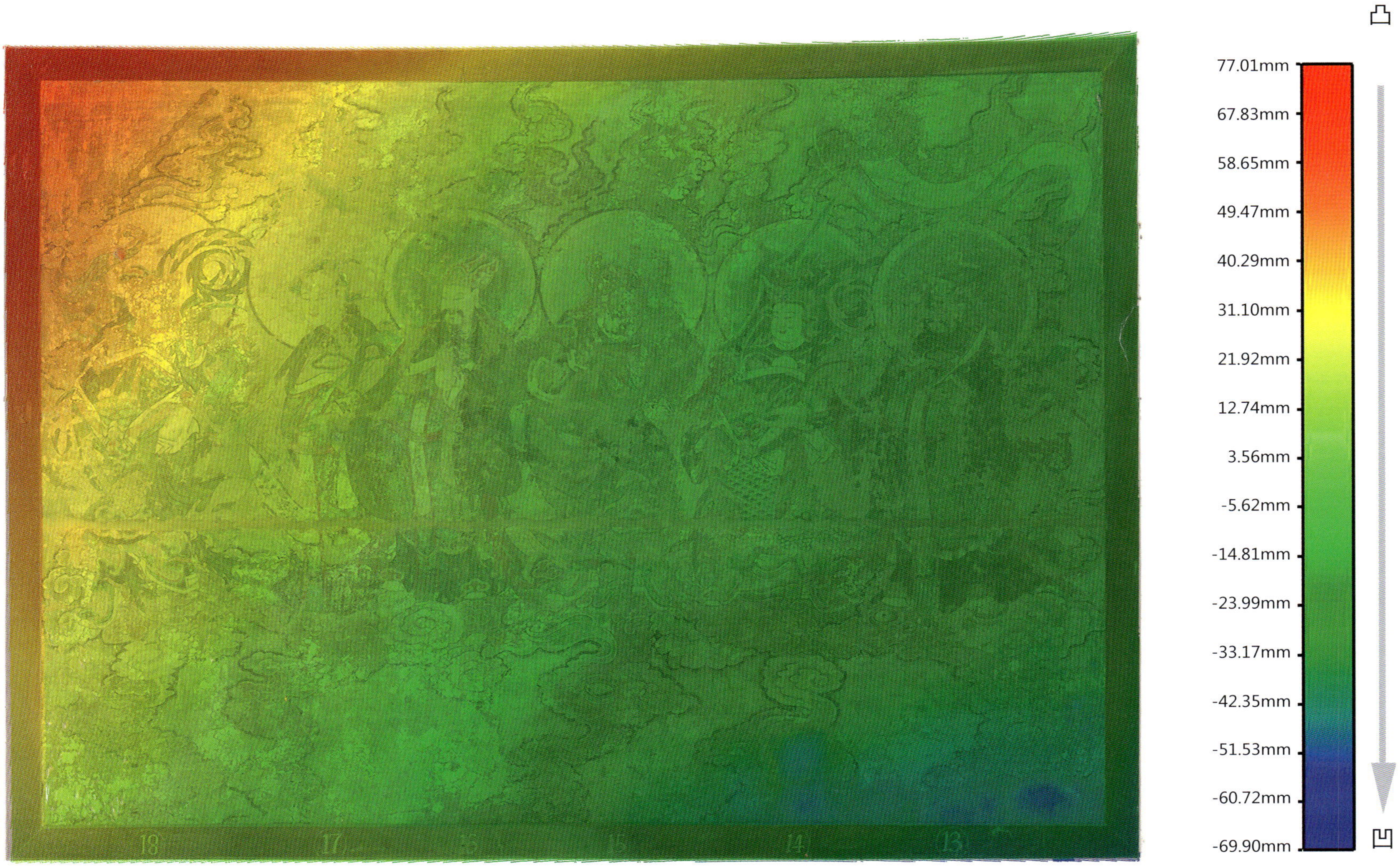

结论

通过高精度三维扫描数据处理，可看出 B04 左上角外凸，右下角存在地仗脱落病害，呈内凹状态，这是因为此处壁画支撑体为木龙骨 + 玻璃钢，且处于悬挂陈列状态，受环境和壁画材料本身综合因素的影响，整体出现了轻微的扭曲形变。

观音殿B04

病害提取——起甲

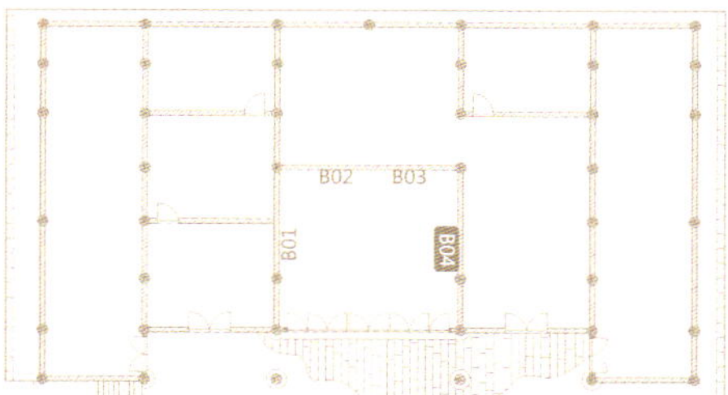

高清侧射光成像可形象直观辨识起甲病害区域，忠实记录壁画表面现状

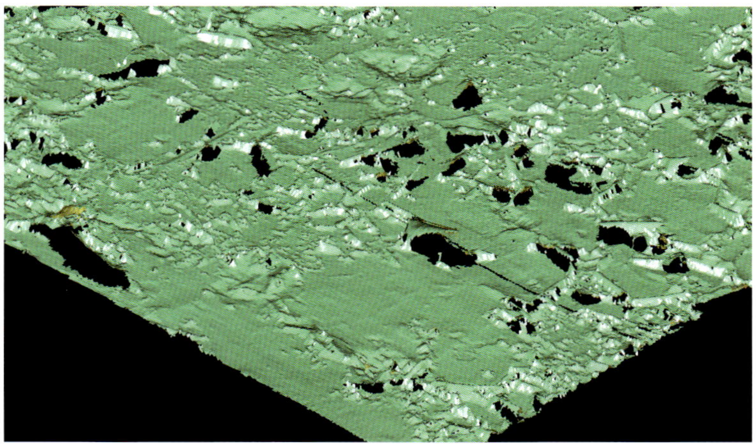

高精度三维扫描可量化壁画表面微小形变，使壁画表面形变可量测

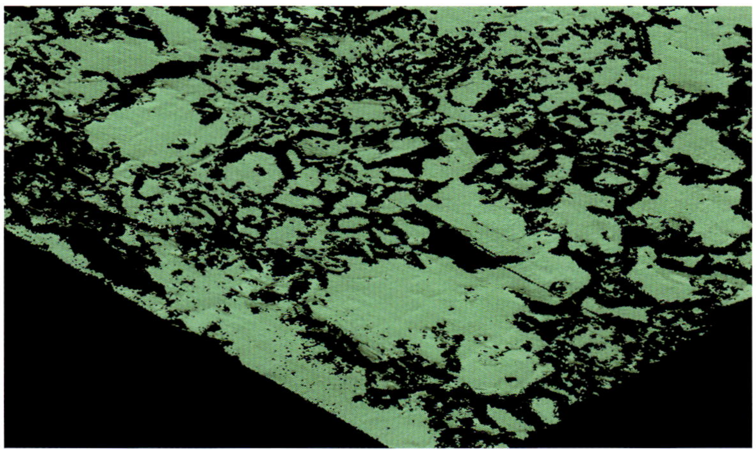

通过将三维扫描点云数据计算机处理运算，将起甲卷翘部分壁画剔除，计算空洞率，得出不同程度起甲病害的准确数量

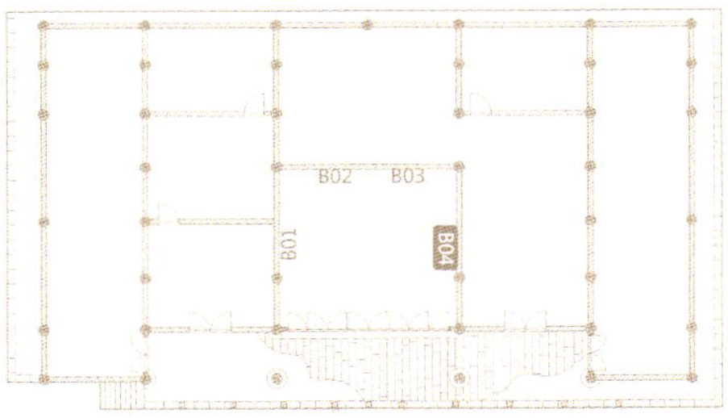

高精度三维扫描

三维扫描数据去甲处理

结论

B04壁画总面积为6.96m²，起甲区域面积总计5.19m²，占总面积的74.57%。经过高精度三维扫描去甲分析，颜料层起翘脱离画面量为2.53m²，占到壁画面积的35.20%。

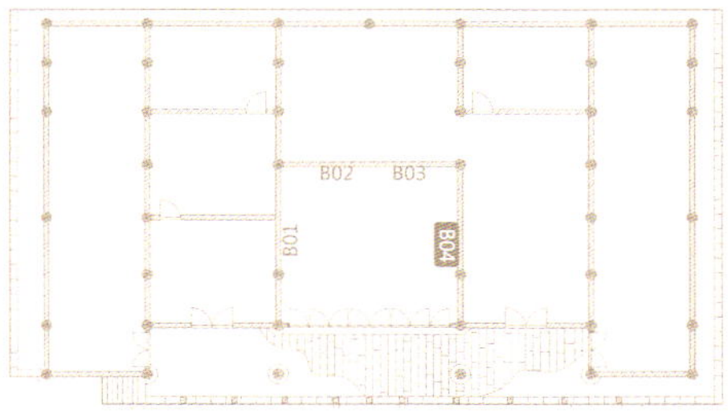

高清晰侧射光成像

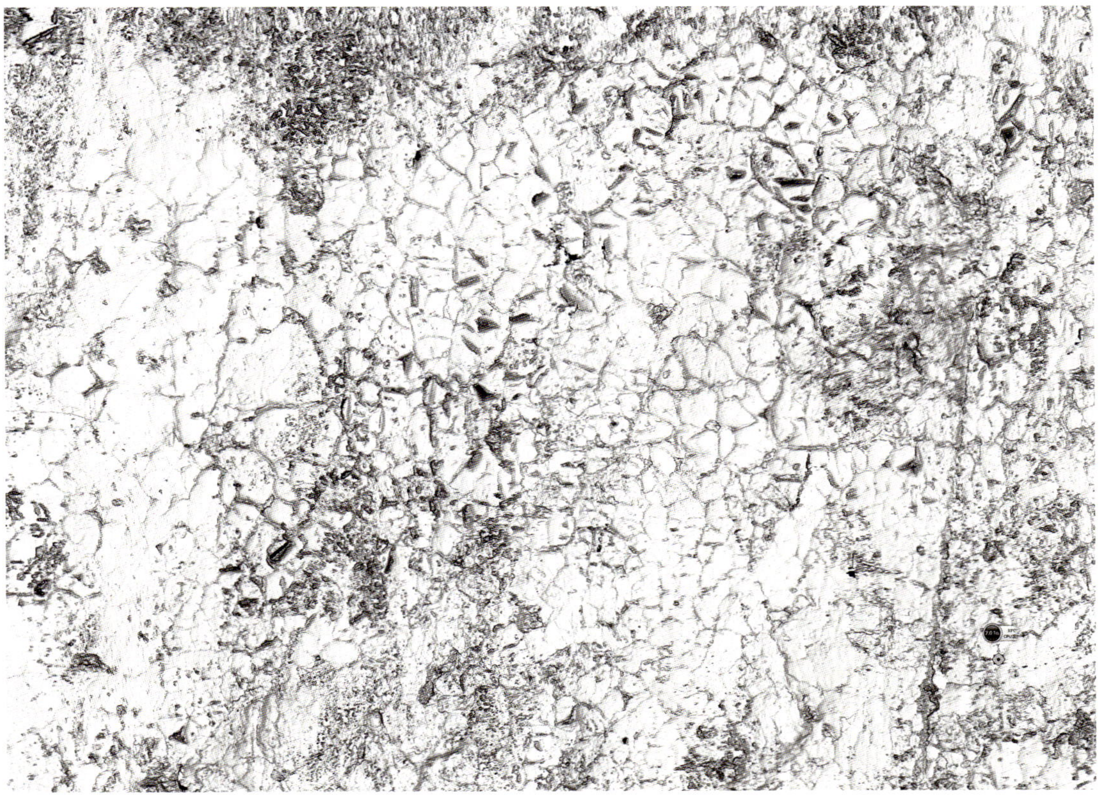

三维高清晰扫描

结论

B04 龟裂病害面积共计 3.05m^2，占壁画总面积的 43.82%。

观音殿 B04

病害总图

病害统计图

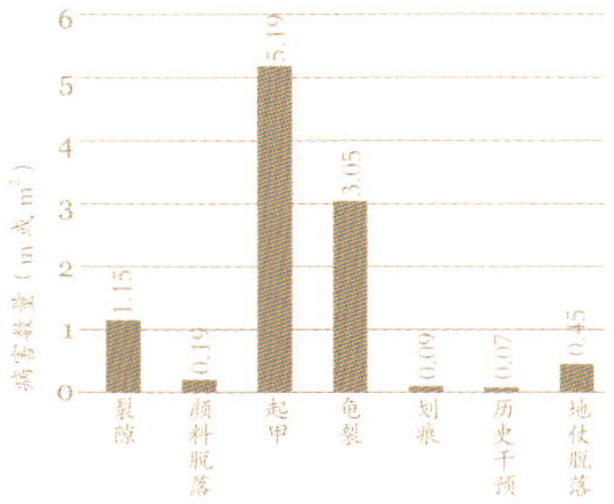

病害图例

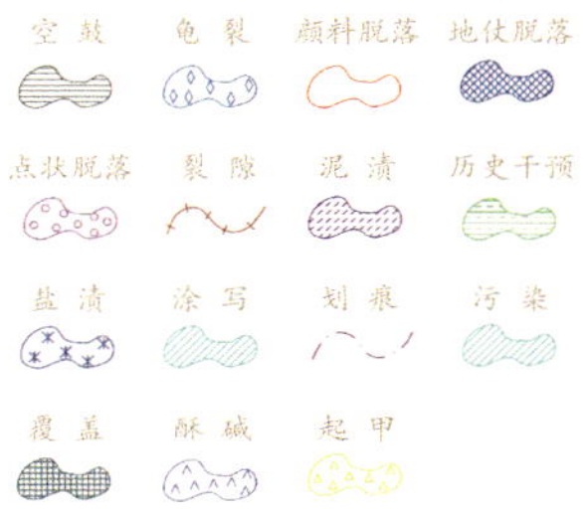

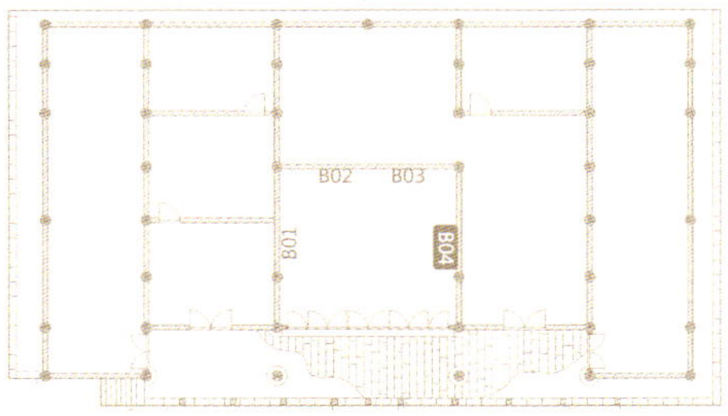

后记

宝梵寺壁画的数字化勘察测绘工作始于2014年11月。冬日里的宝梵寺艳阳高照，大殿里的工作环境却格外寒冷。在近一年时间内，工作团队数次开展现场测绘勘察，每每近距离观察这些瑰丽的壁画，都被随之而来的震撼深深地击中。不论是其所蕴藉的佛教信仰的淳朴力量，还是古代匠作的神奇智慧，无不承载着巨大历史价值和艺术价值。能够以之作为研究对象，不得不说是一种巨大的幸运。

而面对这样一次机会，我们却也是背负着压力的，那时并不知道能交出怎样的答卷。压力一方面来自于对数字化勘察测绘工作思路正确性的踟蹰，毕竟相对于壁画保护研究的其他方面，有关数字化的认知与理解业内仍是众说纷纭、意见不一，因而我们的工作带有很多摸索实验的性质；而压力的另一方面则来自于各方关注、质疑和期待，这些是我们必须通过努力去回报和满足的。

《宝梵寺壁画数字化勘察测绘报告》作为此次工作的总结，在态度上，我们抱以敬畏与诚恳；在方法上，我们尝试采用科技手段，一是从壁画本体和保存壁画关键的载体——古建筑两方面开展综合的勘察，二是从壁画档案记录和壁画保护的需求角度，采取相应的测量测绘手段开展数字化工作。在结果方面，我们充分解读此次数字化采集的数据，全面分析宝梵寺壁画的历史、价值、艺术、结构、构造、材料、工艺、环境、病害等要素，揭示宝梵寺壁画所携带的各方面历史信息，并从考古学、建筑学、测量学、艺术史、工艺史、科技史、文物保护等多个角度针对宝梵寺壁画进行评估分析，实现对这一珍贵文化遗产的综合阐释。虽然工作成果尚且有限，很多研究结论尚有待进一步深化，但这已是对我们那段时间工作的最好回报，由此或可稍稍放下惶恐之心。而此番努力，或亦可作为我们对业界同仁及先生们关注的一份特殊报飨之礼。

此番勘察测绘与研究工作得以顺利进行，一则有赖于团队成员的通力合作，二则得益于多方专家学者和文物管理部门的无私帮助，特别是国家文物局一直以来的指导与四川省文物管理局的大力支持，在此，谨向诸位致以深深的谢意。

关于宝梵寺壁画以及壁画所在大雄殿建筑的研究与保护工作，至此仅是一个新的开始，更多的历史信息尚有待进一步解读，更深的历史价值尚有待继续阐释，更多的保护工作还需深入开展。正如大雄殿外悬挂的牌匾“千秋庙貌鉴为古，两壁仙容画有神”诗句所言，这既是对宝梵寺壁画精美程度的高度褒扬，同时也是匠人们终极追求的体现。时下常被人谈起“匠人精神”，在此或许便可得到一个极为生动的注释。而每日在这样的诗句下工作，也正是对我们的最好鞭策与激励。

编　者

2017年8月9日